요한 크리소스토무스의 사회교리

요한 크리소스토무스의 사회교리

2022년 11월 5일 교회 인가
2022년 12월 25일 초판 1쇄

지은이	김희중
펴낸이	박현동
펴낸곳	성 베네딕도회 왜관수도원 분도출판사
찍은곳	분도인쇄소

등록	1962년 5월 7일 라15호
주소	04606 서울 중구 장충단로 188 분도빌딩 102호(분도출판사 편집부)
	39889 경북 칠곡군 왜관읍 관문로 61(분도인쇄소)
전화	02-2266-3605(분도출판사) · 054-970-2400(분도인쇄소)
팩스	02-2271-3605(분도출판사) · 054-971-0179(분도인쇄소)
홈페이지	www.bundobook.co.kr

ISBN	978-89-419-2215-5 03230

ⓒ 김희중 2022

이 책의 본문 종이는 친환경 용지를 사용했습니다.

김희중 지음

요한 크리소스토무스의 사회교리

분도출판사

고맙습니다.

이미 오래전에 선종하신 부모님과
지난해(2021년) 10월 선종하신
김복순 암브로시오 누나 수녀님 영전에 이 책을 바칩니다.

또한 저에게 사제품을 집전해 주신
윤공희 빅토리노 대주교님과
주교품을 주례해 주신
최창무 안드레아 대주교님,
늘 최선을 다하여 함께해 주신
옥현진 시몬 대주교님,
그리고 사제단에게 감사드립니다.

아울러 저의 가족과
오랜 세월 함께해 준 은인들에게도 감사드립니다.

머리말

"교회는 항상 쇄신되어야 한다"(Ecclesia semper reformanda est).

제2차 바티칸 공의회 개막이 올해로 60주년(1962-2022)을 맞이했다. 그러나 '교회의 쇄신'이라는 화두는 공의회를 시작하던 그때나 지금이나 모든 신앙인들에게 늘 새롭고 신선한 도전이다. 세월이 흘러가도 세상을 구성하는 사람들과 상황들은 계속 바뀌기 때문이기도 하겠지만, 지금의 '급변하는 예측불허의 상황'¹ 속에서 '쇄신'이라는 말은, 어떻게 보면 하느님 백성 모두가 '지금 여기, 삶의 자리'에서 사활을 걸고 단행해야 하는 결단의 언어일지도 모르겠다.

'경제'와 '돈'이라는 단어가 이토록 큰 위력을 발휘하는 시절이 이전에 또 있었던가? 덕분에 가진 자와 덜 가진 자, 가지지 못한 자의 격차는 하루가 다르게 심해져 가고, '야전병원'이어야 하는 교회는 더 가난해진 이들을 더 가까이서 자주 만나고 그들의 아픔에 동참해야 한다는 절박함에 놓여 있다. 그래서 교회는 더 쇄신되어야 하고, 60년

전 제2차 바티칸 공의회의 모토Motto '교회의 현대화'(Aggiornamento)는 지금도 여전히 그 힘을 새롭게 발휘하고 있다.

'교회의 현대화'는 시대의 징표를 정확하게 식별하여 지역사회를 위한 구원의 기쁜 소식을 선포하는 데 있다. 그렇지 않으면 교회는 '하늘과 땅의 낌새는 알면서도 이 시대의 뜻은 알지 못하여'(루카 12,56) 그 시대가 요구하는 예언자적 사명을 잘 수행할 수 없게 된다. 사실 교회의 구원 사명은 인류 전체에 대한 사명이므로 '모든 세대를 통하여 그 시대의 특징을 복음의 빛으로 탐구하고 그 세대가 제기하고 있는 의문에 그 세대에 알맞은 방법으로 대답해 줄 수 있어야'(사목헌장 24항) 교회의 예언직을 훌륭히 수행할 수 있을 것이다. 그리고 교회는 모든 인간의 기쁨과 슬픔, 희망과 절망, 즐거움과 고통 등 인간의 실제 삶에 깊이 동참하면서 모두가 하느님의 말씀으로 힘을 얻어 어려움을 극복하고 함께 구원되도록 힘써야 한다. 이는 시대의 징표를 정확하게 식별하면서 현대 세계에 적응하여 그리스도의 가르침을 선포해야 할 교회의 예언자적 '사명'과 직결된 문제이다. 그러나 지금의 시대사조는 교회의 '사명'뿐만 아니라 교회의 '신원'에도 가히 위협적이다. 혹자는 '물질 만능주의'와 팽배하는 '배금사상'의 늪에서 신성해야 할 교회마저 물질주의 사조에 오염되어 가고 있다고 염려한다. 이러한 걱정은 교회가 물질에 초연해야 한다는 당위성을 넌지시 암시하고 있다. 한편으로는 맞는 말이다. 그러나 물질에 초연해야 한다고 해서 물질을 아예 무시하거나 외면하면서 살 수 있겠는가?

그렇다면 쇄신의 핵심적인 내용과 그 바탕의 틀은 무엇인가? 급변하는 시대의 흐름에 맞추어 계속 새롭게 등장하는 정치, 경제, 사회, 문화 등 다양한 사회개혁의 요구에 대하여 교회가 봉사할 수 있는 한계는 어디까지인가? 그리스도교적 가르침은 궁극적으로 사회개혁을 통한 이상향의 건설을 그 목표로 하는가? 법과 제도만 이상적으로 고치면 자동적으로 이상적인 사회로 변혁될 수 있는가? 이러한 물음에 대한 대답은 사회개혁에 관한 초기 그리스도교의 기본 정신에서부터 출발할 수 있다고 생각한다.

초대교회의 시대 상황과 오늘날 우리가 처한 상황이 여러 가지로 다르다 할지라도, 가장 핵심적인 정신까지 다르다고 항변할 수는 없을 것이다. 초기 그리스도교 공동체 삶의 근본적인 정신은 복음의 대헌장인 사랑인데, 그 사랑은 하느님 사랑과 이웃 사랑을 바탕으로 평등과 나눔에서 구체적으로 드러났다. 노예가 동물과 같은 수준에서 거래되었던 당시 로마 제국 사회에서 노예 출신이 교황(칼리스투스 1세)이 되었다는 사실은 평등을 실천한 구체적인 예의 하나다. 이러한 정신은 시대와 장소, 상황에 관계없이 구현되어야 할 그리스도교의 본질에 해당하는 요소이다. 경제적 발전이 최고의 가치가 된 지금, '복음적 청빈 정신'에 입각한 교회쇄신을 위해서는 재물에 대한 초대교회의 근본정신을 살펴보는 것이 오늘의 우리 문제를 해결하는 데 도움이 되리라 생각한다.

초기 그리스도교 교부인 요한 크리소스토무스(354-407; 재임 398-404)는 당시 자신이 살았던 안티오키아와 콘스탄티노플의 상황을 정확히 직시하였고 주님이신 예수 그리스도의 가르침대로 가난한 이들을 위한 목자로서 사랑과 자비로 할 수 있는 일들을 실천함으로써 하느님의 정의를 실현하고자 했다. 성인은 예수님의 나자렛 회당에서 건네

받은 이사야 예언자의 두루마리 일부에서 의도적으로 찾으신 말씀을 당신 사목의 중요한 과제로 삼으셨다.[2] 성인이 제시하고 있는 '사회정의'와 '세속 재물'의 사회적 기능에 대한 성찰과 가르침, 그리고 '가난과 부'에 관련된 영성적인 접근은 물질이 최우선시되는 세상에서 현대인들이 어떻게 살아야 할지 올바른 이정표를 제시해 준다.

요한 크리소스토무스는 '부'富는 그 자체로 선이나 악이 아니며 그 쓰임새에 따라 선도 악도 될 수 있다고 말한다. 태초에 부자도 가난한 자도 없었다는 이 성인의 가르침은 초대교회 공동체에서 가진 바를 모두 내어놓고 필요한 대로 서로 나누어 쓴 결과 부족한 사람이 아무도 없었다는 평등한 관계로 이루어진 공동체적 삶의 가치를 더욱 돋보이게 한다. 내 것, 네 것을 구별치 않고 필요한 사람들이 필요한 만큼 사용하게 하는 부는 하느님이 보시기에 참 좋은 양식이라고 단언할 수도 있겠다. 만일 제때에 양식을 공급하는 지혜로운 관리자로서의 신분을 잊어버리고 이기주의적인 독점욕에 사로잡혀 있는 부자라면, 그는 그 부의 노예가 되고 말 것이다. 이러한 위험에서 벗어나 문자 그대로 자유로운 자가 되고자 한다면, 필요한 자와 나누기 위해 자기의 부를 선선히 포기하라고 성인은 충고하고 있다. 따라서 자발적으로 부를 포기함은 부 자체에 대한 무용성이나 경멸에서가 아니라 필요한 자와 나누면서 그 부의 참된 가치를 살리기 위해 자기의 부를 선선히 포기하는 것이다. 또한 요한 크리소스토무스는, 자기 생존을 위하여 다른 사람들의 도움에 절대적으로 의존하는 사람을 '가난한 자'라고 규정하면서 당시의 이런 가난한 사람들 대부분은 그 시대의 경제, 사회적인 제도의 희생자들이었으므로 마땅히 부자들에게 가진 바를 나누도록 요구할 수 있다고도 주장하였다.

주님을 더욱 자유롭게 따르기 위해서 물질적인 부든지 정신적인 부든지 포기해야 한다는 점에서는 부자와 가난한 자가 차별될 수 없다. 모두가 하느님의 가치와 반대되는 욕망과 집착으로부터 자유롭게 되는 하느님의 뜻을 따르는 데 방해되는 모든 것을 포기해야 한다. 여기에 가난의 복음적 가치가 있다. 거창한 신념으로 위장한 아집과 하느님의 섭리로 합리화한 이기주의적인 욕심도 분명히 하나의 탐욕스런 부라고 평가할 수 있다. 더구나 이러한 부가 물질적인 부와 어울릴 때 우리는 탐욕의 속박에서 헤어날 수 없게 된다. 우리 각자는 하느님의 뜻에 어울리지 않는 '나의 부'가 무엇인지 요한 크리소스토무스의 혜안에 비추어 곰곰이 생각해 볼 일이다.

초기 그리스도교 공동체의 삶을 반영한 요한 크리소스토무스의 가르침은 경제적인 부가 전부라고 생각하고 오로지 더 많이, 더 빨리 가지기에 급급한 우리 시대에 꼭 필요한 경종을 울린다.

부는 그 자체로 선이나 악이 아니며 그 쓰임새에 따라 선도 악도 될 수 있다!

가난한 이들을 자신과 동일시한 예수 그리스도의 가르침에 따라 교회는, 더 많이 가지는 것이 미덕이 되는 세상에서 더욱 변방으로 밀려 나가는 가난한 이들을 비롯하여 소위 사회적 기층민들과 함께하면서 그들을 위해 올바르게 재화를 사용해야 한다. 청빈 정신에 입각한 진정한 가난은 교회쇄신을 위한 밑거름이자 길잡이가 되어 줄 것이다. 요한 크리소스토무스는 초기 그리스도교의 교부였지만 그의 명확한 가르침은 세기를 초월하여 현대 교회 '사회교리'의 근간이 되어 지금도 교회의 전통 속에 살아 있다. 항상 쇄신되어야 하는 교회는 성인의 가르침에 따라 끊임없이 현대사회에 적응하며 지금 여기, 삶의 자리에서 '교회의 현대화'를 구체적으로 실현하고 있다.

 요한 크리소스토무스의 가르침이 이 책을 읽는 이들의 마음에 큰 울림이 되어, 성인을 움직이게 한 예수 그리스도의 그 사랑이 독자의 마음도, 삶도 바꿀 수 있다면 이 또한 큰 은총이리라.

• 차례 •

머리말 7
서론 17

제1부 요한 크리소스토무스 시대의 안티오키아와 콘스탄티노플

1. **요한 크리소스토무스의 생애**   29
2. **안티오키아**   32
   2.1. 지리   32
   2.2. 안티오키아 사람의 특징   33
   2.3. 정치적 위상   34
   2.4. 사회적 분위기   35
   2.5. 경제생활   36
   2.6. 종교적 상황   38
3. **콘스탄티노플**   46
   3.1. 지리   46
   3.2. 동로마 제국의 수도   49
   3.3. 콘스탄티노플 시민의 특징   52
   3.4. 사회경제적 상황   57
   3.5. 종교적 상황   59

제2부 요한 크리소스토무스와 사회정의의 문제

1. 그리스 세계의 정의 개념 69
1.1. 정의 개념의 기원 69
1.1.1. 피타고라스적 정의 71
1.1.2. 소피스트적 정의 71
1.1.3. 플라톤적 정의 72
1.1.4. 아리스토텔레스적 정의 73
1.2. 법과 실천에서의 정의 76

2. 요한 크리소스토무스의 사회정의 개념 78
2.1. 보편적 덕으로서의 정의의 기원 78
2.2. 법의 성취로서의 의로움(정의) 82

3. 요한 크리소스토무스의 사회정의 실천 85
3.1. 애덕 활동 85
3.1.1. 애덕의 참된 의미와 그 동기와 목적 85
3.1.2. 애덕 활동의 형태 90
 3.1.2.2. 공적 애덕 활동으로서의 사회복지 99
3.2. 노예제도의 문제 104
3.2.1. 요한 크리소스토무스 시대 노예들의 위치 104
3.2.2. 노예제도에 관한 그리스도교의 가르침 109
 3.2.2.1. 노예제도의 근본적인 부정 109
 3.2.2.2. 반反 노예제도를 위한 그리스도교적 실천 110
 3.2.2.3. 노예제도에 관한 교회 입장에 대한 평가 113
3.3. 노예제도에 관한 요한 크리소스토무스의 가르침 114
3.3.1. 형제적 평등의 기본적인 근거와 노예제도의 기원 115
3.3.2. 주인과 종의 관계에서 형제적 평등 116
 3.3.2.1. 주인의 의무와 책임 116
 3.3.2.2. 노예 생활에서의 모범적 신앙생활 120
  • 노예 생활과 그리스도교적 자유 120
  • 노동의 가치 122
  • 노예 생활에서의 수덕修德 124

제3부 요한 크리소스토무스가 이해한 재물의 사회적 기능

1. 그리스 세계의 세속 재물 이해 129
    1.1. 그리스 세계의 세속 재물 개념 129
    1.2. 세속 재물의 가치 133
        1.2.1. 부의 사회적 가치 133
        1.2.2. 덕과 부의 사용에서 부의 가치 134

2. 요한 크리소스토무스의 세속 재물 이해 137
    2.1. 세속 재물의 개념 137
        2.1.1. 재물의 목적 137
        2.1.2. 하느님의 보상과 세속 재물의 관계 140
    2.2. 부富 145
        2.2.1. 부의 기원 145
            2.2.1.1. 하느님의 축복에서 비롯되는 부 148
            2.2.1.2. 부의 불의한 기원 149

3. 부와 가난의 가치에 대한 요한 크리소스토무스의 이해 154
    3.1. 부의 가치 155
        3.1.1. 부의 긍정적인 가치 155
        3.1.2. 부의 위험성 159
        3.1.3. 부의 포기 162
    3.2. 가난과 가난의 가치 166
        3.2.1. 가난한 자의 개념 166
        3.2.2. 가난의 기원 169
        3.2.3. 가난의 복음적 가치 171

4. 세속 재물의 활용과 사회적 기능 180
    4.1. 세속 재물의 공유와 사유권 180
    4.2. 삶의 필요성과 사유재산권 187
        4.2.1. 물질적 재물의 두 가지 범주 187
        4.2.2. 요한 크리소스토무스의 사회교리와 공산주의 192

결론　197

　주　　206
　참고문헌　240
　약어　249

서론

유사 이래 인간은 사회생활을 하였다. 성경도 인간의 기원에서부터 사회적 관계를 언급하고 있다. 남자와 여자의 관계(창세 2,18), 사람들 상호 간의 싸움에 대한 묘사(창세 4,8-17)가 이에 해당한다. 고대 사상가들은 인간 생활의 특징을 지칭하기 위해 '사회적 동물' 혹은 '사회생활'이라는 표현을 사용하였다.[1] 또한 '시민'이라는 말은 '공동생활'을 하는 사람을 가리켰으니, '도시'에 거주하는 각자는 시민사회 공동체에 속하였으므로 결국 다른 사람들과 관계를 유지하고 있다는 뜻이다.[2] 사회 구성원은 각자의 이익을 위해 서로 협력하였고, 이 이익들의 최대 공통분모를 '공동선'이라고 불렀다. 공동체는 구성원 각자의 이익을 최대한 보장하는 데 의미와 가치를 두었으며 만일 공동체 구성원 각자의 이익이 상호 간에 일치하지 않을 경우, 이 갈등은 '공동선'을 기준으로 조정되었다. 그리고 이 공동선이 더 합리적이고 정의롭게 행사될 수 있도록, 개인 상호 간의 계약처럼, 단체 사이의 '규칙', 마을의 '규약'이나 국가의 '법률'과 같은 강제 조항 등이 해결 기준이

되었다. 사람들은 이러한 계약, 규칙, 규약, 그리고 법률을 통하여 최소한의 희생으로 최대의 이익을 얻으려는 경향을 보였다.

많은 경우 각 개인은 각자의 권리를 추구하는 데 발생하는 다른 사람들의 여러 가지 어려움을 고려하지 않고 통상적인 '정의'라는 기준에 따라 어떠한 통제나 억압 없이 자신의 권리를 행사하려고 하였다. 곧, 냉혹한 정의는 사랑과 자비로 조율되지 않고 사회질서의 기준으로 행사되었다. 더욱이 '이상적인 가치'를 증진하기 위한 것이라는 명분을 내세워 냉혹한 정의를 행사했다. 그러나 다른 사람들의 선익善益을 위해 자신을 희생하도록 가르치며, 필요하다면 다른 사람을 위해 자신의 생명까지도 바치도록 설교하는 '그리스도교'라는 새로운 종교가 출현하였다. 그리스도교는 또한 인간관계에서 '동태복수법' (탈리오 법칙)을 연상케 하는 냉혹한 산술적 정의보다는 사랑과 자비를 기준 삼아 자신의 권리를 포기하도록 가르쳤다. 이러한 가르침은 이전에는 결코 쉽게 찾아볼 수 없었던 획기적인 가르침이었다.

그리스도의 가르침은 다른 사람들에게서 하느님의 모상인 인간 본래의 모습을 되찾으면서 사랑을 실천하는 것이었다. 그러한 가르침은 당시 이교 당국의 권력층과 충돌할 수밖에 없었다. 비록 당시 그리스도의 가르침이 인간 본성의 문제에 한정되었다 할지라도 그리스도는 기존 종교와 사회질서를 거부하는 '국가전복' 음모의 혐의로 고발되어 십자가형으로 단죄되었다. 그분의 가르침에 따라 생활하면서 그분의 복음을 전파하며 그분을 따르는 사람들은 사회질서를 혼란케 하는 죄인처럼 박해받았다. 복음의 목표는 이 세상에 지상낙원을 건설하려는 것이 아니었고, 다만 인간이 피안의 세계에서 완성되는 하늘나라 천상낙원으로 들어가도록 준비시키는 것이었다. 그러나 복음의 가르침을 실현하기 위해서는 인간의 삶과 직접적으로 관계있는 사회문제인 '이 세상 문제'를 다루지 않을 수 없다. 교회는 단순히 하느님과 각 개인 사이의 인간관계를 위해서만 존재하는 것이 아니고, 가족관계 수준에만 머무르는 폐쇄된 공동체도 아니다. 무엇보다도 교회는 본질적으로 그 선교적 특성 때문에 사회문제에 개방되어 있어야 한다. 그리스도인 개개인이 사회문제에 직면했을 때 어떤 기준으로 해결해야 하는가? 그리스도인들은 하느님 나라만을 생각해야 하므로 이 세상의 사회문제에서는 회피해야 하는가, 아니면 소위 죄인으로 가득 차 있으므로 이 세상과 사회로부터 분리되어야 하는가? 주님께서 이 세상 끝까지 복음을 전하라고 사명을 주셨는데, 그렇다면 우리는 그 복음을 누구에게 전해야 하는가? 혹시 자기 의지로 혹은 무의식적으로 죄에 떨어진 우리 이웃들은 아니겠는가? 그들과 더불어 살아야 하고 그들과 더불어 구원되어야 할 그리스도인으로서 우리는 어떤 방식으로 믿음을 드러내야 하는가? 이러한 문제들은 그리스도인의 고유한 정체성에 입각한 해결책을 요구하고 있다.

종교 사회적인 영역에서 그리스도인 공동체와 로마 제국 사회 사이의 가장 중요한 차이점은 무엇이었는가? 로마인들의 종교적 감성이 신들에 대한 여러 가지 의무조항들을 드러내고 이행하는 것이었다면, 그리스도인들의 하느님 사랑은 사람들을 위한 사회적 애덕 활동에서 드러나는 것이었다. 이것이 초기 교회 시기에 로마 제국의 이교인들과 그리스도인들의 사고방식에서 발견될 수 있는 기본적인 차이일 것이다. 그리스도인으로서 우리는 하느님을 향한 추상적인 사랑만을 선택할 수 없고 인간을 향하는 사랑까지 포함하니 하느님 사랑은 이웃 사랑의 바탕이고 목적이며 동시에 이 두 사랑은 하나로 생각해야 할 것이다.

기원후 96년경 로마의 클레멘스는 코린토인들에게 그리스도인의 이상적인 모형으로서 아가페적 공동체를 제시하였다.

"우리는 그리스도 예수 안에서 이룬 온몸을 잘 보존하고, 각자가 받은 은총의 선물에 따라 자신의 이웃을 받들어야 합니다. 강한 자는 약한 자를 돌보아 주고 약한 자는 강한 자를 존중해야 합니다. 부유한 자는 가난한 이에게 필요한 것을 주며, 가난한 이는 자신에게 필요한 것을 채워 주는 사람을 보내 주신 하느님께 감사드려야 합니다. 현명한 사람은 말이 아니라 선행으로 자신의 현명함을 보여 주어야 합니다. 겸손한 사람은 스스로 자신의 겸손을 말하지 말고, 다른 사람이 그의 겸손을 증언하도록 해야 합니다. … 사랑은 많은 죄를 덮어 줍니다. 사랑은 모든 것을 참고 모든 것을 견디어 냅니다. 사랑에는 추루함도 교만함도 없습니다. 사랑은 분열을 일으키지 않고 선동하지 않으며 모든 것을 화목하게 해결합니다. 하느님으로부터 뽑힌 모든 이들은 사랑으로 완전하게 됩니다. 사랑이 없으면, 하느님 마음에 드는 것은 하나도 없습니다."[3]

그리스도인들은 통상적인 사회에서 사랑의 정신으로 새로운 사회를 이루려고 하였지만, 이러한 모습은 로마 제국 당국의 권위와 전통적인 사회질서를 거스르는 것처럼 보였다. 그리스도께서는 "내 편에 서지 않는 자는 나를 반대하는 자"(루카 11,23)라고 말씀하셨다. 이 논리는 로마 제국 당국에도 그대로 적용되었다. 그들은 서커스, 목욕탕 문화, 공공 생활 등을 즐겼고, 백성으로서 충성심을 보여 주기 위해서라도 도시와 국가의 종교의례에 적극적으로 참여해야 했다. 그러나 그리스도인들은 로마인들이 즐기는 오락이나 종교의례에 함께하지 않았다. 이러한 삶의 형태도 이교인들이 그리스도인들을 증오하게 된 하나의 동기가 되었다. 바오로 사도와 실라스는 로마인들에게 받아들여질 수 없었고, 도시를 혼란스럽게 선동하였다는 이유로 필리피인들의 사법관에게 고발되었다.[4] 그리스도인들은 마치 어울릴 수 없는 새로운 종족이나 원수, 또는 변혁자들처럼 취급받았다.[5]

"교회는 항상 쇄신되어야 한다." 그러나 어떠한 기준에 의해 쇄신되어야 하는가? 20세기 초부터 사회학과 역사학의 중요성이 지속적으로 강조되었다. 인간 사회에서 거론되고 있는 거의 모든 문제들이 사회적인 해결을 요구하고 그러한 문제에 대한 해결은 일반적으로 역사적인 배경과 원인, 그 동기에 대한 연구로부터 시작되었다. 더 나은 방식으로 문제들을 해결하기 위해 근본적인 원인을 탐구하려는 경향이 있다. 예를 들면, 한 수도회의 쇄신을 다룰 때 항상 창립자가 실현하고자 헌신하였던 정신을 되살리고자 한다. 교회의 개혁에 대하여 논의할 때 "초기 교회 공동체의 정신으로!"라는 구호가 설득력 있게 선택되는 것도 그 이유이다. 극단적인 상황에서 발생한 문제들을 해결하기 위해 극단적인 해결책을 유도하려는 유혹을 쉽게 받게 된다. 초기 교회 박해 시대에도 이러한 체험을 하였다.[6] 그래서 박해 시대가 조금 지난 이후 시대에 교회가 제반 사회문제에 대해서도 그리스도의 가르침을 어떻게 해석했는지 살펴보고자 한다. 이 문제를 연구하는 데 여러 교부 중에서 요한 크리소스토무스를 선택하였는데, 그 이유는 이 교부가 사회교리에 대해 많은 가르침을 남겼고 그가 살았던 시대도 극단적인 상황에서 벗어나갔기 때문이다.

제1장에서는 우선 요한 크리소스토무스가 살았던 안티오키아와 콘스탄티노플의 경제, 사회, 종교적인 일반적 상황을 살펴보고자 한다. 어떠한 역사적 사건도 단 하나의 원인에서만 발생하지 않고 역사적 결과를 낳은 그 시대와 지역의 여러 상황이 복합적으로 함축되어 영향을 미치기 때문이다.

제2장에서는 그리스 세계의 정의 개념과 비교하면서 요한 크리소스토무스의 사회정의 개념에 대해 살펴보고자 한다. 초기 그리스도교 세계는 그리스 사상으로부터 직·간접적인 영향을 받았다. 그러므로 고대 그리스의 정의에 대하여, 그리고 요한 크리소스토무스의 정의에 대한 개념에 대하여 살펴보고자 한다. 우리가 현대사회의 정치, 경제, 사회적인 문제를 비판할 때 합리적으로 판단하기 위해 통상적으로 '사회정의'라는 기준이 근거가 된다. 그리고 사회정의라는 기준의 바탕에는 인권이 있다. 인간의 기본적인 이 권리는 사람이 하느님의 모상에 따라 창조되었다는 성경의 개념에 근거한다. 이러한 개념에는 애덕(사랑)과 자비가 정의의 이상적인 목표이며 유일한 기준처럼 함축되어 있다. 우리 그리스도인들에게 하느님의 정의는 사랑과 애덕, 특히 하느님의 자비와 관련이 있고 초월적인 의미를 가지고 있다. 그러나 정의에 대한 이교인들의 개념은 무엇보다도 인간관계의 법적인 의미와 관련이 있었다. 그러므로 사적으로나 공적으로 애

덕 실천의 형태에서 사랑(애덕)의 의미가 무엇인지 확인하고자 한다. 일반적으로 불의한 방식으로라도 지배력을 유지하고자 하는 기득권자들이 근거로 내세우는 정의의 개념과 대다수의 억눌린 자들이 원하는 정의의 개념은 옛날이나 지금이나 많이 다르다. 그리스도인들은 그 당시까지 광범위하게 유포되었던 '전통적인 사고방식'과는 반대 입장이었다. 당시 가장 억압받았던 사람들은 노예들이었다. 그래서 노예문제에 대하여 당시 그리스도인들은 어떻게 복음의 가르침을 적용하였는지 파악하기 위해서 요한 크리소스토무스가 권고한 정의를 그리스도인들은 어떻게 실천하였는지 그 사례를 보고자 한다. 오늘날까지도 생생하게 큰 울림을 주고 있는 사랑에서 형성되는 복음적인 참된 평등과 그리스도인 자유의 참된 의미에 감탄하지 않을 수 없다. 당시 그리스도인들은 부자나 가난한 사람이나, 강한 사람이나 약한 사람 사이에 차별과 불의한 불평등을 없애고자 노력하였다. 그리스도교는 당시 로마인들에게 어떠한 관심도 받지 못했던 노예들까지 포함하여 모든 사람 사이의 평등과 모든 사람들에 대한 사랑을 가르쳤다.

 제3장에서는 복음서의 주석적인 강론, 특히 마태오 복음과 다른 여러 담화 등에 드러난 요한 크리소스토무스의 가르침에서 세속 재물의 가치와 활용, 그리고 그 사회적 기능에 대해 알아보고자 한다. 사실 이 세상에서 살아가는 데 지상 재화는 필수적인 요소이다. 그러나 물질적 재물에 집착하지 않으면서도 그로부터 어떻게 우리가 자유로울 수 있는지, 그리고 무엇보다도 그것들을 올바르게 이용할 수 있는지 식별해야 할 것이다. 곧, 이 세속 재물의 궁극적인 목적은 무

엇인가? 우리가 어떻게 이용해야 할까? 하느님께서 우리를 위한 구원 과업에 참여하도록 우리에게 주셨던 사물들의 참된 의미를 어떻게 구현할 수 있는가? 그리스도인들의 완전한 생활을 위해 필요하고 본질적인 청빈의 참된 의미와 가치는 무엇인가? 현대의 그리스도인들의 입장에서 위의 질문에 대한 대답을 어떻게 할 것인가? 그리스도교는 처음부터 사랑의 공동체로서 각자의 필요에 따라 소유한 모든 것을 서로 나누도록 권고하는 가르침에서 그 특징을 보였다. 그리스도인들 사이에서 그러한 공동생활을 위해서(사도 4,32) 보다 확실한 목표와 보다 구체적인 동기가 무엇이었는가? 이교인들까지도 초기 그리스도교의 형제애를 실천하는 공동체의 삶을 보고 감탄하였다.[7] 그렇다면 그러한 사고방식의 중심적인 동기는 무엇이었는가? 어떤 사람들은 지상 재물의 공동소유 문제와 관련해 공산주의와 요한 크리소스토무스의 사회교리 사이에 이념적 혹은 철학적인 관계를 찾고자 하였다. 그러나 만일 '-주의'라는 명칭으로 그러한 현상을 정의해야 한다면 '단일우애주의'(Unifraternismo)나 '동료우애주의'(Confraternismo)로 성인의 고유한 사상을 칭할 수 있지 않을까?

결론적으로, 교회의 전통적인 가르침과 비교하여 탁월한 정당성이 입증된 요한 크리소스토무스의 사회교리의 가치를 드러내고자 하였다. 혹시 그리스도의 복음이 경제적인 체제를 개혁하려는 은밀한 의도가 있었는가? 결코 그렇지 않았다는 것을 쉽게 알 수 있다. 요한 크리소스토무스의 사회교리는 연대성의 감성이나 철학적인 인도주의적 바탕을 훨씬 능가한다. 그의 사회교리 목적과 동기는 복음의 가르침 자체에 바탕을 두고 있으며 여기에서 비롯된 것이기 때문이다.

이 책에 언급된 많은 주제들은 이미 몇몇 저자들이 다른 저서들에서 다루었기 때문에 독창적인 내용은 아니지만, 사회문제에 대한 다양한 주제들을 재해석하며 새로운 가치와 의미를 드러내고자 하였다.

　이 책에서 사용된 주요 출처는 요한 크리소스토무스의 강론들과 저술들이다. 또한 리바니우스, 율리아누스 황제, 팔라디우스, 역사학자 소크라테스, 소조메누스, 테오도시우스 법전, 유스티니아누스 법전 등에서 다룬 자료들도 있다.

제1부

요한 크리소스토무스 시대의 안티오키아와 콘스탄티노플

1. 요한 크리소스토무스의 생애[1]

팔라디우스[2]에 따르면 요한 크리소스토무스는 고대의 어떠한 교부와도 비교할 수 없을 정도로 출중한 성덕과 뛰어난 강론으로 유명한 교부이다. 그는 354년경 시리아 안티오키아의 비교적 여유 있고 지체 높은 명망가 집안에서 태어났다.[3] 그의 아버지 세쿤두스는 라틴계 출신으로 시리아 군대의 고관이었고[4] 어머니 안투사는[5] 전형적인 현모양처이며 신심 깊은 여인으로 20세 되던 해에 남편과 사별하여 과부가 되었는데, 이때 요한 크리소스토무스는 어린아이였다. 그는 순전히 어머니에 의해 양육되었고 신앙도 어머니로부터 큰 영향을 받았다. 그는 안드라가티우스로부터 철학을 배웠고 당대 저명한 수사학자 리바니우스로부터 수사학을 배웠을 뿐만 아니라 자연과학 등 다양한 공부를 하였다.[6] 이 공부를 마치면 황궁 상서원의 좋은 자리를 얻어 근무할 예정이었다. 이즈음 그는 황궁 부속 재판정에서 시간을 보내며 여느 세속인과 다를 바 없이 극장을 즐겨 출입하곤 하였다. 그러다가 바실리우스라는 친구의 영향으로 차츰 세속적인 관심사에서 멀어졌다. 이후 세례를 받고 후일 타르수스의 주교가 된 디오도루스(344 이전-394 이전)의 수하에 입문하여 성경주해와 수덕생활에 전념하였다. 이때 사제가 되려는 마음을 굳혔다고 전해지고 있다.

371년 안티오키아의 주교 멜레티우스(재임 360-381)로부터 독서직을 받았다. 372년 모친이 별세하자 평소에 그가 바라던 대로 완덕 생활에 더욱 깊이 전념하기 위하여 근교 사막으로 물러갔다. 그곳에서 연로한 은수자의 지도를 받으며 4년간 은수생활을 하다가 건강이 악화되어 고향으로 돌아왔다. 381년 멜레티우스 주교로부터 부제품을 받고, 386년 후임 주교인 플라비우스Flavius로부터 사제품을 받았다. 386년부터 397년까지 12년 동안 신자들의 마음을 사로잡은 출중한 설교가로서 사목활동을 했다. 그는 성경 말씀과 가르침에 바탕을 두고 신자들의 일상생활의 구체적인 체험들과 연관시켜 비유를 사용하면서 쉽고 명쾌하게 강론하여 신자들이 부담 없이 공감하였다. 그의 강론은 출중하여 크리소스토무스(金口, 황금의 입)라는 별명으로 더 널리 알려지게 되었다. 397년 9월 27일 콘스탄티노플의 총대주교 넥타리우스(재임 381-397)가 서거하자 동로마 제국 황제는 요한 크리소스토무스를 넥타리우스의 후계자로 지목하였다. 그러나 그에 대한 안티오키아 신자들의 열렬한 애정과 본인의 강력한 거부, 그리고 총대주교 임명에 대한 적극적인 반대 운동이 일어날 것을 예상하여, 황제는 사전에 암시도 하지 않고 성문 밖으로 불러내어 대기시킨 마차에 태워 그 길로 콘스탄티노플로 데려가면서 총대주교좌 임명 소식을 알려주었다. 397년 12월 15일 순전히 형식적으로 선출의식을 치르고 398년 2월 16일에 착좌식을 거행하였다.

    요한 크리소스토무스는 착좌한 이후 모범적인 청빈생활을 실천함으로써 선임 총대주교 때부터 쌓였던 성직자들의 부패한 생활을 개혁하기 시작하였다. 그는 동로마 제국 교회의 최고 지위인 총대주교로서 명예나 권위를 과시하는 호화스럽고 사치스러운 생활방식을 거부하고 안티오키아의 평범한 사제로서의 청빈한 삶을 그대로 유지하였다. 그는 총대주교관에서 소유하고 있는 재산들 가운데 보석이나 불필요한 여유분을 처분하여 애덕사업을 시작하였다. 그리고 가난한 사람들을 위한 자선병원과 순례자들을 위한 무료 숙박시설을 지어 봉사하였다. 물론 자신의 직무에 대한 성실과 불의에 대한 비타협성이 일반 신자들에게는 큰 용기를 주었고 목자로서 좋은 귀감이 되어 환영을 받았지만, 궁정 권력층들의 삶을 그대로 누리던 고위 성직자와 수도자들로부터 오는 저항도 만만치 않았다. 황궁을 출입하던 성직자들과 수도자들은 요한 크리소스토무스가 콘스탄티노플 총대주교 관저에서, 거의 매일 향응에 가까운 식사를 여럿이 함께했던 선임자들의 방식을 거부하고 아주 간소하게 혼자 식사하는 것을 심히 못마땅하게 생각하였다. 또 황제 권력과의 야합 내지는 결탁을 청산하여 황제의 하수인 역할을 거부하고 교회의 자율권을 수호하는 사목을 하자, 황제를 비롯하여 귀족들의 저항 또한 극심했다. 또한 이미 황제에 의해 403년 초부터 박해받기 시작하였지만, 궁정의 사치스러운 생활에 대해 비판하고 남의 재산을 불의하게 탈취한 황후 에우독시아(404년 10월 6일 사망)를 비난하고 황후에게 은으로 만든 모상을 바치는 것에 반대하자, 본격적으로 핍박받기 시작하였다. 세 차례나 유배형을 받아 급기야 총대주교좌에서 쫓겨났고, 세 번째 유배지인 코마나로 가는 도중 407년 9월 14일 별세하였다.

  요한 크리소스토무스의 설교는 사변철학적인 이론이 아니라 소외받는 민중과 삶을 나누던 자신의 구체적인 체험을 바탕으로 한 내용이었다. 표현 방식도 원론적인 지식 전달이 아니라 민중이 쉽게 이해할 수 있고 일상생활에서 쉽게 접할 수 있는 비유를 많이 사용했다.

그는 다른 어느 교부보다도 가난하고 버림받은 소외계층에게 지대한 관심을 가지고 그들을 위로하고 용기를 북돋우며 불행한 삶을 구체적으로 개선하려는 사목을 하였다. 혹자는 요한 크리소스토무스의 성격이 지나치게 열정적이고 비타협적이었다는 평가를 하기도 한다. 사실 그는 억눌린 자들을 열정적으로 옹호하였고 불의와 비타협적이었다. 그러나 전체적으로 볼 때 그는 중용을 지키며 정도正道로 복음 정신을 그대로 실천했을 뿐이다. 그의 영성은 실생활의 필요에 따른 구체적인 응답이었다.

2. 안티오키아

2.1. 지리

로마 제국 시대에 이 도시의 지리적 위치와 상황에 대해서 살펴보겠다. 거의 대부분의 고대 도시들은 강변이나 강과 가까운 위치에 조성되었다. 일반적으로 강은 식수원이나 농업용수로뿐만 아니라 교역을 위한 중요한 운송 수로였다. 그뿐 아니라 자연적인 조건은 안전한 도시를 위해 필요하였다. 도시를 둘러싸고 있는 산들과 함께 강은 단순한 풍광을 위해서뿐만 아니라 외적의 침입으로부터 안전하게 지켜주는 역할을 했다.

안티오키아는 실피우스산과 스타우리스산으로 둘러싸여 있으며 비옥한 토질을 갖추었다. 오론테스강은 시민들을 위해 맑은 물을 공급했고 편리한 교통로 역할도 하였다. 도시 뒤편의 산들은 적군의 침입을 방어하는 전략적인 지형 조건을 이루었고, 도시가 들어선 지역에서는 각종 과일과 채소를 공급했다.[7] 리바니우스와 요한 크리소스토무스는 자신들의 눈으로 보았던 도시 가운데 어떠한 도시도 안티오키아의 크기와 아름다움에는 견줄 수 없다고 찬탄하였다.[8] 바우어는 당시 안티오키아가 오늘날 파리의 크기보다 조금 작은 정도라고 소개한다.[9]

2.2. 안티오키아 사람의 특징

안티오키아 시민은 단일민족으로 형성되지 않았다. 안티오키아에는 언어와 문화와 종교가 다양한 여러 민족들이 혼재해 있었다.[10] 이들 중 대다수는 알렉산더대왕 때부터 자리 잡았던 그리스인들이었다.[11] 따라서 안티오키아는 주변의 여러 국가들처럼 그리스를 모태로 하는 그리스적인 문화가 주된 분위기를 형성하고 있었다. 그럼에도 지리적 조건과 상업도시라는 여건 때문에 다양한 종족의 사람들이 몰려왔고 상업이 번창하여 잠시 들렀던 많은 사람들이 오랫동안 머물곤 했다.[12] 그래서 당시 안티오키아는 공식적으로 그리스 도시의 면모를 갖추었지만 대도시의 특성상 사람들은 다양한 전통과 관습을 따랐으며 다양한 언어와 문자가 통용되었다. 남겨진 당시 기록 대부분은 그리스어로 쓰였고 약간의 라틴어 문헌이 있지만, 아람어 문헌은 전혀 발견되지 않았다.[13] 도시의 지배계층의 대부분은 소수의 로마인들이거나 로마인에 가까운 사람들이었으므로 경제적인 이해관계로 인해 안티오키아 사람들은 그들을 좋게 보지 않았다. 이런 이유로 안티오키아에 살던 다양한 종족들은 지배계층에 대해 반항적인 태도를 취하고 있었다.

역사가들은 일반적으로 안티오키아 사람들을 부정적으로 서술했으며, 당시 사람들도 안티오키아 사람들이 경솔하고 냉소적이며 우스꽝스럽고, 침착하지 못하고 무분별하고 방탕한 정신을 지녔다고 묘사하였다.[14] 그러나 이 도시민들을 평가하기에 앞서 부유층의 특권과 덜 가진 자들에 대한 억압 정책으로 계층 간의 갈등 구조를 드러냈던 당시의 시대적인 배경을 먼저 살펴보아야 할 것이다.

2.3. 정치적 위상

로마 제국에서 이 도시의 정치적 위상과 관련해서 먼저 시리아의 안티오키아가 기원전 300년경 셀레우코스 니카토르에 의해 창건되었다는 것을 기억할 필요가 있다. 그는 자기 아버지 안티오코스를 기리기 위해 그의 이름을 따서 도시를 안티오키아라고 칭했다.[15] 로마 제국 시대에 많은 황제들이 이곳에 머물렀고,[16] 도시 성벽 일부에는 그 성벽을 쌓게 했던 황제의 이름이 새겨져 있기도 하다. 예를 들면, 티베리우스 성벽, 유스티니아누스 성벽, 테오도시우스 성벽 등이다.[17] 율리아누스 황제는 362년부터 363년까지 머물렀고, 다른 황제들도 337년부터 393년 사이에 머물렀으니 근 56년에 걸쳐 자주 머물렀던 셈인데, 황제들이 실제로 머물렀던 기간을 합하면 총 10년이 넘는다는 통계가 있다.[18] 요한 크리소스토무스 자신도 당시 대단히 중요하고 첫째가는 의미로 안티오키아를 대도시 혹은 수도 도시(metropolis)라고 불렀다.[19] 이상적인 자연환경과 독특한 정치적 위상을 갖추었던 안티오키아에서는 313년 밀라노에서 그리스도교 신앙의 자유가 허용된 조치 이후[20] 그리스도인들의 숫자는 더욱 증가하였다. 당시 권력 중심의 의중意中이 제국의 변방에까지 강하게 영향을 끼쳤다고 보고 있다. 황제의 권력은 정치, 경제, 사회, 문화에까지 강한 영향력을 행사하였고 종교에 대해서도 마찬가지였다. 소아시아에서 안티오키아의 정치사회적인 중요성 역시 요한 크리소스토무스의 사목적인 영역에 그만큼 영향을 많이 끼쳤다.

2.4. 사회적 분위기

항구도시라는 지리적인 여건으로 유동 인구가 많았던 안티오키아의 시민들 사이에서는 자연스럽게 다양한 의견들이 교환되었다. 그래서 요한 크리소스토무스 시대에 부정적으로 평가되었던 안티오키아인들의 전형적인 특성, 곧 침착하지 못하고 냉소적이라는 특성들은 동시에 자유에 대한 끊임없는 열망이라는 긍정적인 면으로 볼 수 있다고 평가되기도 했다.[21] 유동 인구를 포함하여 안티오키아에 거주하고 있는 사람들 눈에는 안티오키아가 각자가 더 나은 생활을 위해 행동할 권리가 있는 자유의 도시로 여겨졌고[22] 이로 인해 폭력적인 억압에 대한 강력한 반항 정신이 충만해 있었다. 사실 정착민들이 주류인 농업지역과 유동 인구가 많은 항구도시나 대도시 간의 문화와 전통 및 지역민들의 성향과 분위기가 다르다는 것은 동서고금을 막론하고 쉽게 발견할 수 있다.

2.5. 경제생활

이미 간단히 언급하였듯이 안티오키아는 동서양 교역의 교차로라는 지리적인 여건으로 인한 활발한 상업을 통하여 경제적으로도 대단히 부유한 도시였다. 지중해 모든 지역에서 선원들은 물론 동방에서도 사막을 건너 유럽인들과 교역을 하고자 많은 사람들이 물자를 싣고 몰려왔다. 안티오키아는 당시 농업을 기반으로 하는 다른 대도시와는 달리[23] 수출입 중개무역의 중심지로서 중요한 국제물류도시의 역할도 하였다.[24] 그러나 안티오키아의 경제적인 모든 부는 소수의 상인들과 수입업자들의 소유였는데 이 가운데는 중국인들과 인도인들도 있었다.[25] 부유한 도시이지만 도시의 부가 모든 주민에게 동등하게 소유되었다는 뜻은 아니다. 안티오키아의 주 산업은 중개무역을 통한 상업이었으나 농업도 중요한 산업이었다. 산업 구조가 다양한 현대에도 생필품 가격 안정에 농산물이 큰 변수를 차지한다. 더욱이 고대에 농업은 도시의 경제활동에서 아주 중요한 산업이었고, 도시뿐만 아니라 나라 전체가 농업에 크게 의존하고 있었다. 그러나 경작지 대부분은 소수 부자의 소유였고 농민들은 소작하였으나, 나라가 부과하는 세금이 지주에게는 면제되었고 따라서 자연히 소작인의 부담으로 돌아갔다.[26] 4~5세기에 공유지 대부분이 극소수 부자들의 수중에 있었던 것은 로마 제국의 일반적인 상황이었다. 따라서 농촌에서 더 이상 살 수 없어 무작정 도시 중심으로 몰려온 사람들은 일자리를 찾지 못하여 노예보다 더 비참한 생활을 하기 일쑤였다. 이들은 새벽부터 길가나 광장, 목욕탕 앞이나 교회 문 앞에서 행인들에게 구걸하며 연명하였다. 이들 외에도 한센병 환자들과 모든 종류의 환자들도 필요한 도움을 간청하였다. 겨울에는 추위에 떨고 굶주리면서 더욱 비참한 생활을 하게 되었다. '배교자' 율리아누스 황제(재위 361-363)는 대지주들인 부자들이 이익을 독점하기 위해 자신이 발표한 '생활필수품 가격 안정 정책'을 반대했다고 말했다. 엄청난 '부'富가 유통되는 도시였지만, 햇빛이 강할수록 그 그늘은 한층 더 짙은 것처럼 이 도시의 부익부 빈익빈 현상은 더욱 심해져 갔다.

요한 크리소스토무스에 의하면 안티오키아의 인구는 10%의 부유층, 80%의 중산층, 어떠한 것도 소유하지 못한 걸인과 같은 10%의 무산자들로 구성되었다고 한다.[27] 그런데 당시 중산층은 오늘날의 중산층과는 아주 다르다. 당시 중산층으로 분류된 사람들은 오늘날 경제적으로 최하층에 속한 사람들의 수준이었다고 한다. 당시 안티오키아 인구 통계는 250,000명에서 800,000명에 이른다. 여자와 어린이, 도시에 잠시 거주하는 유동 인구까지 합하면 통계보다 훨씬 많았으리라 예측하기도 한다.[28]

인간 사회에는 늘 사회적 불평등이 있다고 하지만 당시의 사회적·경제적 불평등은 현대와는 비교할 수 없을 정도로 대단히 심했다. 앞서 소개한 80%의 중산층은 대부분 돈벌이가 별로 없는 장인이나 장사꾼, 혹은 농사꾼에 불과했다. 4세기에 이들의 경제적인 상황은 더욱 악화되었는데, 식민지 주민들에게 점점 더 많이 부과되는 세금이 주요 원인이었다. 중과세重課稅(Chrysorgiron)라고 하는 이 세금은 일용직 근로자뿐만 아니라 심지어 걸인에게까지 부과되었으니 그들의 경제 상황이 얼마나 피폐했는지 능히 짐작할 수 있다.[29]

중산층의 경제 상황이 그토록 비참했다면 소위 무산자로 분류된 10%의 사람들의 삶은 얼마나 더 참혹했는지 가히 짐작할 수 있으니 글자 그대로 아무것도 가지고 있지 않은 철저한 빈털터리였다. 당시 안티오키아를 배회하는 걸인들은 전쟁이나 흉년과 전염병으로, 또는 대지주와 주인들의 폭압을 피해 도시에서 행운을 찾기 위해 무작정 이주한 사람들이었다. 이들은 길거리, 성당, 목욕탕, 가게 앞에서 손을 벌려 구걸하며 겨우 연명했다. 특히 겨울에는 이들에게 치명적으로 비참한 상황이 벌어지곤 하였다. 한센병 환자나 각종 전염병에 걸린 자들도 도시로 몰려왔지만 곧바로 도시에서 추방되곤 하였다. 노예들의 처지도 역시 비참했다. 이에 대한 문제는 다음 장에서 다루기로 한다.

이러한 경제·사회적인 문제를 해결하기 위한 구호 활동 분야에서 안티오키아 교회는 중요한 역할을 했다.[30] 안티오키아 교회의 사목자로서 요한 크리소스토무스는 그리스도인들이 가난한 사람들을 도와야 할 의무를 강조하면서 그들에 대한 애덕 활동을 열심히 하도록 힘을 북돋아 주었다.

2.6. 종교적 상황

요한 크리소스토무스 시대에는 종교적인 요소들이 불가피하게 정치적인 요소와 결부되어 있었다. 종교는 순수하게 개인적인 신앙생활

차원에 머무른 것이 아니라 국가의 정치적인 다양한 요소들과 연계되어 있었다. 종교와 정치는 시민 생활에서 그 기능과 역할을 구분할 수는 있되 결코 분리될 수 없는 불가분의 요소였다. 사회생활도 종교, 정치, 문화와 더불어 각자의 삶과 조화할 것을 요구했다. 당시의 문화는 개개인과 집단의 종교심의 표현이었으며, 종교는 제정일치라는 그 당시의 시대적 상황에서 많은 경우 정치적 이념을 뒷받침하고 정치적 지배를 정당화하는 역할도 했다. 황제의 원의에 따라 적절한 시기에 종교 정책 등 어떤 변화가 있었다 하더라도 전통적인 사고방식과 대중의 종교심을 곧바로 변화시킬 수 있는 것은 아니었다.[31] 기원후 313년 콘스탄티누스가 발표한 소위 '밀라노 합의'[32]는 로마 제국과 그리스도교에게 대단히 중요한 전환점이었다. 그러나 적어도 그 밀라노 합의가 발표된 첫 시기에는 이교 종교의 관습과 전통을 철저히 포기하는 것을 의미하지 않았다. 또한 제국 내에서 다른 종교를 따르거나 관용적인 문화를 금지한 것도 아니었다. 무엇보다도 그리스도교가 더 이상 박해받지 않고 로마 제국에서 용인된 다른 종교들처럼 동등하게 종교의 자유를 누릴 수 있었다는 것이다. 다만 이후 서서히 제2단계에 이르러 그리스도교의 가치에 우선하여 호의적인 내용의 새로운 법률들이 제정되었다. 4세기에도 로마인들과 로마 제국의 속국 백성들 사이에 이교 관례들이 여전히 남아 있었다.[33] 예를 들면 점성술, 점술, 마술 등이 그리스도교 초기에 그대로 남아 있었다.[34] 이교인들은 새로운 종교의식과 가르침에 대해 염려하면서 자기 조상 때부터 유지해 온 종교적인 여러 관습들을 선호하였고, 또한 새로운 종교 행위들이 미신의 형태로 변질되기도 하였다.[35]

요한 크리소스토무스 시대의 안티오키아에도 다른 도시들과 마찬가지로 이교신 숭배자들이 있었다. 이교신 숭배와 동등한 자격을 받았던 황제 숭배는 여전히 남아 있었다. 그리스도인들에게 이교신 숭배는 절대로 용납할 수 없는 비도덕적인 요소로 간주되었다.[36] 요한 크리소스토무스는 이교인들을 "불쌍한 사람들", "비참한 사람들"로 정의하였다.[37] 그는 이 용어로 우상 숭배의 헛됨을 강조하고 다양한 악습을 열거하였다. 그 당시 문화는 이교 사상으로 가득 차 있었다. 고전 문화를 받아들인 그 시대 학자들의 열정은 이교인으로 살고 싶다는 것을 의미했다. 고전 교육의 내용은 헬레니즘적이고 신화적인 것이었다. 따라서 그들은 고대의 이교적인 문화유산 및 전통과 지속적으로 접촉해야 했다. 그들은 리바니우스 시대에도 아폴론, 제우스, 칼리오페, 안티오키아의 성공과 행운의 수호여신 티케Tyche 등 안티오키아 사람들로부터 특별한 형태의 신들을 받아들였다.[38] 당시의 그리스도교는 이러한 문화적인 환경을 애써 외면하면서 그리스도교의 신앙생활만을 끊임없는 관심의 대상으로 삼았다.

그리스도교의 문화가 이교 문화와 모든 면에서 대립했던 것은 아니다. 문학적 영역이나 예술적 영역에서는 대립적 관계가 상대적으로 느슨했다. 교회와 국가 간에 이루어진 평화는 새로운 시대의 출발점을 예고하였다. 처음부터 새로운 시대에 생기를 불어넣는 정신은 벌써 그리스도교 예술에서 가시적으로 드러났다. 이교 문화에서 사용되고 적용되었던 요소들이 문학과 건축, 미술에 새로운 분위기를 제공했다. 이는 처음에 깊이 몰랐던 내용에 관한 충분한 연구 없이 무조건 거절할 수 없다는 것을 보여 준다. 사람이 만든 모든 것을 평가하는 일에는 그 내면의 위험한 요소와 유익한 요소도 식별할 수 있어야 한다. 이러한 식별을 통해서 복음 메시지를 더 효과적으로 신뢰할 수 있을 것이다.

그리스-라틴 문화가 지배적인 환경에서 태동하고 성장했던 초기 교회 그리스도인들은 이교적인 문화생활의 물질적·이념적 구조를 보존해 왔다. 이 때문에 특히 나라의 관직을 얻고자 하는 사람들은 이교적인 학교에서 수학할 수밖에 없었다. 어떠한 종교를 믿든지 학교가 원칙적인 방식으로 공정하게 운영된다면 사회에서 기대하는 정직한 시민을 교육하는 데 기여할 수 있다. 그래서 목자들은 그리스도인들이 이교 사상으로 가득한 학교에 다니는 것을 금지하지 않았다.[39]

그리스도인 교사들은 이교 문화를 그리스도교적인 방식과 개념으로 해석하여 가르쳤다. 그래서 그리스도교에 적대적이었던 율리아누스 황제는 그리스도인들에게 공개적으로 가르치는 것을 금지하였다. "그리스도인들은 고전 저자들이 존경하는 신들을 경멸하기 때문에 고전 저자들에 대해 설명해선 안 된다."[40] 이 당시 그리스도교가 벌써 널리 퍼졌다 하더라도 그리스도인 학생들은 그리스도인들이 편찬한 책들을 이용할 수 없었다. 그리스도교 신자 학생들이 사용한 학교 책들의 내용은 이교인들이 사용하던 헬레니즘 책들과 온전히 똑같았다. 다만 책 첫 면에 "하느님께서 강복하소서"라는 기도와 함께 책의 모든 면마다 십자 표시 등 그리스도교적인 표시를 하였다.[41] 젊은 수도자들에게 하는 다른 교회 교육은 각 수도원에서 실시되었다.[42]

고전문학에서 문화적인 오락이나 영적인 위로를 얻으려는 생활에 대해 요한 크리소스토무스의 입장은 단호하였다. 비록 성인이 그리스 고전 작가들에 대해 잘 알았겠지만 유명한 작가들에 대해 전혀 언급하지 않았다. 그러나 이러한 사실은 성인이 고전적인 세계를 총체적으로 부정한 것을 의미하지는 않았다. 성인은 그리스도인 부모들이 자기 자녀들을 인격적이고 그리스도교적으로 교육시킬 것을 권유하였을 뿐만 아니라 자녀들을 도시의 주변에 거주하고 있는 수도자들에게 교육을 의뢰하도록 그리스도인 부모들을 설득하려고 항상 노력하였지만, 이러한 원의는 당시 관습을 바꾸는 데 큰 효과를 보지 못한 듯하다.

　이 시점에서 안티오키아 교회의 기원을 살펴보는 것이 좋겠다. 요한 크리소스토무스는, 안티오키아에서 그리스도를 따르는 자들을 처음으로 그리스도인이라고 불렀다는 사실을 종종 신자들에게 상기시켰다.[43] 이로부터 우리는 안티오키아가 그리스도교의 초기 확산에 매우 중요한 역할을 했다는 것을 알 수 있다. 예루살렘에서 스테파노가 순교한 직후 유다계 그리스도인들이 박해를 피해 이 도시에서 복음을 전파하기 시작했다. 베드로 사도도 예루살렘 사도회의 이후 이곳을 방문했다. 사도행전은 안티오키아가 바오로 사도의 첫 번째와 두 번째 선교 여행의 출발지이자 도착지였으며 세 번째 선교 출발지였음을 알려 준다.[44] 갈라티아인들에게 보낸 서한에서 베드로 사도가 일정 기간 동안 안티오키아에서 생활 공동체의 수장이었다는 것을 알 수 있다.[45] 루카 복음사가는 안티오키아에서 태어났고, 마르코와 실라스도 안티오키아에 있었다. 안티오키아의 주교 이그나티우스는 로마로 압송되어 사나운 짐승들에게 먹이로 내던져져 순교하였다. 요한 크리소스토무스는 안티오키아가 그리스도께 매우 소중한 도시라고 말하곤 했는데, 이것은 안티오키아를 복음화한 저명한 인물들과 그곳에 살았던 신자들의 미덕 때문이었다.[46] 이러한 이유로 안티오키아는 초기 그리스도교의 첫 번째 도시들 중 하나로 불릴 수 있다.[47] 전설에 따르면 최후의 만찬에서 주님께서 사용하신 잔이 안티오키아에서 발견되었다고 하지만 공식적으로 인정되지 않고 있다.[48] 그러나 그 잔은 그들의 시대 첫 6세기 동안 그리스도교 예술의 창조적 활동을 요약한 것으로 추정되었다.[49] 안티오키아인들은 자기들의 교회가 예루살렘 다음으로 가장 오래된 그리스도교 첫 번째 공동체를 대표한다는 긍지를 가졌다.[50]

그리고 로마 제국의 동방 지역에 관한 한, 안티오키아의 역할이 항상 대단히 중요하게 여겨졌다. 이교 전통이 아주 강하게 지배하였던 안티오키아에 처음으로 그리스도교가 전파되었고 이 도시로부터 모든 동방 지역으로 확산되었기 때문이다. 라틴 서방교회에서 로마 교회가 수행한 역할처럼 안티오키아 교회는 세계 교회와 시리아 교회의 가교 역할을 했다. 안티오키아는 아시아 그리스도교에서 콘스탄티노플보다 중요한 역할을 했다고 볼 수 있다. 안티오키아는 고대 동방 그리스도교의 보루였고 그러한 점에서 항상 역사적인 사명감과 긍지를 지니고 있었다. 안티오키아 주교의 권한은 아주 광범위하였으니 메소포타미아, 페르시아, 아르메니아, 게오르기아에 이르기까지 확대되었다.[51] 언제 안티오키아 총대주교좌가 설정되었는지는 정확하게 알 수 없지만, 325년 열렸던 니케아 공의회에서 그 위치를 공적으로 인정받았다.[52] 15개 관구 150여 명의 주교가 안티오키아 총대주교좌의 법적 관할 지역에 속했고, 평상시에는 인근 관구의 주교들이 연차 총회를 위해 10월경 안티오키아 총대주교와 함께 모였다.[53] 처음에는 많은 이들이 안티오키아에서 신앙의 열정으로 고무되었지만, 요한 크리소스토무스 시대에는 이러한 열정이 사라졌던 것 같다.

안티오키아는 대단히 오랜 역사와 소중한 전통을 지니고 중요한 역할을 수행했지만 많은 안티오키아인들이 과거에 고백했던 신앙에 부합하지 않게 살았다. 그들은 황제의 마음에 들기 위하여 그리스도교에 외적으로만 개종하였던 것으로 보인다. 국가에서나 교회에서 좋은 자리를 얻으려고 그리스도인이 된 사람들이 있었으며, 적합하지 않은 인물들이 그런 저의를 가지고 사제직이나 주교직을 탐하는 경우도 있었다. 이러한 상황 때문에 요한 크리소스토무스는 『동정』이라는 글에서 "많은 이들이 돈으로 그들의 사제직을 얻었다"라고 탄식하였다.[54] 또한 성인은, 주교들이나 원로들이 많은 이교인을 개종시켰다는 명성을 얻기 위하여 아직 신앙을 받아들일 준비가 되어 있지 않은 사람들과 세속적인 지위를 탐하는 사람들에게 세례를 주었다고 탄식하였다. 이 새 영세자들 가운데 어떤 이들은 세례를 받은 지 십여 일이 지난 후에 그리스도인으로서의 신앙생활을 포기하며 세례를 받지 않은 것처럼 이교의 관습으로 되돌아갔다.[55] 이런 동기로 신앙생활을 시작하였기에 많은 안티오키아인들의 신앙생활은 아주 미지근하였다. 그들의 절반 정도가 단지 기회주의적인 동기에서 신앙을 택했던 것으로 보인다.[56] 4세기 말에 주일을 지키기 위해 공공건물로 사용되었던 팔라이아Palaia라는 옛 성당에서 전례 모임이 있었고, 다른 성당에서도 작은 모임들이 있었다. 그러나 많은 신자들은 일 년에 한두 번만 교회에 나오곤 하였다.[57] 어떤 그리스도인들은 고전 문화뿐만 아니라 테오도시우스 황제로부터 숭배가 금지된 이교 신들에 대해서도 거의 광신적으로 심취해 있었다. 그리고 제우스나 아도니스 같은 그리스 신들뿐만 아니라 로마의 이교신들도 숭배하며 많은 이들의 집에 그 신상들을 안치하고 있었다.[58] 이처럼 그리스도인들은 그들이 생활하는 거리나 일터에서 거의 매일 이교 신상들과 접하게 되었다.

안티오키아 공동체는 이렇게 어려운 상황에서 이단과 이교 문제에 봉착하게 되었고 이 때문에 오랫동안 분열되었다. 어떤 면에서 안티오키아는 아리우스주의의 요람이 되어 가고 있었다. 제노비아Zenobia 여왕과의 친분으로 안티오키아 주교가 된 사모사타Samosata의 파울루스는 대단한 합리주의자였다. 그는 그리스도 양자설을 받아들였다. 사모사타 출신 루키아누스Lucianus 사제도 말씀이신 로고스를 창조된 존재로 가르쳤다. 아리우스Arius는 루키아누스의 제자였다. 아리우스파는 성부와 성자가 동일한 하느님이시라는 사실을 부정하고 그리스도의 신성神性도 부정하였다. 물론 모든 안티오키아 사람들의 신앙이 미지근하고 기회주의적이라고 말할 수는 없지만 많은 이들이 이러한 부정적인 경향을 보였다. 신앙 이외의 외적인 요인 때문에 어떤 그리스도인 공동체가 급속도로 커지고 수적으로 성장할 때는 그 기초가 튼튼하지 못해 허약해질 수 있다. 새로운 신앙을 수용할 때 본질적인 내용을 제대로 이해하지 못하고 사리사욕을 채우기 위해 피상적으로만 받아들인다면 상황에 따라서는 언제든지 그 신앙을 포기할 수 있는 위험이 도사리고 있기 마련이다. 이러한 상황은 한국교회에서도 마찬가지일 것이다. 선교 영역에서 그리스도교 신앙의 본질적인 내용보다는 외적인 이유로 신앙을 택했거나 제대로 된 신앙교육 과정 없이 일시에 많은 이들이 세례를 받는 결과는 우려할 만하다.

요한 크리소스토무스는 이러한 환경에서도 안티오키아의 소중한 역사와 전통을 보존하면서 황제 권력의 영향을 벗어나 온전히 자유롭게 자신의 소임을 수행하고자 했다. 그는 우유부단한 사제들이나 미지근한 신자들이 그리스도교 신앙에 온전히 충실하도록 말과 모범적인 삶으로 격려하고 권고하였다.

3. 콘스탄티노플[59]

3.1. 지리

콘스탄티노플은 세계에서 가장 오래되고 유명한 도시 중 하나로 고대 세계에서 그 역할이 결코 축소된 적이 없었다. 보스포로스 해협에 입지한 이 도시는 자연환경도 무척 아름다운 곳으로 평가받는다. 콘스탄티노플은 흑해와 지중해의 길목이자 아시아와 유럽을 잇는 중간 지점으로 예나 지금이나 상업의 요지이다. 다분히 옛 로마 제국의 수도를 대신한다는 의지를 드러내고자 했고, 그래서 7개의 언덕으로 이루어진 옛 로마를 대신하는 것처럼 보이게 하려고, 실제 언덕 수와는 다르지만 7개의 언덕 위에 위치한다고 선전하였다. 콘스탄티누스 대제 훨씬 이전부터 고대인들은 군사적, 경제적, 문화적으로 이 도시를 아주 중요하게 여겼다. 아시아와 유럽의 경계 지역에 위치해서 흑해와 지중해를 동시에 지배할 수 있기 때문이다. 테오도시우스 2세 황제 치하에서 425년부터 440년 즈음 사이에 발간된 『콘스탄티노플의 명성』이라는 책에는 당시의 대형 공공기관 건물들, 극장, 교회, 궁전들, 목욕탕, 저수시설, 주택 숫자 등의 목록이 기록되어 있다.[60] 『콘스탄티노플의 명성』은 이 지역을 광대한 그리스-로마 제국의 중심이요 상징으로 묘사했다.[61] 군사적인 관점에서 보면 외적의 침입에도 대단히 유리한 위치였다. 바다로부터는 쉽게 침범할 수 없고 육지에는 위풍당당한 성벽이 둘리어 있었다. 삼면은 바다로 둘러싸여 있고 만灣으로 막혀 있어서 적들이 쳐들어오기에는 대단히 어려웠지만, 무역 활동에는 더없이 적합한 지형이었다. 전쟁에서 지형적으로 우위를 점유하고 병참 물자를 보급하기 쉬운 곳이었다. 경제적인 관점에서 콘스탄티노플은 유럽과 아시아를 잇는 고리와 같아서 지중해와 흑해를 상대로 상업을 독점적으로 관장할 수 있는 좋은 위치였다. 문화적인 관점에서도 헬레니즘의 중심인 그리스와 근거리에 있어서 당시 최상의 문화를 접할 수 있었다고 볼 수 있다.

이러한 여러 이점에도 불구하고 고대에는 이를 충분히 활용하지 못한 듯하다.[62] 그 이유는 우선, 빈번하게 일어난 참혹한 지진 때문이라 여겨진다. 바이스만텔의 연구에 의하면, 소아시아 동부 지역의 모든 도시를 대상으로 한 지진 빈도 통계에서 콘스탄티노플은 두 번째로 지진이 자주 일어난 곳이다. 기원전 500년부터 기원후 1850년 사이에 지진이 발생한 햇수는 154년이고 지진이 발생한 일수는 총 501일이라는 통계가 있다.[63] 동로마 제국 연대기 작가 마르켈리누스 코메스에 따르면 요한 크리소스토무스가 생존했던 402년에도 대지진이 일어났다고 한다.[64] 수많은 지진이 있었고 거의 5년마다 이 도시를 새

롭게 건설해야 했다고 전한다.⁶⁵

　이 도시가 충분히 활용되지 못한 또 다른 이유는 변화무쌍한 기후로 건강이 약한 사람들에게 그리 좋지 않았다는 점을 들 수 있다. 북풍과 남풍이 불고 난 후에는 예상치 못하게 온도 차가 아주 심하게 바뀌곤 하였다.⁶⁶ 이처럼 기후가 불순하고 자주 지진이 일어나는 지리적인 악조건이 콘스탄티누스 대제에게 잘 알려졌다면 어떻게 그런 지역을 제국의 수도로 선택했을까 하는 의문이 들지 않을 수 없을 것이다. 두 가지의 가능성으로 그 까닭을 추정해 볼 수 있겠다. 첫째로, 이러한 지리적인 상황이 콘스탄티누스 대제에게 제대로 알려지지 않았을 가능성이 있다. 둘째로, 적들을 방어하기 아주 쉬운 전략적 요충지라는 점을 우선적으로 고려했을 가능성이다. 이러한 이유로 고대인들에게 이 지역이 썩 좋게 여겨지기만 했던 것이 아님을 추정할 수 있다. 콘스탄티누스 대제는 콘스탄티노플에 사는 주민들이 도시 밖으로 이주하는 것을 금지하고 자연재해를 언급하는 책이나 소식을 더 이상 소유하지 못하게 하는 법을 공포하기도 하였다. 그리고 좋은 조건으로 살 수 있도록 이주민들에게 여러 가지 혜택을 베풀며 시민들에게 매일 아주 많은 양의 빵을 나누어 줄 수 있도록 공장을 짓게 하였다.⁶⁷ 콘스탄티누스 대제는 이 새로운 도시를 로마 이상으로 그 위상을 높이려 하여 인적 구성이나 궁궐, 문화 활동이나 도시의 건축 등 모든 면에서 최상의 품위와 위엄을 보이도록 하였다. 이러한 모든 조치들로 정치적인 위상을 높이고 콘스탄티노플이 옛 로마를 대신하여 새로운 로마의 역할을 하도록 하고자 하였다. 이러한 상황은 후에 콘스탄티노플 총대주교좌와 로마의 사도좌 사이에 갈등을 초래하는 하나의 전조였다고 볼 수 있다.

3.2. 동로마 제국의 수도

이곳에 처음으로 사람이 살기 시작한 때는 기원전 1000년까지 소급된다. 콘스탄티노플은 그리스 식민지였던 비잔티온에 세워졌으며, 비잔티온의 창건자는 메가라의 왕 니소스의 아들 비자스라는 인물이었다고 한다. 비잔티온, 비잔티움이라는 나라 이름은 그의 이름에서 유래했다.[68] '비잔틴 사람들'이란 단어는 학식이나 예술에 대해 아는 체하는 사람들을 가리켜 다소 냉소적인 의미로 '비잔틴 사람들처럼'이라고 표현하는 오늘날의 의미가 아니라, 동로마 제국 수도 안에 사는 주민들을 가리켰다.[69] 플리니우스에 따르면, 아주 오래전 여러 기회에 밀레토스인들, 스파르타인들, 아테네인들이 서로 번갈아 가며 소유했던 '리고스'[70]라고 불리는 작은 지역이 있었는데, 페르시아 왕 세르세Serse 패전 이후에는 스파르타의 파우사니아스Pausanias가 그 도시를 확장하고 요새화하였다.[71] 그후 아테네, 스파르타인들이 지배하였으나 로마 제국의 지배하에서, 베스파시아누스Vespasianus 황제(재위 69-79)는 준準 독립적인 도시의 특혜를 없애고 로마 제국에 속한 아시아의 한 주州에 예속시켰다. 그후 로마 제국과의 관계가 좋지 않아 셉티미우스 세베루스Septimius Severus 황제(재위 193-211)에 의해 196년에 도시가 거의 파괴되었으나 주민들이 다시 모여들어 재건되었다. 현재의 도시명 이스탄불Istanbul은 '시市를 향하여'라는 뜻의 '에이스 텐 폴린'εἰς τὴν Πόλιν이라는 그리스어에서 유래했다. 슬라브인들은 '차르그

라드'Tsargrad 곧 '황제의 도시'라고 불렀다.

324년 리키니우스 황제는 콘스탄티누스 대제에 대항하여 싸웠으나 패배하였다. 그래서 콘스탄티누스 대제는 리키니우스의 근거지를 철저하게 파괴하여 복수하려 하였으나 이 도시의 여러 전략적 이점을 고려하여 신중하게 정리하였다. 4세기 당시 서유럽은 게르만족의 끊임없는 침략으로 대단히 불안정한 상황이었기 때문이다. 이러한 상황에서 황제는 전략적 요충지를 우선적으로 고려하여, 같은 해 가을에 게르만족과 페르시아인들의 침략을 방어하기 쉬운 비잔티움을 새로운 제국의 수도, '새 로마'(Nova Roma)로 선택하였다. 이러한 그의 의도를 주변 모든 나라들에게 과시하기 위해 웅장하고 아름다운 건물을 지어 온갖 보화로 꾸며 드러낸 것으로 보고 있다.[72] 이 도시에 새로운 옷을 입히기 위해 로마의 구조와 조직을 기억하려는 의향으로 여러 분야에서 로마를 모방하여 많은 것들을 바꾸었다. 그리고 보다 많은 사람들이 이 도시에 와서 생활하고 싶은 욕구를 가지도록 '구 로마'의 시민들과 '신 로마'의 시민들에게 동등하게 여러 가지 특전을 베풀었으며 구역도 '구 로마'처럼 14개 구역으로 나누었다.[73] 이 도시는 여러 이름으로 불리었지만, '콘스탄티누스의 도시'(Constantinopolis)라는 이름이 가장 흔하게 사용됐다.[74] 일곱 개의 언덕 위에 세워진 로마를 기억하는 로마인들은 서방 제국의 거의 모든 권한을 결합시키려는 의도로 콘스탄티노플을 '일곱 개 언덕의 도시'라고 부르고자 하였다. 그러나 사실 콘스탄티노플의 언덕들은 로마에 있는 언덕의 규모와 비교하면 그에 미치지 못하지만, 숫자를 맞추기 위해 언덕에 해당되지 않은 것까지 포함한 듯하다.[75]

자연스럽고 점진적인 과정을 거쳐서가 아니라 황제의 의지로 건설된 새로운 도시 콘스탄티노플이 창건되기 전에는 로마가 제국의 중심이었는데, 이제 로마와 같은 수준의 수도를 둘 두게 되었다. 콘스탄티누스 대제는 수도로서의 역할을 위해 이 도시를 품위 있게 재건하기를 원하였다. 그는 황제의 권위를 드러내기 위해 과거의 어떠한 도시도 필적할 수 없을 정도로 이 도시를 아름답게 하고자 콘스탄티노플보다 더 눈부시고 아름다운 도시들의 장식들을 옮겨 왔고, 이제까지 시도되지 않았던 필요한 모든 수단을 동원하여 호화로운 장식품으로 새로운 도시의 주변을 꾸미고 지속적으로 대단한 열정을 가지고 넓히고 풍요롭게 하였다. 황제의 명령에 따라 알렉산드리아, 안티오키아, 아테네, 로마, 시칠리아 등지로부터 그리스-로마 제국의 일치와 위대함의 상징으로 이 새로운 도시를 아름답게 하도록 이교 신전과 건물들의 가장 아름다운 기념물들을 옮겨 왔다. 로마 군인들의 전리품, 전승 장식물, 가장 아름다운 신상들, 과거 전쟁의 영웅적인 장군들과 저명한 정치인들과 유명한 예술인들의 석상들도 옮겨 왔다. 콘스탄티누스 대제가 이러한 장식품들을 옮겨 와 장식한 동기는 콘스탄티노플이 제국의 새로운 수도로서 구 로마를 계승한다는 것을 인식시키고자 하였던 것 같다.[76] 콘스탄티누스 대제는 로마의 원로원들, 귀족들, 호족들에게 나누어 줄 많은 집과 궁전을 짓게 하였다. 따라서 이 새로운 수도는 로마처럼 캄피돌리오, 원로원 집무실, 재판소, 중심 광장, 명예로운 기둥들을 세우게 하였다.[77]

그리고 황제는 만족할 만한 선물들을 제공하면서 저명한 인사들을 이 도시로 불러들였다. 또한 수많은 책들로 가득 채운 도서관을 열었고 후대에는 약 10만 권의 장서를 소장하게 되었다.[78] 330년 5월 11일, 대단히 성대한 의식으로 새로운 수도의 기능이 시작되었다. 이 모든 행위들은 새로운 로마인 콘스탄티노플의 정치적인 위상과 역할이 구 로마를 대신한다는 사실을 알리기 위한 것들이었다. 이러한 시도 역시 앞서 언급한 대로 장차 콘스탄티노플의 총대주교좌와 로마 사도좌 사이에 갈등을 유발하는 한 요인이 되었다. 테오도시우스 2세 황제(재위 408-450) 시대인 412년과 그 이듬해까지 도시를 재정비하는 공사가 진행되었는데, 그 이후에도 반달족 함대의 위협을 방어하기 위한 성벽 증강 공사가 진행되었다. 예를 들면, 439년 콘스탄티노플의 유명한 총독인 키루스Cyrus는 콘스탄티노플 해변에 수많은 망루를 설치하며 이중으로 된 성벽으로 에워싸게 하였는데 지금도 그 잔재가 상당 부분 남아 있다. 그 시기에 방어벽은 더 넓혀졌고 더욱 강화되었다. 1세기 후에 유스티니아누스 황제는 성벽을 절벽의 가장자리까지 넓혔다.

3.3. 콘스탄티노플 시민의 특징

콘스탄티노플 주민들의 특징도 본질적으로는 안티오키아 사람들과 대동소이하였다. 이 도시가 창건되던 때부터 다양한 인종들로 구성되었으니, 곧 제국의 모든 속주로부터 들어온 도리안족, 게르만족, 고트족, 그리스인, 라틴족, 동방인, 슬라브족, 트라키아인들이 함께 살았다. 이렇게 여러 다양한 종족들 가운데 아리안족이 두드러졌고, 이 가운데 고트족의 영향력도 돋보였으며 아르카디우스 황제(재위 395-408)

치하 동안에는 게르만족이 심각한 문제를 일으켰다.⁷⁹ 그러나 이렇게 다양한 종족들이 모여 살았지만⁸⁰ 콘스탄티노플의 본질적인 요소는 여전히 그리스적인 요소가 중심을 이루었다. 출신 종족에 따라 다양하고 많은 언어가 사용되었다 하더라도 당시 콘스탄티노플의 기록들은 예외 없이 거의 그리스어로 쓰였다. 라틴어 기록은 많지 않았으니, 당시 라틴어는 주로 제국의 공적인 공지公知를 위해서만 사용되었기 때문이다.⁸¹

안티오키아가 동방과 서방에서 오는 여행객과 상인들의 만남과 교류에 유리한 지리적 위치로서 번성하는 동안, 콘스탄티노플도 동방과 서방의 가장 중요한 교역의 중심이었을 뿐만 아니라 테오도시우스 황제 시대부터 제국의 정치, 사회, 문화적 중심지가 되었다. 다양한 동기를 지닌 다양한 범주의 사람들이 이 도시에 몰려와 경제적이고 정치적인 분위기를 형성하였다. 정치적인 야망을 가지거나 기회주의적인 야심을 가진 자들이 다른 사람들보다 더 높은 지위를 얻고자 가끔 증오심을 유발시키거나 교활한 행위도 서슴없이 저질렀다. 무직자와 걸인들은 매일 애긍을 청하고자 이 도시의 모든 문을 두드리곤 하였다. 많은 사람들이 공직자들에게 아첨하며 그들의 눈에 띄어 높은 공직에 이르고자 하였다.⁸²

요한 크리소스토무스 시대 콘스탄티노플의 인구는 정확히 알려지지 않고 있다. 저자에 따라서 80,000명부터 800,000명까지 다양한 통계를 제시한다.⁸³ 400년경의 자료에 의하면 콘스탄티노플에 100,000명의 그리스도인들과 50,000명의 가난한 자들이 있었다고 한다.⁸⁴ 그러나 이 말이 100,000명이라는 그리스도인들 숫자에

50,000명이라는 가난한 자들이 포함되었다는 뜻인지 아닌지는 분명하지 않다. 예를 들어, 평균 수치를 들어 계산한다면 듀세브J. Dujcev의 보고대로 300,000에서 400,000명의 주민이 살았을 것으로 본다. 하여간 콘스탄티노플은 당시 가장 인구가 많은 도시 가운데 하나였을 것이다. 이 도시의 인구 증가가 자연스럽게 이루어진 것이 아니라 다분히 인위적이고 정치적인 배경에서 형성되었기 때문에 정치적이고 경제적인 심각한 문제가 야기되었다. 콘스탄티노플 주민들의 특징은 안티오키아 주민들과 크게 다를 바 없었다. 그 특징이란 보다 자유로운 생활에 대한 욕구, 경계를 넘나드는 무제한의 자유로움, 폭력적인 일체의 억압에 대한 저항심 등으로 볼 수 있겠다.

    동로마 제국 사람들은 항상 서방보다 외적인 화려함에 더욱 많은 관심을 가지고 있었다. 이러한 경향은 본래의 수도였던 '로마'에서 조상 대대로 자리 잡고 있던 로마 제국 귀족들의 정치적 배경도 고려할 필요가 있겠다. 콘스탄티누스 대제의 아버지 콘스탄티우스Constantius Chlorus(250경-306)는 로마 제국의 사분령 통치四分領統治(Tetrarchia)[85] 체제에서 서방 로마 제국의 부황제였지만 전권을 장악하지는 못했다. 그리고 그의 아들인 콘스탄티누스는 볼모처럼 디오클레티아누스 황제 황궁에서 지내며 부모와 떨어져 살아야 했다. 그는 지금의 프랑스 지역인 갈리아와 지금의 영국 지역인 브리타니아를 통치하였다. 곧, 콘스탄티누스 대제의 권력 기반은 제국의 심장부인 로마가 아닌 변방 지역이었던 것이다. 로마에는 수많은 세습 귀족이 있었고, 그들은 황제로부터 임명되어 옛날 공화정 시대부터 세습된 무의미한 잔존 세력을 유지하고 있었을 뿐이지만, 그들을 무시할 수도 없는 상황이었다. 곧, 기득권 세력들의 영향력이 안정적으로 유지되었다. 그들은 국가로부터 특별한 재정적 지원을 받았기 때문에 제국의 국고가 많이 낭비되었다. 그들은 제국의 중요한 일에 거의 관여하지 못했고 단지 황제의 통치 행위를 지원하는 들러리 정도였으며 대표자들로 구성된 회의체도 운영되지 않았다.[86] 백성들의 목소리를 대변할 만한 어떤 조직과 견줄 만한 기구도 없었다.

그러나 콘스탄티노플의 정치 사회적 분위기는 달랐다. 콘스탄티노플 경기장은 경마 내기를 하는 도박장이었을 뿐만 아니라 콘스탄티노플 시민들의 목소리를 대변하는 장場으로서 정치적인 쟁점을 들추어 내는 장소로 간주되었다. 정치, 경제, 사회적 문제와 계층 간의 갈등으로 백성들의 불평불만은 경기장이라는 한정된 공간에서 황제에게 반항하는 독설과 야유로 표현되어 분출되었다. "점점 더 하나의 단순한 광장 이상으로 자리매김하던 콘스탄티노플의 경기장에서 백성들은 새롭게 자치와 자유를 느꼈다. 서방 로마 제국 세계와 마찬가지로 콘스탄티노플 지역의 주민들('자유인' 시민들)이 스스로 로마 백성이라고 자칭한 후, 경기장은 모든 백성의 로마적인 삶의 상징이 되었다."[87] 백성들의 소리는 "파란색과 흰색, 초록색과 빨간색" 네 가지 색깔로 네 편으로 나뉜 경기장 응원단을 통하여 표현되었다.[88] 그들 가운데 가장 영향력 있는 응원군은 특히 청靑군과 초록草綠군이었는데 가끔 그들은 첨예하게 충돌하기도 했지만 때때로 황제들의 통치권에 대한 반항도 분출하였다.[89] 귀족과 부자들, 친 황실파들은 청군이었으므로 당연히 보수주의자들이었다. 그와는 반대로 군중의 보호를 받고 있는 자유주의자들과 선동자들은 초록군에 속하며 경기장에서 황제를 거슬러서까지 비판하였다.⁹⁰ 그래서 경기장에서 두 계층 사이에는 항상 정치적으로 불목하는 경향이 드러났고 결국 두 개의 상반된 사회적 계층으로 고착되기에 이르렀다.

동로마 제국 수도의 문화는 본질적으로 헬레니즘이었다. "동로마 제국의 그리스화化는 특히 테오도시우스 황제와 에우독시아 황후 시기에 지속적으로 진행되었다. 이러한 상황은 우연적인 것이 아니라 콘스탄티노플 대학교에 라틴 교수들보다 그리스 교수들이 더 많았기 때문이다.⁹¹

또한 콘스탄티노플에는 발렌티니아누스 1세 황제(재위 364-375) 시대부터 그리스어와 라틴어 필사본을 베끼고 수정하는 일에 종사하는 관리를 여덟 명이나 두었던 규모가 큰 도서관이 있었다. 또한 425년경에는 궤변과 철학을 가르치는 세 명의 라틴 궤변가와 철학자, 다섯 명의 그리스 궤변가와 철학자가 있었을 뿐만 아니라, 두 명의 교사가 읽기를 가르치고 열 명의 라틴어 문법 교사들과 열 명의 그리스어 교사들이 가르치는 '고등학교'가 있었다.⁹² 사실 콘스탄티노플이 제국의 수도가 된 이후에 수많은 수사학자들과 철학자들이 콘스탄티노플에 모여들었다. 대우가 좋아지면서 더욱 많은 교수들과 학생들이 그곳으로 모여들었다. 안티오키아의 환경과 비교하면 인위적으로 조성된 콘스탄티노플의 환경이 보다 쉽게 부패할 수 있는 요인이 되었다고 생각한다. 비잔틴 문명은 단순히 헬레니즘을 계승했던 것만이 아니라 동서양 문명의 융합이었으니, 복합 문명이라고 부를 수도 있겠다.⁹³ 혼합적인 문명 속에서 전체적으로 이교 문화가 지배하게 되었다. 콘스탄티노플에서 그리스 교육학은 순전히 이상적인 인문주의 교육이었다.

3.4. 사회경제적 상황

콘스탄티노플은 동로마 제국의 수도라는 위치 이외에 지리적인 여건도 안티오키아 못지않게 좋아 흑해와 지중해의 길목이자 아시아와 유럽을 잇는 중간 지점으로 동서를 잇는 상업의 요지가 되었다. 따라서 사회경제적 상황도 안티오키아의 상황과 대동소이하였다. 그러나 경제·산업적인 생활은 제국의 재편 과정에서 그곳에 모든 상황을 집중하려는 계획의 영향을 그대로 받았다. 강력한 국가 독점 정책은 자유로운 사유 기업의 창의성을 질식케 하였다. 따라서 이 도시가 호화찬란한 장식들로 꾸며졌고 새로운 수도로서 활기가 넘쳤을지라도, 부자와 가난한 사람, 일용직과 부유한 상인 사이의 빈부격차, 귀족과 평민 등 사회적인 다양한 계층 간의 불균형은 극에 달했다. 부자들의 사치생활은 안티오키아보다 더 심했다. 부자들은 기회가 닿는 대로 사치스러운 생활로 자기들의 부를 한껏 드러냈다. 부유한 사람들은 개인적인 거처뿐만 아니라 어디든지 모자이크로 장식하였다. 주인의 가마 행렬 앞에서 군중들을 헤쳐 길을 트게 하는 많은 수의 노예들을 늘 대동하여 부를 과시하였으며,[94] 식사 때는 피리 부는 악사, 무용수, 곡예사들을 불러들여 여흥을 즐겼다.[95] 또한 궁정 대신들과 관리들도 그들의 권력과 사회적 위치를 사치스러운 생활로 과시하고자 하였다. 요한 크리소스토무스도 강론에서, 보석으로 치장한 황제의 마차, 금으로 장식한 말과 흰색 나귀의 고삐에 대해 언급하고 있다.[96] 그는 콘스탄티노폴의 총대주교로서 가난한 사람들을 억압하는 부자와 불의한 권력으로부터 소외계층의 약자들을 보호해야 했다. 콘스탄티노폴 부유층이 지향하는 이상적인 삶이란, 그리스 상류 계층과 마찬가지로 '권력', '부', '명성', 이 세 가지였다.[97]

대부분의 부자들은 가난한 사람들에 대해서는 무관심하였고 많은 서민들은 사회적인 어떠한 법으로부터도 스스로를 방어할 수 없는 소상인, 일용직 노동자, 노예들이었다.[98] 요한 크리소스토무스에 의해 추산된 약 50,000여 명의 가난한 사람들의 생활상은 부자들의 삶의 형태와는 전혀 비교할 수 없을 정도로 처참하였다. 리바니우스는 그들의 비참한 상황을 비교적 자세히 묘사하고 있다.[99] 요한 크리소스토무스는 그들의 처참한 조건들을 열거하면서 모든 그리스도인들이 자선을 하도록 초대하였다.

"오늘 저는 여러분에게 정의롭고 유용하며 편리한 사절이 되기 위해 여러분 앞에 나왔습니다. 이 도시에 사는 가난한 사람들 외에는 아무도 저에게 이러한 짐을 지우지 않았습니다. 그러나 이 가난한 사람들이 가장 비참하고 가련한 광경은 아닙니다. 내가 여러분들의 모임에 참석하기 위해 광장과 뒷골목을 지나오면서 교차로 한가운데서 손이 없는 사람들, 눈이 없는 사람들 등 누워 있는 많은 사람들을 보았습니다. 그 외에도 궤양이 가득하거나 치유할 수 없는 욕창 환자들, 편히 쉴 곳이 필요한 사람들이 눈에 띄었습니다."[100]

사실 콘스탄티노폴 부자들의 재산은 많은 가난한 노동자들이 부당하게 취급당하는 노동력에 의해 형성되었다. 소수의 부가 호화찬란한 그림과 모자이크, 고급주택의 값비싼 대리석과 금장식 등 무절제한 사치로 과시되는 반면, 가난한 사람들의 열악한 조건은 극도로 비참하였다.[101] 그리고 만일 황궁의 작업장에 들어가면 그곳의 직공들은 개인적인 자유를 박탈당했다.[102]

물론 교회는 이러한 비참한 상황에 대해 무관심하지 않았다. 교회는 제국의 수도에서뿐만 아니라 속주의 여러 지방에서도 사회사업에 적극적으로 대처하였다. 콘스탄티노플에서는 아기들을 위한 보육원, 고아원, 궁핍한 사람들과 노인들, 외국인들을 위한 피난처, 그리고 병자들과 한센병 환자들을 위한 병원도 운영하였다. 이와 같은 여러 기관들은 가끔 성직자들이 직접 운영하기도 하였다. 어떤 총대주교들은 그들의 급료를 가난한 사람들을 접대하기 위해 내놓았다. 수도원들도 구걸하기 위해 수도원을 찾는 불쌍한 사람들을 환대하고 그들에게 필요한 것을 나누어 주곤 하였다.[103]

3.5. 종교적 상황

신앙생활의 관점에서 본다면 정치적 관점보다 문제는 더욱 복잡하다고 볼 수 있다. 콘스탄티노플은 이교적인 요소와 그리스도교적인 요소로 구성된 비잔틴 문화와 밀접한 관계가 있었다. 정치적·종교적으로는 로마와 경쟁 관계를 이루고 있었고, 예루살렘과도 연계되어 있었다. 잘 알려진 대로 콘스탄티노플에서는 새로운 로마풍의 그리스도교가 성장하고 있었지만, 외견상 유사성에도 불구하고 윤리 도

덕적인 면에서는 실제로 비슷하지 않았다.[104]

유럽과 아시아 사람들의 왕래가 빈번하고 중심지 역할을 하던 이 도시의 지리적 위치는 신화적인 특성을 지녔던 다양한 종교들의 확산과 다신교적인 환경 조성에 영향을 끼쳤다. 이 도시 역시 다른 곳과 마찬가지로 다신교가 왕성하게 확산되어 신들의 역할과 기능, 자격에 해당하는 신성神性의 특성을 부여하였다. 곧 로마인이나 아테네인 혹은 비잔틴인들은 하나의 공통된 이름으로 신들을 불렀지만 그 신 자체의 역할과 기능은 장소와 시대와 전통과 기원에 따라서 달랐다.

요한 크리소스토무스 시대의 콘스탄티노플에서도 이교적인 분위기는 여전히 활발했다. 황제의 법령으로 이교신 숭배를 금지했을 때[105] 다소 효과는 있었을지라도 이는 단순히 외적인 모습일 뿐이었다. 오랜 세월을 통하여 익숙해진 이교적인 사고방식은 백성들에게 깊이 자리 잡고 영향을 끼칠 수밖에 없었을 것이다. 테오도시우스 1세 황제(재위 379-395) 치하 초기에, 나지안주스의 그레고리우스는 왕국으로부터 멀리 떨어져 있는 우상 숭배자들이 모두 개종하기를 갈망한다는 글을 쓰기도 하였다.[106] 콘스탄티노플의 이교 신앙에 관한 한, 관습이나 복장, 습관 등은 안티오키아와 대동소이하였다.

이 지역에 언제 그리스도교가 전래되었는지는 뚜렷하지 않다. 2세기 말경 교황 빅토르 1세(재임 189-198?) 때 이 지역 출신 영지주의자 무두장이 테오도투스에 의해 그리스도교가 들어왔을 것으로 추측하기도 한다.[107] 그러나 테르툴리아누스에 따르면 212년경 이미 그리스도인 공동체가 존재했었다.[108] 만일 그리스도인 공동체가 2세기 말에 비잔틴에 출현했다면, 3세기가 되어서야 주교가 상주하는 교회로 조직되었을 것이다. 또한 아시아와 유럽 양 대륙을 잇는 지리적인 여건을 고려한다면 그리스도교가 더 일찍 전래되었을 것으로 짐작할 수도 있겠다. 여러 세기가 지난 뒤 생긴 전승에 따르면, 콘스탄티노플의 그리스도교는 베드로 사도의 형제인 안드레아 사도의 선교 여행에서 시작되었다고 한다. 안드레아 사도가 스키티아와 콘스탄티노플까지 선교 여행을 가서 성 스타키스를 그곳의 초대 주교로 임명하였다고 전한다.[109]

이 도시의 주교 메트로파네스(재임 306/7-314)로부터 소급하여 전승에 따른 20명의 주교들 명단을 나열함으로써 콘스탄티노플 교회가 설립 이후 당시까지 중단 없이 계승되었다는 것을 강조하기 위해 이러한 주장을 펼친 것으로 보기도 한다.[110] 그리고 '새로운 로마'로 일컫는 콘스탄티노플 교회의 사도적 설립이 로마 못지않게 오래되었다는 것을 뒷받침하기 위한 주장으로 해석하기도 한다. 교회사가 소크라테스(380경-439 이후)는 메트로파네스 주교 이전 이 도시의 주교들에 대해서는 어느 주교도 언급하지 않았고,[111] 그리스 교회에 관해 7세기에 편집된 『파스카 연대기』*Chronicon Paschale*에 따르면 헤라클리우스 황제(재위 610-641) 치하 말까지 주교들의 명단을 기록할 때 메트로파네스를 콘스탄티노플의 첫 주교로 소개하였다.[112] 예수님이 안드레아 사도를 처음으로 부르셨지만, 그는 함께 부르심을 받은 요한도 동행하였다.[113] 그렇다면 요한 사도도 에페소에서 일정 기간 머무르며 선교하였다고 하는데, 에페소도 콘스탄티노플과 같은 명예와 같은 대우를 받아야 하지 않겠느냐는 문제 제기도 할 수 있겠다.

세속 당국의 조직과 교회 조직과의 동화는 제1차 콘스탄티노플

공의회(381)에서 강조되었다. 그리고 칼케돈 공의회 결의 28조는 이를 더욱 강조하는 경향을 보였다. 이 28조는 비잔틴 교회가 향후 모든 이교의 길로 나아가는 가능성을 내포하였다고 볼 수 있다. 사실 이 단적인 의미를 내포하는 이 28조는 로마의 수위권을 순전히 인간적인 기초에서 다루고 있다고 보아야 할 것이다.[114] 이 28조의 법적인 유효성은 일반적으로 역사가들에 의해 받아들여지지 않았다. 이 28조의 본문에서도 거론되었듯이 콘스탄티노플 총대주교의 위상을 로마 주교에 버금가게 해야 한다는 근거로 정치적인 개념인 '새 로마'(Nova Roma)에 바탕을 두고 있다. 그러나 로마 주교의 보편교회에 대한 수위권은 사도들의 으뜸인 베드로 사도의 후계자라는 순수한 신앙의 동기요 근거이다.

단, 그리스도교가 전파된 지 70년 사이에 이탈리아 남부 타란토 Taranto에 있는 고대 그리스의 식민시市인 헤라클레아 지역 교구들 가운데서 콘스탄티노플 교회가 모든 동방 지역에서 첫째 총대주교좌로 급격하게 상승한 중요한 요인은 두 가지이다. 곧 고위 성직자들의 야심과 로마 제국 황제들의 황제 교황주의(Caesaropapismus), 혹은 정교합일주의政敎合一主義에서 비롯된 야망이었다.[115] 사실 베드로 사도는 예수님으로부터 동생 안드레아와 함께 첫 번째로 부르심을 받았을 뿐만 아니라(마태 4,18-20; 마르 1,16-17), 사도들의 대변자처럼 예수님의 비유 해설을 여쭈었고(마태 15,15) 교회의 반석으로 인정받았으며(마태 16,18-19), 부활하신 예수님께서 12제자들 가운데 가장 먼저 베드로 사도를 만나셨다(루카 24,34; 1코린 15,15). 사도행전의 여러 곳에서도 베드로 사도가 사도들의 대표자로서 공동체의 중요한 문제들을 해결하는 주도자로 부각되고 있다. 이러한 위상의 베드로 사도는 교회 공동체의 최고 사목자로서의 삶을 로마에서 보냈고 그곳에서 순교하였다. 그리고 베드로 사도가 순교한 이후 베드로 사도의 뒤를 이어 리누스(재임 67-76)가 로마의 주교로서 로마 공동체를 사목하였고 현재까지 266대 프란치스코 교황까지 계승되고 있다. 이런 의미에서 로마 교회는 베드로 사도의 마지막 사목구로서, 베드로 사도의 후계자인 '로마의 주교'라는 순수한 신앙적인 동기와 배경과 의미로서 초기 교회 교부들이 인정하고 따랐다. 그러나 콘스탄티노플 총대주교좌는 신앙적인 동기나 배경과는 무관하게 로마 제국의 옛 수도가 콘스탄티노플로 옮겨졌다는 정치적인 배경과 동기가 작용했기 때문에 콘스탄티노플 총대주교좌의 위상을 논한다는 것은 신앙과는 무관한 세속적인 동기와 배경일 뿐이라고 평가하고 있다.

이러한 상황에서 이 새로운 수도의 신앙생활은 총대주교좌의 위상에 걸맞은 수준은 아니었던 것으로 보인다. 이곳으로 수도를 옮겨 제국을 재창건한 콘스탄티누스 대제의 정치적인 종교 정책과 그의 후계자들의 계속된 지원으로 진행된 콘스탄티노플의 그리스도교화化는 두 시기로 나누어 구분할 수 있겠다. 콘스탄티누스 대제가 처음에는 자신의 신앙적 가치를 바꾸기 위해 비잔티움 현지의 고유한 이교사상에 대해 격노하였던 것처럼 보인다. 그 후 자신의 종교가 그리스도교 신앙의 형태로 바뀌었고 이 종교는 새로운 수도, 곧 로마 제국의 종교가 되었다.[116] 콘스탄티노플 교회의 외적인 영향력이 확대되는 상황에서 교회 내부 조직이 황실 구조 및 제도와 비슷하게 변화되어 갈 수밖에 없었다. 유스티니아누스 황제 시대 이전에는 아직 특별한 직책을 겸한 공직公職을 말할 수 없을뿐더러 성직자의 신분과 교회 제도도 확립되기 전이었다. 그러나 점차로 성직자들 사이에 점진적인 '승진'과 계급적 질서가 생겼고, '축성'된 성직자들에게는 품계가 주어졌다. 교회의 직함들이 행정 공무원의 직함과 비슷하거나 귀족적인 계급에 따르든지 실제로 공무 수행과 비슷한 '재무담당 사제', '공증인 부제' 등 이중적 신원이 부여되었다. 이러한 이중성은 총대주교의 위치도 궁중의 조직이나 기구와 평행을 이루게 하였다.[117] 이렇게 콘스탄티노플 교회는 제국교회帝國敎會와 같은 부정적인 의미에서 세속화를 시작하였다. 이러한 환경에서 요한 크리소스토무스는 궁중 인사들 및 야심 많은 교회 인사들을 포함하여 황궁과의 갈등을 피할 수 없었다. 그는 성직자들의 부패와 재정적인 독립과 콘스탄티노플 교회 행정의 독립성을 위해 교회를 개혁해야 했다. 요한 크리소스토무스와 에우독시아 황후의 갈등은 정통 신앙에 대한 성인의 충성심과 황실이 겨냥하는 제국교회의 목표가 대립하며 발생한 것이었다. 이 외에도 콘스탄티노플의 신앙생활은 안티오키아 교회의 신앙생활의 정도와 대동소이하였다.

제2부

요한 크리소스토무스와 사회정의의 문제

평화는 정의의 열매이며 정의는 참된 평화를 증진시킨다. 우리가 사회문제나 현대사회의 경제문제와 직면할 때 "사회정의에 따라"라는 표현은 제기된 문제의 타당성을 판단하기 위한 기준으로 선택된다. 정의는 어떤 면에서 '법률 준수'의 결과로 실현된다고 보지만, 다른 한편으로 법은 정의를 따라야 한다고 말한다. 곧 법의 근원은 정의를 실현시키기 위해 봉사하는 것이라고 한다.[1] 매우 일반적인 의미에서 정의는 어떤 부합성符合性, 일치성 또는 비율을 가리킨다. 이런 의미에서, 예를 들어 법률이나 판결뿐 아니라 예측, 비판적 관찰, 논리적 또는 산술적 작업, 그리고 오류로부터 벗어나기 위해 필요한 기계나 측정 기기 등도 정의를 실현하기 위한 수단으로 본다. 그러므로 정의는 '객관적인 조정의 원칙'이라고 보는 것이 타당하다.

정의가 본질적으로 사회적 본성을 가지고 있다는 것은 보다 많은 사람들 사이에 필요한 한계와 조화로운 비율로 사람들의 행동과 요구를 조정하여 일치되도록 하는 특별한 기능을 가지고 있다는 사실로 설명된다. 곧, 정의에 대한 기본적인 개념이 오래된 문학에서도 함축적으로 드러나지만 때때로 기발한 생각으로 평가되기도 하였다. 왜냐하면 법 집행에 있어서 권력자의 의도와 의지가 대단히 큰 영향력을 끼치는데 법의 본래 정신과 취지에 따르는 정의를 기준으로 내세워 권력의 부당한 처사를 감시하는 기능으로 드러나기 때문이다. 정의의 임무와 목적은 동일한 사람 자신만을 위한 것이 아니라 다른 사람들과의 관계에서 발생하므로 사회적 성격을 띤다. 곧, 엄밀히 말하면, 정의는 필연적으로 항상 사회적이다. 왜냐하면 정의는 더 많은 사람들 사이의 관계 조정을 의미하기 때문이다. 이는 본래적 의미에서 정확하게 말하자면, 각 사람은 '사회적 하위 구성원'으로 간주되는 개인일 뿐이다. 예를 들어, T. 타파렐리는 "우리에게 사회적 정의는 인간과 인간 사이의 정의"라고 말하였다. 그러나 사회정의의 개념은 '정의' 자체의 본래적 개념과는 정확하게 일치하지 않는다고 생각한다. 고전적인 의미에서 정의란 보다 광범위하고 보다 일반적이지만, 사회정의의 특징은 보다 집합적이고 보다 구체적인 관계를 조정하기 때문이다. 그러므로 기본적인 개념으로서 사회정의의 특성은 다음과 같이 정리해 볼 수 있겠다. 곧, 객관적인 원리로서 사회 구성원들에 대한 사회의 정의와 도덕적 덕으로서 사회와 사회의 다른 구성원들에 대한 구성원들 각자의 정의로 정리된다. 보다 엄밀한 의미에서 사회정의의 요구는 재산의 평등한 분배, 노동의 조직, 노동자들의 임금에 관계된 정의를 의미한다. 전통적인 교리에 의하면, 이는 교환 형태의 정의나 분배 형태의 정의에 속한다.

　원론적으로는 일반적 의미의 정의와 사회정의 사이에 근본적 요소가 다를 수는 없다. 초기 그리스도교의 세계는 그리스 사상의 영향을 받았었다. 정의에 대한 고대 그리스의 개념을 보고 나서 요한 크리소스토무스의 개념을 살펴보기로 한다.

1. 그리스 세계의 정의 개념

1.1. 정의 개념의 기원

정의(Δικαιοσύνη, 디카이오쉬네)는 디카이오스(δίκαιος)를 거쳐 디케(δίκη)에서 유래한다. 쉬네(συνη)로 끝나는 단어들은 추상적 사상이 시작되던 시대에 형성되어 갔다.² 이 때문에 호메로스와 헤시오도스에게서는 이 개념이 보이지 않는다. 그들은 분명히 모종의 관념을 가지고 있었을 정의를 가리키기 위해 다른 단어들을 활용하였는데, 어원상 '사법적 결정'을 의미하는 디케와 '좋은 충고'를 의미하는 테미스(θέμις) 같은 단어들이다.³ 용기와 기민함 같은 다른 덕들은 호메로스 시극의 주요 영웅들 안에서 전형적으로 의인화되어 나타나는데, 후에 덕들의 여왕이라고 불려 마땅했던 그 덕은 이 인물들 안에서 그와 유사한 방식으로 나타나지 않는다.

원시적 상상력은 디케와 테미스를 신화적 이미지로 규정한다.⁴ 호메로스 자신이 테미스를 올림포스의 신으로 제시한 바 있다. 테미스는 원래 제우스의 조언자일 뿐이고 그녀의 조언들은 종종 불화를 초래하고 트로이 전쟁 같은 전쟁을 일으키기도 하는 등 여러 방향으로 향했다. 여기에서도 역시 극적 요소가 윤리적 요소보다 우세하다. 물론 그렇지 않을 수도 없었을 것이다. 헬레니즘의 상상력은 최고의 신을 포함한 여러 신들에게 모든 종류의 인간적 동기를 부여하기를 좋아했기 때문이다. 결국 테미스는 여러 태도를 가진 제우스의 사변적 사상 자체나 의인화한 '조언'에 불과하다. 인간들에게도 신중한 조언자로서 테미스의 의미는 싹에서 자라나듯 아주 조금씩 발전할 뿐이다. 테미스는 신탁을 담당한 신이며, 나아가 공공 집회를 촉진하고, 그 집회를 주재하며, 그러한 방식으로 시민사회의 체계를 잡아 간다. 또 제우스와 테미스의 혼인에서 심판의 여신(진리의 자매로 진리도 제우스의 딸이다) 디케가 태어나게 되는 것도 주목할 만한데, 그녀는 분쟁을 조정하거나 해결하고자 하며 사람들이 혹사하면 하늘로 피한다. 이 신도 역시 점진적인 과정을 거쳐 조금씩 더 정확한 의미를 가지게 되었다. 곧, 그 이미지가 더 강력하고 엄격해져서 중재적 화해의 기능보다는 오히려 가차 없는 복수의 기능을 그 신에게 돌리게 된 것이다. 신화에서 드러난 그러한 관념적 과정은 명백하게 국가 권위의 강화와 나란히 가며, 법률이 다른 활동 규범들로부터 점차적으로 구별되어 가는 과정과도 병행한다. 그렇지만 테미스와 디케라는 두 신화적 표상은 원래의 고유한 의미를 잃지 않는다. 그래서 테미스는 대체로 상관의 충고나 명령을 암시하고 디케는 재판관의 판결을 암시한다. 순전히 개념적인 작업의 첫 단계는 아마도 정의($\Delta\iota\kappa\alpha\iota\sigma\sigma\acute{\nu}\nu\eta$)라는 개념의 형성일 터인데 이 개념은 원초적인 신화적 표현들이 지닌 공통된 배경을 받아들였다. 달리 말하면 결정적인 조화가 이루어지는 비례와 질서라는 개념이다.

    단어의 형성은 그리스식의 법률적 의미의 강력한 발전과 연결되어 있다. 하지만 개념의 법률적 형성과 윤리적·종교적 형성 사이에는 지극히 밀접한 관계가 있는데, 이는 고대 그리스 사상에서 정당성, 공정성의 의미도 가진 법률이라는 권리($\delta\acute{\iota}\kappa\eta$)의 개념이 지니는 중심적인 위치에서 드러난다. 이 개념은 법률적 의미로서만이 아니라 정치적이고 윤리적인 가치, 그리고 일차적으로는 종교적 가치로 이해된다.[5] 이러한 정의 개념은 위대한 철학자들의 시대에, 특히 사회 구성원들 사이의 관계 안에서 더 분명해진다.

1.1.1. 피타고라스적 정의

피타고라스 이론의 기본 사상은 모든 사물의 본질이 수數라는 것이다. 그 개념으로부터 정의의 개념이 형성되었는데, 이 개념이 진리를 온전히 표현하지는 않는다고 해도 의심할 여지 없이 근본적이고 특수한 한 가지 측면은 포착된다. 피타고라스주의자들에게는 사실 정의란 무엇보다도 우선 산술적算術的 관계로서 방정식이거나 등식인데, 다른 말로 하면 대립하는 항項들 사이의 일치이다. 바로 제곱수에, 곧 그 수 자신만큼 곱한 것과 동일시될 수 있다. 그러므로 정의의 실현은 사실과 그 사실의 처리 사이의 일치에서 발견된다. 그들의 관점에서, 정의는 본질적으로 보상에 관한 것이고, 이 개념은 아리스토텔레스 정의론의 출발점이다.[6]

1.1.2. 소피스트적 정의

소피스트들은 개인주의자요 주관주의자들이었다. 그들은, 인간은 각자가 사물을 보고 인식하는 고유한 방식을 가진다고 가르쳤는데, 여기에서 결과적으로 객관적이고 보편적으로 타당한 참 학문은 있을 수 없다는 명제를 내놓았다. 인간은 만물의 척도[7]라는 프로타고라스의 유명한 표현은 그들의 이러한 철학적 입장을 드러내고 있다. 이 개념에서는 모든 개인이 실재에 대해 자신만의 견해를 가진다. 그들은 모든 객관적 진리를 부정하면서, 또한 절대적 정의의 존재도 부정한다. 그들에게는 정당함(옳음)도 상대적이며 변하는 의견이요, 힘으로써 드러내는 가진 자의 자유의지의 표현이다. 소피스트인 트라시마코스(기원전 459-400)는 정의가 선인지 악인지 묻고는 이렇게 대답한다. "정의는 실제로는 타인의 선이다. 명령하는 자에게 유익한 것이며 복종하는 자에게 해로운 것이다."[8] 결국 소피스트들은 보편타당한 절대적 정의를 부정하는 경향이 강했다.

1.1.3. 플라톤적 정의

윤리적 혹은 의무론적 형태로서의 정의의 특성은 일반적으로 플라톤 체계에서 대단히 중요한 표현이다. 정의를 개인적·사회적 삶 전체의 조정 원리로 들어 높이기 위해서 플라톤은 정의에 특수한 기능이나 특정 영역을 부여하는 것을 무시하거나 거부한다. 그렇게 해서 그는 정의가 "각자에게 속한 것을 각자에게 돌려주기",[9] 그리고 같은 모양으로 "친구들에게 선을 행하고 원수들에게 악을 행하기"[10]에 있다는 제한적인 기능과 역할을 부정한다. 이와 같은 여러 명제들을 제거하고 플라톤은 정의의 본질을 "자신의 과제를 실행함"이나, "본성적으로 모든 사람과 사회의 각 계층에 기대되는 능력들을 실행함"이라고 본다.[11] 그러므로 그렇게 이해되는 정의는 개인들의 활동과 집단적인 다수의 활동을 똑같이 지탱해 주고 조화시켜 주는 덕을 의미한다. 따라서 정의는 조직적으로 전체를 구성하는 여러 부분 사이의 균형을 이루게 한다. 결국 플라톤의 정의는 탁월하게 보편적인 덕인데, 그것이 전체의 여러 부분 사이의 조화로운 관계에 있기 때문이다.

정의는 공동의 목적과 관련해서 각자가 자신이 해야 할 바를 할 것을 요구한다.

1.1.4. 아리스토텔레스적 정의

한편으로는 "보편적 덕"으로서의 정의에 대한 플라톤적 개념은 아리스토텔레스적 개념에서 확고하게 유지되거나 최소한의 변화만을 보일 뿐이다. 다른 한편으로는 정의에 대한 또 다른 더 엄격한 개념의 발전이 이루어지는데, 이 개념에는 이미 소크라테스 이전 철학에 들어 있던 기원들도 없지 않으며, 정의를 오로지 사회적이기만 한 원리로 이해하도록 이끌어 간다.[12] 아리스토텔레스의 정의는 무엇보다도 우선 총체적인 덕, 혹은 완전한 덕으로서의 보편성 안에서 고려되고 있다. 그는 불의를 악습의 한 부분으로서가 아니라 오히려 전적인 악덕으로 취급한다.[13] 의로운 자는 그 본질에서 동등한 것과 동일시된다. 혹은 지나치게 많음과 적음 사이의 중간이나 등거리를 나타내는 그 척도와도 동일시된다.[14] 그러한 척도는 모든 덕(바로 항상 '중용'에 있는)에 들어 있어야 하기에 거기에서 결국 일반적으로 이해되는 정의는 자신 안에 모든 덕을 포함하고 포용한다. 아리스토텔레스적 개념은 플라톤적 개념과 본질적으로 다르지 않다.

정의에 대한 아리스토텔레스적 개념이 피타고라스적 개념에서 생겨났음에도 불구하고 아리스토텔레스는 안티페폰토스(상호적 비율)를 물질적 답례의 의미로 해석한다. 그는 그러한 개념은 분배의 정의의 원리로도, 균등하게 하는 정의, 혹은 교정적 정의의 원리로서도 가치가 있을 수 없다고 판단한다.[15] 아리스토텔레스는 순전히 물질적인 동등함(상호 비율과 균형 및 동등)이 아니라 오히려 가치의 상응(상호 비율과 산술적 비율)을 정립하기 위한 것임을 아주 잘 관찰하고 있다. 그래서 양이나 수에서 동등하지만 가치에서 동등하지 않은 물건들의 교환은 정의에 반대될 것이다. 예를 들자면 하나의 펜과 하나의 자동차처럼, 산술적으로 숫자로는 각각 하나씩이지만 가치는 다르다.

아리스토텔레스는 정의를 그 적용에 따라 구별하기 위해 다양한 표현들을 사용한다. 곧 보편적인 덕으로서의 정의를 특정한 덕으로서의 정의에서 구별하고자 하는 것이다. 그는 하나를 일반적으로 본 법률에 따른다는 의미에서 '법률적 정의'라고 불렀고[16] 다른 하나를 두 가지 형태로 다시 나누었는데, 교환정의와 분배정의가 그것이다. 보편적 덕으로서의 법률적 정의는 공동선을 위해 모든 특정한 덕들의 행동을, 곧 교환정의의 덕과 분배정의의 덕의 실천 양식을 명령하거나 조절한다.

특정한 정의에서 첫째는 분배의 정의로서, 이는 명예와 재물의 재분배에 적용되며 구성원 각자가 자신의 공덕에 적절하게 해당되는 몫을 받는지 주의 깊게 지켜본다. 그러므로 아리스토텔레스에 따르면[17] 사람들이 평등하지 않으면 그들은 동등한 물건을 가지지도 못하리라는 것이다. 이 정의가 혹시 부정적으로 해석된다면 이 원리는 법의 실행에 있어 로마 시민들과 노예들 사이에 또 다른 불평등을 불러일으킬 가능성을 남겼을 것이다.[18] 어쨌건 분배정의는 비례 관계에 있는데, 아리스토텔레스는 이를 기하학적 비율로 정의한다.[19] 두 번째는 교정矯正정의(correctional justice) 혹은 균등정의로서, 곧 상호교환이 가능한 관계의 조정자이다. 여기에서도 평등의 원리가 적용되지만, 분배정의와는 다른 형태로 적용된다. 여기에서는 그저 사물들과 행동들을 개인적인 관점에서 동등하게 간주하면서 객관적 가치에서 일반적으로 측정하는 것뿐이기 때문이다. 그러한 측정은 산술적 비례 안에 그 고유한 형태를 가진다.

어떤 사람들은, 예를 들어 C. 반 게스텔은 정의에는 세 가지 종류가 있다고 말한다. 1) 개인이나 특정 집단 간의 관계는 교환정의에 의해 규제된다. 2) 사회와 그 구성원들 사이의 관계는 분배정의의 영역이다. 3) 사회에 대한 사회 구성원들의 관계는 일반적인 정의라고 하는데 이는 곧 법적 정의나 사회정의 영역을 구성한다. 그렇게 아리스토텔레스가 정의의 종류를 3가지로 분류한 가설로부터 시작하여 그의 사상을 해석하는 학자들의 일부는 사회정의가 정의의 이 세 가지 아리스토텔레스적 종류 중 하나로 환원될 수 있는지, 정확히 그 셋 중 어느 것인지를 물었다. 처음에는 특별히 교환정의에 해당한다는 명제를 인정했다. 그다음에는 앞의 것을 덧붙이거나 배제하여 결론으로 분배정의라고 했다. 그리고 법률적 정의라고 했다.[20] 하지만 이 세 가지 정의는 단지 규칙에 따른 세 가지 다른 이름을 가지고 있을 뿐이며, 실제로는 정의 자체의 세 가지 다른 종류가 아니다. 예를 들어 단 하나의 종류로서의 불꽃은 여러 기능을 가지고 있다. 곧 태우는 열과 밝히기 위한 빛이 그것이다. 결혼한 남자의 고유한 역할은 남편과 아버지의 역할 등이다. 하지만 그 불꽃과 그 남자에 대해 다양한 측면에서 여러 종류로 구별하지는 않는다. 그와 같이 정의도 단 하나의 종류가 있을 뿐이며, 따라서 정의의 근본원리를 여러 측면에 적용할 수 있고 사회정의에도 그렇게 적용할 수 있는 것이다.

1.2. 법과 실천에서의 정의

아리스토텔레스적 정의의 본질적 개념은 후대 여러 세기에 걸쳐 이루어진 법의 근본 토대가 된다. 그 개념은 법학자들과 철학자들 사이에 거의 만장일치의 동의를 얻으며 결정적인 것으로 간주되었다. 특히 분배정의 개념은 어느 면으로는 법의 모든 특징들을 개괄하며, 균형 잡힌 평등의 형성에 있어 거의 불변의 상태로 남았다.

로마의 법률가들은 이론적인 추상적 사변과 순수한 의미에서의 '철학적 법 관념'의 위대한 창시자들은 아니었지만, 실정법 시행의 법 적용에 막대한 공헌을 하였다. 로마의 법률가들은 항상 구체적이고 현실적인 삶과 사물의 본성을 고려하였다. 그들은 새로운 요구에서 나오는 상황에 따라 법을 어떻게 발전시킬 것인가를 잘 알고 있었다. 그렇게 로마 제국의 법률은 그리스 관념론자들의 사변과 현실주의적인 로마 제국의 체험 사이에서 상호보완적으로 이루어졌는데, 이러한 상호보완적 관계는 두 세계 사이의 예술에서도 마찬가지다.[21] 로마의 법률가들은 그리스 철학파들이 제공한 똑같은 정의의 근본적 개념을 받아들였다. 두 개의 전통, 곧 그리스의 관념론 전통과 로마의 현실적 전통은 그렇게 해서 하나의 전통 안에서 만나게 된다.

로마의 법률가들이 가진 정의의 개념은 '각자의 몫과 각자의 권리를 각자에게 돌려주는 것인 'Jus suum'(자신의 권리, 자신의 것)에서 유래하며, 'Jus naturalis'(자연법)의 개념에 기초한다. 이 '자신의 권리'는 그리스의 개념보다 더 엄격하고 더 꼼꼼한데 그리스의 개념에 의하면 각자의 것은 누군가가 요구할 수 있는 것이라기보다는 오히려 자기

의지와는 상관없이 어떤 방식이나 척도로 그에게 주어진 것이다.[22] 울피아누스는 "정의는 각자에게 그의 것(권리)을 주려고 하는 항구하고 영속적인 의지이다"라고 말했다.[23] 자연법 개념은 평등의 개념과 연결된다. 평등은 정확히 동등함을 의미하며 사람과 사람 사이, 사람들과 사물들 사이의 관계를 위한 판결의 기준이었다. 자연법은 판결의 가장 높은 기준으로 남아 있으며, 그로부터 법의 일반 원칙이 나온다.

하지만 시행에 있어서 이 평등은 실제로는 모든 사람에게 유효하지 않았다. 로마의 법률가들은 로마 제국 안에 사는 외국인들과 노예들에게는 법을 다르게 적용하였다. 로마의 법률가들은 이를 만민법(Jus gentium)의 이름으로 정당화하였는데, 확실히 이 만민법은 평등과 자연법의 원래 정신에 반대되는 것이었다. 이 만민법은 외국인들에게, 곧 외국인들과 외국인들 사이, 외국인들과 로마인들 사이에 적용할 수 있었는데, 이 경우에는 로마 시민들에게 유리했다. 이 법은 '시민법'(Jus civile) 적용에 해당되지 않는 모든 사람에게 적용하기 위해 제정된 법이었다. 이 만민법은 로마 시민들에게 유보된 고유법으로 거창한 형식이 없이 외국인들의 관계를 규정하는 단순하고 충분한 방식이었다. 평등의 실천에 있어서 이 불평등의 개념은 아리스토텔레스의 개념을 바탕으로 정당화된 것으로 생각된다. 아리스토텔레스는, 사람들이 평등하지 않다면 동등한 사물들을 갖지도 못할 것이라고 말했다.[24] 그는 노예 신분의 현상을 주목하고 또한 그것을 정당화하려고 하면서, 자신을 통치할 능력이 없는 그 사람들이 어떻게 통치를 받아야 하는지를 보여 준다. 어떤 사람들은 자유롭게 태어나지만, 또 어떤 사람들은 노예 상태로 태어난다고 그는 말한다. 그는 심지어 고용을 통한 경제활동에 있어 국가를 위한 노예 신분의 실천적인 이유를 통해 입증하고자 시도하였다.[25] 로마법의 이 전통은 로마 제국의 모든 식민지에서 유효했고 따라서 동로마 제국에서도 유효했다. 하지만 그 로마법보다 더 상위이고 더 효과적인 다른 법이 있었으니, 곧 황제의 의지가 그것이었다.[26] 이 황제의 의지가 모든 사람에게 하나의 법이 되었으며 황제는 살아 있는 법이었던 것이다.[27] 물론 이 황제의 의지는 로마법의 실행에 있어 일반적인 성격을 갖고 있지는 않았지만, 어떠한 경우라도 항상 모든 정당한 법률들을 조종할 수 있었다. 황제 자신만이 적법한 입법자이기도 했고, 황제 자신만이 법의 해석자로 정당하게 간주되었고 법을 파기할 수 있었다.[28] 식민지의 모든 재판관들은 황제 대리자의 훈계를 받아야 했고, 그렇지 아니하면 식민지의 재판관들은 황제에 의해 기소당했을 것이다.[29] 그렇게 법의 모든 것이 황제와 관련된 사안이었다. 사실 민족들 사이의 사회정의를 실현하기 위해 많은 법이 반포되지는 않았으며, 행정을 위한 법률과 사람들을 통제하기 위한 법률들이 많이 있었다.[30]

2. 요한 크리소스토무스의 사회정의 개념

2.1. 보편적 덕으로서의 정의의 기원

이미 보았듯이 정의에 대한 더 오래된 사상에서는, 정의가 미리 확정된 어떤 규정이나 법과 합치된다는 일반적인 의미에서만 파악된 것

같다. 그러한 개념은 시간이 가면서 여러 주체들 사이의 상호관계의 기준이라는 더 정확하고 구체적인 정의의 개념이 기술될 때도 사라지지 않고 남아 있었다. 인간 사회의 초기 시기뿐만 아니라 모든 인간 집단에서는 일정한 영역 안에서 공생의 관계는 수학적이라고 할 수 있을 평등의 기준, 혹은 균형의 기준에 따라 상호존중의 필요성이라는 엄격한 개념에서 영향을 많이 받았다는 사실이 발견된다. 그러한 평등이나 균형에는 무엇보다 먼저 사물들의 물질적이고 감각적인 대응으로써, 예를 들어 소위 동태복수법을 통해 이르게 된다. 하지만 이런 태도는 "법에 따라서"이긴 하지만 우리 그리스도인들에게는 정의로운 것으로 받아들여질 수 없다.[31] 구약성경의 이러한 개념은 아주 먼 고대사회의 동태복수법을 반영하는 것으로 여겨진다.[32]

하지만 그리스도교적 정의에 관한 한 주체들 사이의 동일성의 원리, 혹은 평등의 원리라는 아주 오래된 원리가 사랑을 향해, 하느님의 자비를 향해, 그리고 하느님의 뜻을 향해 발전되어 가야 했으며, 따라서 신적 개념의 수준으로 들어 높여져야 했다. 이러한 기준은 형이상학적인 다른 특성 하나를 정의에 부여하였는데, 정의를 하나의 초월적이고 전능한 의지의 표현이요 성취로 나타내기 때문이다. 그 의지 안에서 정의는 지혜, 선, 자비에 합해진다.[33] 그렇게 해서 하느님의 정의라는 관념이 인간적 정의와 구별되면서 발전해 왔다. 이는 우선 하느님의 뜻에 내재된 잘못될 수 없는 균형과 조화를 가리키는데 무엇보다도 하느님 자신에게 귀속된다.[34]

정의에 귀속된 일반적이고 모든 것을 포함하는 가치는 복음에도 다음과 같이 암시되어 있다. "행복하여라, 의로움에 주리고 목마른 사람들." 그리고 이 가치는 교부들의 다양하고도 일치된 선언들로 확인되었다.[35] 요한 크리소스토무스는 정의를 하느님 계명의 준수로 정의한다.[36] 그러므로 하느님께서 주시는 '임무들의 준수'인 것이다. 물론 하느님 계명의 준수는 법률의 관념과 같은 방식으로 고려될 수는 없다. 억눌린 사람들을 위한 심판을 중재하시는 하느님의 정의(mishpat)와 의로움(tsedaqah)은 도움을 위한 것이고 구원을 가져다준다.[37] 이는 구약성경에서 찾아볼 수 있는데,[38] 특히 제2이사야서[39]와 시편[40]에서는 자애와 진실, 충실과 구원이 정의와 같은 차원에서 발견된다. '의로움'은 심지어 하느님의 구원 행업과 계약에 대한 그분의 충실성과 동의어가 되기도 한다.[41] 법(공정함)과 구원 사이의 이 연결은 계약이라는 관념 안에 더 깊은 뿌리를 두고 있다. '의로움'은 계약에 대한 충실성이요 계약에 포함된 약속들의 실행이다. 심판의 권능인 하느님의 정의는 당신 백성에게 법(공정함)의 원천이요 계약과 협약에의 충실성으로서, 실현됨에 있어 구원을 가져오는 것으로 드러난다.[42] 그러니까 일반적으로 정의의 성경적 개념은 한 가족 상호 간의 요청에 대한 충실한 응답처럼, 하느님과 사람 사이의 긴밀한 관계 안에서 묘사될 수 있다.[43] 정의의 주도권은 항상 하느님으로부터 온다.

성경에서 하느님의 정의가 드러나기를 청하는 것은 결코 어떤 주장이나 요구의 의미를 가지고 있지 않고, 그저 은총의 요청이라는 의미만 가지고 있다. 그리하여 다윗의 "주여, … 당신의 정의로 내게 응답하소서"라는 구절을 해설하면서 요한 크리소스토무스는 인간의 정의와 하느님의 정의 사이의 차이를, 곧 하느님의 정의와 자비를 언급하고 있다.[44] 결국 하느님의 정의는 그분의 은혜와 계명이다.[45] 요한 크리소스토무스에 따르면 인간의 노력으로 실천된 정의는 신앙을 통해서 주어진 하느님의 선물로서의 하느님의 정의와 비교될 수 없다.[46] 하느님의 정의라는 의미에서 그는 "하느님은 나의 정의"라고 말한다. 곧 정의는 하나의 은총과 같은 것이다.[47] 그러니까 성인에 따르면 그 정의는 결코 우리가 불러서 나온 자연적인 결과가 아니다. 우리는 하느님에게 정의를 요구하면서 마치 그것이 우리의 많은 기도를 통해 나오는 그분의 의무이기라도 한 양 그분께 강요할 수는 없으며, 오히려 순수한 영혼과 선행으로 그분께 정의를 청해야 한다.[48] 실제로 성인은 법에 의한 인간적 정의의 존재를 부정하지 않으나, 그 인간적 정의는 완전하지 않고 절대적이지 않다. 반면에 하느님의 정의는 완전하고 절대적이다. 그러니까 하나의 보편적 덕인 것이다.[49] 고대 사상가들,[50] 예컨대 아리스토텔레스에 의해 보편적 덕으로 언급된 정의는 자주 요한 크리소스토무스에게도 받아들여진다. 예를 들자면, 정의는 보편적 덕이기 때문에 신심생활, 신앙, 애덕과 온유가 정의 안에 표현된다.[51] 덕의 한 부분으로서가 아니라 온전하고 보편적인 덕으로서의 정의요[52] 특별한 덕이 아니라 보편적인 덕으로서의 정의인 것이며,[53] 따라서 하느님을 두려워하는 이들은 정의를 행하고,[54] 그 정의는 보편적 덕이라 불린다.[55] 요한 크리소스토무스에 따르면 보편적 덕으로서의 이 정의는 모든 세기에 걸쳐, 모세 이전의 시대에도, 그리고 모든 사람과 모든 나라에 유효하다.[56] 그러므로 모세 이전의 이방인들은 자신들의 죄를 합리화할 수가 없는 것이다.[57] 하느님이 주신 보편적 덕으로서의 정의에 대한 의식이 그들의 마음속에 이미 존재하기 때문이다.[58] 그 정의는 자연법의 토대가 된다.

2.2. 법의 성취로서의 의로움(정의)

아마도 요한 크리소스토무스가 의로움(정의)의 실천에 대해 말할 때 모순이 있는 것으로 보일 수도 있을 것이다. 사실 그는 의로움이란 계명의 준수라고 말하며,[59] 동시에 법을 통해서는 의인이 있을 수 없다고도 말한다. 이 두 개의 주제를 주의 깊게 잘 관찰하면 그것들 사이에 공통된 하나의 윤곽을 발견하게 된다. 계명 준수로서의 의로움은 마음을 다해 하느님의 뜻을 이행하는 것을 가리킨다. 하지만 사랑이 없이 그저 외적으로만 율법을 실천하는 것은 아무 가치가 없다. 이런 이유로 여러 번 그는 율법학자들과 바리사이들을 꾸짖으시던 주님의 다음과 같은 비난을 인용하곤 했다. "너희의 의로움이 율법 학자들과 바리사이들의 의로움을 능가하지 않으면, 결코 하늘나라에 들어가지 못할 것이다"(마태 5,2). 율법 자체만 본다면 아마도 율법 학자들이나 바리사이들이 주님의 제자들보다 더 충실하지 않았을까? 요한 크리소스토무스는 비록 피상적이긴 하지만 율법 학자들과 바리사이들의 충실한 준수를 인정한다. 그들도 역시 그들 나름의 의로움이 있었기 때문이다.[60] 아니 계명의 준수에 관해서는 주님의 제자들이 율법 학자들과 바리사이들보다 더 못하기도 했다. 세례자 요한의 제자들과 바리사이들은 단식하는데(마태 9,14) 주님의 제자들은 안식일에 허용되지 않았던 밀 이삭을 꺾어 먹으면서 단식하지 않았기 때문이다(마태 12,1-2). 그뿐 아니라 조상들의 전통을 어기곤 했는데 식사 전에 손을 씻지 않았던 것이다(마태 15,1). 즈카르야와 엘리사벳은 하느님 앞에서 의로운 사람들이라고 찬사를 받았다. 그들은 하느님의 모든 규정과 계명

안에서 흠 없이 걸었기 때문이다.[61] 반면에 율법 학자들과 바리사이들의 율법 준수는 의롭지 않은 것으로 비난받았다. 양자 사이에 어떤 차이가 있는 것일까? 의로움은 치수대로 맞추어 제작 포장된 어떤 것이 아니다. 곧 우리 공덕의 자동적 결과가 아닌 것이다. 또한 의로움은 우리가 완전하게 이행할 수는 없고 오직 그리스도만이 완전히 이행하실 수 있다.[62] 요한 크리소스토무스에 따르면 율법의 준수에는 율법의 본래 정신인 믿음과 사랑이 필요하다. 그는 아브라함의 모범을 기억하도록 우리를 초대한다. 아브라함은 자신의 행업으로가 아니라 오히려 믿음으로 의로운 사람이었다.[63] 율법 준수는 의로움을 위한 필요조건이지만 충분조건은 아니다. 의로움의 필요충분조건은 사랑과 믿음으로, 참된 율법에 대한 충실한 준수와 함께 채워져야 한다. 곧 믿음과 사랑은 의로움을 위한 전제조건이며, 그래서 그 신앙과 하느님의 뜻을 행함이 율법의 가치를 확고히 해 준다.

    진정한 정의는 사랑 안에서 완성되는데, 사랑은 수학적이거나 수평적인 평등의 차원을 넘어서면서 자비를 실천하기 위해 자신의 권리까지도 포기한다. 요한 크리소스토무스는 법의 목적이 의로움(정의)이라고 분명하게 말한다.[64] 이러한 이유로 요한 크리소스토무스는 욥에 대해서 말할 때, 그가 의로운 사람이었던 것은 율법에 따라 다른 사람들에게 악을 행하지 않아서가 아니라 모든 인간적 덕을 실천했기 때문이라고 말한다.[65] 이 성인에 따르면 주님이 말씀하신 것처럼 우리가 율법 학자들이나 바리사이들보다 더 의롭게 정의를 행하고자 하지 않으면 하늘나라에 들어갈 수 없다.[66] 요한 크리소스토무스는 다른 사람들의 행동을 단순하고 피상적으로 검토하지 말고 관련된 '때'

와 원인과 의지, 그리고 사람들 사이의 차이와 그러한 행동들에 따랐을 모든 것을 검토하라고 충고한다.[67] 참으로 이러한 태도는 '중용'에 도달하기 위해, 그리고 정의롭게 판단하기 위해 기초해야 할 원리로서 모든 세기의 모든 사람에게 유효하다고 생각된다. 나아가서 그는 우리에게 무엇이건 판단하기 전에 태도의 의지와 동기에 주의할 것을 상기시켜 준다. 피상적으로는 악이 보이지 않는다고 해도 그 안에 부정적인 의지와 동기가 들어 있다면 마찬가지로 불의를 저지르는 것이 될 것이다.[68] 특히 상거래에서 정직한 가격을 매기기 위해서도 이 원칙을 활용해야 할 것이다.[69]

 정의는 부유한 사람이건 가난한 사람이건 모든 이에게 차별하지 않고 동등하게 실천되어야 할 것이다. 가난한 사람들도 가난을 이유로 그들의 불의를 정당화할 수는 없으며 부자들도 마찬가지다.[70] 요한 크리소스토무스의 사회정의는 오늘날 우리가 이해하는 바와 같이 부富의 경제적 분배에 있어서의 정의에만 한정되지 않는다. 오히려 그는 사회정의를 인간 삶의 모든 관계를 위해 근본 원칙으로 제시한다. 하지만 이 정의는 이미 앞에서 보았듯이 우리의 인간적 공덕을 통해서만 이행할 수는 없고, 기본적으로 하느님의 은총과 함께해야 할 것이다. 이 정의는 하느님의 본질에서 나오는 신성神性에 속한 것이다.[71] 하느님의 정의는 그분의 은혜와 명령이며, 하느님은 누군가에게 그가 받아야 할 것을 주실 때라도 원래 주어야 할 의무를 지신 분이 아니다. 배고픔을 느끼는 사람들만이 음식을 먹고 싶어 하는 것처럼 참된 정의를 바라는 사람들만이 정의를 실천하기 시작할 것이다.[72] 이런 동기로 요한 크리소스토무스는 여러 차례 주님의 다음과 같은 말씀을 인용했다. "행복하여라, 의로움에 주리고 목마른 사람들! 그들은 흡족해질 것이다"(마태 5,6).[73] 이 하느님의 정의는 애덕과 형제적 평등 안에서 이루어진다.

3. 요한 크리소스토무스의 사회정의 실천

3.1. 애덕 활동

3.1.1. 애덕의 참된 의미와 그 동기와 목적

성경 이전의 그리스어에는 "사랑하다"를 의미하는 세 개의 동사가 있는데, 에라오(ἐράω), 필레인(φιλεῖν), 아가파오(ἀγαπάω)이다.[74] 세속 저자들에게서 더 자주 나타나는 에라오는 정열적이고 타오르는 사랑, 다른 사람을 소유하려는 욕구와 아주 흔히 성적 형태의 사랑을 가리킨다. 존재하지 않거나 불완전하게 소유한 대상을 전제할 만큼 격렬한 욕구를 동반한 뜨거운 사랑이다.[75] 에라오라는 이 단어는 악마적이고 이기적인 성격을 가지고 있으며 자신의 즐거움이나 만족을 목적으로 한다. 하지만 대체로 신들이 인간들을 향해, 친구를 향해 기우는 경향과 자상한 애정, 인간적인 모든 것을 끌어안는 사랑을 가리키는 필레인, 필리아는 애덕을 가리키는 단어로 선택되지 않았다.[76] 아가파오에서 유래하는 아가페(ἀγάπη)는 "애정으로 맞아들임"을 의미하며, "아모르amor(사랑), 카리타스caritas(애덕), 딜렉시오dilectio(애정), 엘레에모시나eleemosyna(자선)"로 옮겨진다.[77] 틀림없이 이는 오래된 그리스어

뿌리를 가진 단어이지만, 어원이 되는 단어에 관해서 아가파오는 오랜 시간 동안 알려지지 않은 채로 남아 있었다.[78] 아가파오는 존중하는 사랑이요, 흔히 어떤 것에 대해 단순하게 만족함을 의미하고, 환대하고 인사하며 특히 외적 품행에 관해 마땅한 존경으로 대하는 것을 의미하는 선택의 사랑이지만 또한 어떤 것을 응시하거나 바라보는 것, 누군가를 혹은 어떤 것을 좋은 눈으로 보는 것과 같이 더 내적인 의미도 있다.[79] 이 아가페라는 용어가 그리스도교에 들어온 후 그리스도인들의 대표적 특징을 이어받을 정도로 커다란 가치를 얻었다. 그리스도교의 아가페는 하느님의 사랑, 사랑으로서의 하느님, 성자를 위한 하느님의 사랑, 인간을 위한 그리스도의 사랑, 하느님께 대한 인간의 사랑, 그리스도인들의 가장 큰 덕이요 가장 뚜렷한 표시로서 하느님의 사랑에 기초한 형제애, 자선으로서의 사랑과 애덕의 활동, 사랑의 모임이나 연대와 같은 공동체, 그리스도인들의 공동식사 등을 가리키기 위해 채택되었다.[80] 인간들을 향한 하느님의 이 사랑은 용서로 이루어진 자비로운 사랑이다.[81] 그러므로 인간들은 하느님의 사랑의 거울이 되기 위해서는 그 사랑을 본받아야 할 것이다. 그래서 아가페는 인간적 이득과 손해를 가늠하는 데서 나오는 이기적인 계산에서 출발하지 않는다.

    요한 크리소스토무스의 아가페 개념은 전통적인 그리스도교적 용어와 일치하지만, 그의 저서들에서 철학적이고 신학적인 정의를 찾아보기는 무척 어렵다. 일반적으로 그의 설교는 철학적·신학적 문제에서 동기를 취하지 않고, 구체적 현실에서, 곧 일상생활의 당면한 문제들에서 그 동기를 취한다. 사랑을 실천하라는 권고는 그의 설교에서 흔히 하나의 결론처럼 마지막에 다루어진다.[82] 요한 크리소스토무스에게 사랑의 실천은 "모든 선의 으뜸"[83]으로서 그리스도교의 핵심적인 덕행의 하나이다. 이것이 바로 이 성인이 그리스 정교회 신자들에게 사랑의 박사로 불리는 이유이다. 아우구스티누스가 라틴교회 신자들에게 사랑의 박사라고 불리듯이 말이다.[84]

요한 크리소스토무스는 사랑을 문자적으로 정의하지 않지만 그럼에도 우리는 그의 강론에서 사랑의 동기와 목적이 무엇인지를 관찰함으로써 그 개념을 추론할 수 있다. 요한 크리소스토무스는 가난한 사람들 안에 계시는 주님의 존재를 알아보면서 그분을 그 가난한 사람들 및 억눌린 사람들과 동일시한다. 요한 크리소스토무스가 주님을 가난한 사람들 및 억눌린 이들과 동일시하는 것은 최후의 심판 때 주님의 고발(마태 5,36-45)을 상기시킨다. "그대는 폭식하는데 그리스도께서는 필요한 것조차도 갖고 계시지 않습니다. 그대는 여러 요리들 가운데서 선택할 수 있고 다양한 음식을 취할 수 있는데 그분에게는 마른 빵 한 조각도 없습니다. 그대는 타소[85]의 포도주를 마시면서 목마른 그리스도께는 시원한 물 한 잔도 드리지 않습니다. 그대는 푹신푹신하고 값비싼 침대에 몸을 눕히는데 그분은 밖에서 추위로 돌아가십니다. 그러니 그대가 벌이는 잔치들이 인색함과 폭리로 얻은 이득에서 오지 않는다고 할지라도 마찬가지로 저주할 만한 것입니다. 그대가 필요 이상으로 모든 것을 누리면서 그분께는 필요한 것조차 드리지 않기 때문이며, 더구나 그대가 그분 것으로 그런 즐거움 속에 살고 있기 때문입니다. 여러분 가운데 어떤 사람이 어린아이의 후견인이면서 그 아이의 자산을 차지해 버리고 그 아이를 극단적 빈곤

가운데 고아로 버려둔다면 무수한 고발자가 그를 거슬러 일어날 것이고, 그는 법에 따라 단죄받을 것입니다. 이제 그리스도의 재산을 가져간 여러분은 그 재산을 그토록 쓸모없이 흩트려 버리면서 벌을 받지 않을 것으로 믿고 있습니다."[86]

요한 크리소스토무스는 성체 안에 현존하시는 그리스도의 몸과 가난한 사람들로 이루어진 그리스도의 몸을 비교할 정도로까지 가난한 사람들 안에 계신 주님이라는 개념을 발전시킨다.[87] 결국 사랑의 동기와 목적은 갈라놓을 수 없는 두 가지 본질의 일치에, 곧 다른 사람들을 형제요 하느님의 똑같은 자녀로서 그리스도의 사랑으로 사랑하는 데 있는 것이다. 요한 크리소스토무스에게 애덕의 이유는 아주 단순하고 분명하다. 우리 그리스도인들에게 성찬례는 삶의 원천이요 중심인데 그는 애덕을 성찬례의 개념과 연결시키면서 그리스도인의 삶에서 사랑(애덕)을 "모든 선의 으뜸이요, 모든 선의 뿌리이며 모든 선의 어머니"[88]로 강조한다. 그리스도께서는 성찬례를 통해서 당신의 생명인 몸과 피를 아낌없이 우리에게 주셨고, 그분의 제자들도 자기들 스승과 같은 사랑을 보여 주었다. 요한 크리소스토무스는 사도들이 다른 사람들을 위하고, 자신들의 일에 앞서 다른 사람들의 일을 염려하면서 보여 준 사랑의 모범을 우리에게 소개하였다.[89] 이 사랑은 그리스도 제자들의 대표적인 상징이요 하느님 종들의 특징으로서[90] 그리스도인을 다른 사람들로부터 구별해 준다. 물론 이 사랑은 인간적 우정과 같은 것이 아니고 우정보다 더 높은 차원에 있다. 그러나 이 인간적 우정은 "무시하는 표정이나 모욕적인 말 한마디로, 돈 몇 푼을 잃거나 질투의 감정으로, 자만심이 담긴 표현이나 그와 비슷한 부차적인 다른 어떤 것들로 인해서도" 쉽사리 깨질 수가 있다. "왜냐하면 우정은 영적 뿌리를 갖고 있지 못하기 때문이다."⁹¹ 그런데 우리가 그리스도를 사랑하면 비록 끝없는 고통을 당해야 할지라도 그분의 사랑을 바라보면서 결코 사랑하기를 그만두지 않을 것이다. 이 기적인 우정에서 보듯이 사랑받기 위해 사랑하는 사람은 어떤 괴로움을 좀 당하면 곧 사랑하기를 중단하지만, 그리스도의 사랑으로 일치된 사람은 결코 사랑하기를 단념하지 않는다.⁹² 그러니까 그리스도교적 사랑의 원천과 핵심은 그리스도이다. 그리스도교적 사랑이 일반적인 인도주의의 박애정신이나 불교의 자비와 구별되는 본질적인 차이는 그리스도만이 그 본보기요 동기이며 안내자요 처음부터 끝까지 그 근원이라는 사실이다.⁹³ 그러니까 우리 사이의 연대가 그리스도의 몸에 함께 속하기 때문이라는 것을 더 분명히 알 수 있다.

사랑(애덕)은 무엇이고 어떻게 사랑을 실행할 것인가? 요한 크리소스토무스는 바오로 사도의 사랑 개념을 취한다. 곧, 같은 정신으로 일치하고 그리스도께서 지니셨던 바로 그 마음으로 서로 사랑한다는 개념이다(필리 2,2-5 참조). 이 사랑은 "선업에서 나타나는데, 예를 들어, 가난한 이들을 구제하는 데서, 병자들을 돌보는 데서, 위험에서 건져 주는 데서, 재앙을 당한 이들에게 도움을 주는 데서, 우는 이들과 함께 울어 주는 데서, 기뻐하는 이들과 함께 기뻐하는 데서 나타나는 것입니다. 이 모든 것이 사랑에서 솟아나기 때문입니다."⁹⁴

요한 크리소스토무스의 사랑 개념은 가난한 이들에게 물질적 자선을 하는 것만을 의미하지 않고 영적인 재화 등, 총체적인 모든 재화를 의미한다.⁹⁵ 예컨대, 형제와의 화해,⁹⁶ 같은 감정과 생각을 갖기 등이다. 요한 크리소스토무스는 사랑의 행위로 간주되는 형제와의 화해의 필요성에 대한 마태오 복음의 몇 구절을 인용하면서 주님을 위한 예배 행위와 비교하여 사랑의 가치와 중요성을 강조한다. 곧, 그는 우리가 이웃을 챙겨야 하는 사랑을 실천하고자 당신 자신에게 드려야 하는 공경까지도 소홀히 하는 것이다. 결국 그분은 다음과 같이 말한다. "너의 사랑이 지속되도록 나를 위한 예배까지도 중단시켜라. 이 애덕도 역시 봉헌물이요 희생 제물이며 화해이기 때문이다."[97]

그러므로 애덕은 성화의 뿌리요, 사랑이 없이는 달리 쓸모가 없을 지식에 가치를 부여한다. 사랑 없는 지식은 허영에 차서 교만의 원천이 된다. "깨어 있지 않은 자에게서 지식은 사랑으로 인도하지 못하며 영혼을 허영의 부추김에 노출시켜 오히려 사랑을 파괴합니다. 교만은 분열시키고 사랑은 일치시키며 영혼을 참된 지식으로 준비시킵니다."[98] 결국 사랑은 물질적 재화이건 영적 재화이건 모든 재물의 가치를 완성하므로 모든 재물의 어머니요 뿌리이며 원천이다.[99]

3.1.2. 애덕 활동의 형태

요한 크리소스토무스는 부자들과 가난한 자들 사이에 존재하는 깊은 간격이라는 문제를 해결하기 위한 경제적인 체제나 제도를 우리에게 제시하는 것이 아니다. 더더욱 사회질서의 혁명을 제안하려는 것도 아니며, 오히려 사랑이라는 복음 정신 안에 깨어 있도록 우리에게 권고한다. 그러므로 그는 어떤 형태의 애덕 활동을 우리에게 사회체제로 남겨 주는 것이 아니라 사랑을 실행해야 한다는 것을 권고하는 것이다.

최상의 사회체제나 가장 완전한 법률이라 해도 이상적인 사회를 건설할 수는 없을 것이다. 사회 구성원들이 법과 제도의 근본적인 정신과 취지를 충분히 이해하고 공감하여 자발적으로 동의하지 않는다면 성공적인 결과를 기대할 수 없을 것이다. 그런 체제와 법률은 자발적 동의 여부에 따라 규범적 안내자가 될 수 있거나 감옥 같은 장애물이 될 수 있을 것이다. 그리스도교적 사랑은 어떤 법률적 의무를 이행함으로써만 완전한 방식으로 만족시키거나 실행할 수 있는 것이 아니며, 한계가 없다는 것이 그 특징이다. 그래서 요한 크리소스토무스가 순수하고 자비로운 마음을 보존하고 애덕에 생기를 불어넣기 위한 선한 의지를 가지도록 초대하였다.

초기 신자들 사이의 그리스도교적 사랑은 교회의 교도권에 의해서만이 아니라 그들이 정기적으로 모여 거행하던 거룩한 신비들 그 자체에서도 영감을 받은 그 힘으로 유지되었다.[100] 비록 성인이 애덕 활동의 확실한 형태를 고안해 내지는 않았지만 그래도 우리는 사랑이 실현되는 방식에 따라 두 가지 서로 다른 형태를 분류해 볼 수 있는데, 사적 애덕 활동과 공적 애덕 활동이 그것이다.

3.1.2.1. 사적 애덕 활동

일반적으로 애덕 활동을 위한 요한 크리소스토무스의 권고는 각자의 자유의지를 존중하는 사적 활동에 집중되며, 특히 자선의 가치를 강조하였다. 마태오 복음에 관한 90여 개의 설교에서 그는 자선에 대해 대략 40번 정도 설교하였다.[101] 우리는 그 어휘의 의미와 중요성과 동기, 그리고 자선의 올바른 조건과 방식에 대해서 숙고해 볼 필요가 있다. 사실 자선은 하느님의 뜻인 정의를 실행하기 위한 자비와 사랑의 실천이다.

그리스어 '엘레오스'(ἔλεος)는 자신의 탓이 아니라 다른 사람으로 인해 고통을 당하는 사람에 대한 감성적인 애정을 의미한다. 구약성경에서 그것은 도움의 상호적인 관계에 의해 공감하는 하느님의 인간에 대한 행위를 가리킨다. 그러므로 엘레오스는 '동정, 연민, 자선, 자비, 효성, 우정' 등으로 번역된다. 따라서 친척들과 친구들 사이에, 손님을 접대하는 사람과 접대를 받는 사람 사이에 존재한다.[102] 유다의 종교적 언어에서 엘레오스는 점점 더 그분의 자비로운 도우심을 가리키게 되고 신약에서는 대체로 하느님께서 인간과 인간 사이에 존재하기를 바라시는 관계뿐 아니라 가난한 사람들에게 호의로 베푸시는 자비를 가리킨다.[103] 결국 구약성경의 용법에서는 '자선'(ἐλεμοσύνη, 엘레모쉬네)이라는 명사가 하느님 당신 백성과 경건한 인간과 관련한 하느님의 행위를 의미하는 반면, 신약에서는 자선이라는 의미로만 나타나며 항상 가난한 사람들을 위한 자선으로 쓰인다.[104]

크리소스토무스의 사상에서도 엘레모쉬네는 가난한 이들을 위한 자선을 의미한다.[105] 자선의 중요성을 강조하면서 요한 크리소스토무스는 자선이 동정성 자체보다 더 필요한 덕이요[106] 모든 행업 중에 주된 행업이라고 말한다.[107] 이 성인에 따르면[108] 하느님께서는 우리가 교회에 바치는 예물도 받아 주시지만 가난한 사람들에게 자선을 행하는 사람들을 훨씬 더 기뻐하신다. 그는 교회를 꾸미는 것을 금하지 않지만 가난한 사람들에게 하는 자선이 교회를 꾸미는 것보다 더 중요하다는 것을 말하고자 하는 것이다. 교회에 바치는 예물은 사람에 따라서 허영과 개인적 과시의 기회가 될 수도 있을 것이다. 그런데 가난한 사람들에게 하는 자선에서는 온전히 자비와 사랑뿐이다.

"가난한 사람들 안에서 그리스도 자신이 굶주려 죽어 가는데 그분의 식탁이 황금으로 덮여 있다면 그분에게 무슨 이득이 있을 수 있겠습니까? 굶주리는 그분의 배를 불리기 시작하고 나서 돈이 아직 남는다면 그분의 제대도 꾸미십시오. 그대는 그분에게 잔을 드리고는 시원한 물 한 잔은 드리지 않습니까? 거기서 그분은 무슨 이득을 얻으실까요? 그대는 제대를 위해 금으로 짠 제대포만 마련하고 그분께는 필요한 옷을 드리지 않습니다. 그분은 거기서 벌이가 있겠습니까? 하느님께서는 당신 성전에 부유한 장식품을 바치지 않았다고 해서 아무도 단죄하신 적이 없습니다. 하지만 가난한 사람들을 돕는 것을 소홀히 하면 지옥과 꺼지지 않는 불과 마귀의 벌로 위협하십니다."[109]

유다인들이 성전에서 예수님께 권위의 표지를 요구했을 때 그분은 그들에게 "이 성전을 허물어라. 사흘 만에 내가 다시 일으켜 세우겠다" 하고 당신 몸의 성전을 두고 말씀하시며 답하신다(요한 2,19.21). 이미 보았듯이 가난한 사람은 그리스도와 동일시되고, 따라서 가난한 사람은 또 다른 그리스도처럼 살아 있는 또 다른 성전일 수 있다. 그래서 가난한 사람들에게 자선을 베풀고 고통받는 형제들을 위로하는 것은 성전을 다른 것보다 훨씬 더 귀중한 장식품으로 꾸미는 것이다.[110] 이런 의미에서 가난한 사람들에게 자선을 베푸는 사람들은 그리스도의 사제가 된다.[111]

자선의 동기에 대해서 말하자면 그것은 사랑의 동기와 같다. 곧 가난한 사람들과 억눌린 사람들의 인격체 안에 계시는 주님을 알아보는 것이다.[112] 우리는 가난한 사람들 안에서 그리스도를 발견하려고 해야 하며, 실제로 그들을 도와주어야 한다. 그렇지 않으면 우리도 역시 주님에게서 다음과 같이 꾸지람을 듣는 바리사이들처럼 될 것이다. "이 백성이 입술로는 나를 공경하지만, 마음은 나에게서 멀리 떠나 있다."[113] 요한 크리소스토무스는 자신들이 가져온 선물로 아기 예수님을 공경했던 세 명의 동방박사들의 본을 따르라고 우리를 초대한다. 우리도 겉으로는 하느님을 공경하면서 행동으로는 정반대의 마음 상태에 있게 되는 것을 경계하기 위해서이다.[114] 자선의 또 다른 동기는 사람들 사이에서 일어나는 부자들과 가난한 사람들 사이의 분열을 극복하자는 것이다. 그러니까 자선의 목적은 명예를 얻기 위한 것이 아니며, 오히려 우리 안에서 지상의 영광에 대한 이 욕구를 억눌러야 하며,[115] 돈 많은 사람이 실현시켜 줄 수도 있는 수많은 고상한 만족을 위해서도, 거지들의 성가신 모습을 치워 버리기 위해서도 아닌 것이다.[116] 자선은 종이에 기록된 법률의 의무가 아니고 충실한 관리인으로서의 의무요 사랑의 의무이다. 왜냐하면 우리는 우리가 소유한 것의 관리인이고 모든 것은 하느님께 속하기 때문이다. 하느님은 사실 가난한 사람들과 굶주린 이들에게 적절한 순간에 음식을 나누어 주시려고 이 재산을 우리에게 맡겨 두신 것이다.[117] 결국 자선의 동기와 목적은 하느님의 뜻에 따라 정의를 실행하는 것이다. 곧 궁핍한 사람들에게 재산을 돌려주면서 자신의 관리 의무를 수행하는 것은 모든 인간을 같은 가족으로서 형제가 되게 하는 인간적 연대의 구체적 표현이다. 끝으로 우리가 가난한 이들과 억눌린 이들과 동일시되는 그리스도와 이루는 일치는 하느님께서 인간을 배려하시는 최고의 표현이다.[118]

법률 준수에 관해서라면 바리사이들이야말로 대단히 충실했지만 주님은 그들을 독사의 자식들이라고 꾸짖으시며, 잔과 접시의 겉은 깨끗하게 하면서 속은 약탈물과 방종으로 가득하고 겉으로 보기에는 근사하지만 안에는 죽은 자들의 뼈와 온갖 부패물이 들어찬 회칠한 무덤이라고 하시면서 심하게 나무라신다.[119] 왜일까? 그 답은 올바른 자선의 조건을 알려 줌으로써 대신한다. 우리는 허영을 좋아해서나 사람들의 찬사를 사기 위해서 그들 앞에서 자선을 행해서는 안 된다. "어떤 사람이 사실 남들에게 보이려는 의도가 없이 사람들 앞에서 자선을 행할 수는 있는가 하면 반대로 안 보이는 곳에서 자선을 행하면서도 사람들에게 보이기를 바랄 수 있는 것"[120]은 사실이다. 이것이 바로 주님께서 바리사이들의 행위 자체만을 보지 않으시고 그 행위를 하는 사람들의 의도를 보시면서 그들의 위선을 꾸짖으시는 이유이다. 그러니까 그분은 자선을 하는 행위에서 완벽한 비밀을 요구하시는 것이 아니고 의향의 순수함과 의지의 비밀을 요구하시는 것이다. 요한 크리소스토무스는 특히 많은 계율을 충실하게 이행한 후에 허영에 떨어지는 위험을 주의하라고 경고한다.[121] 이 허영은 덕의 가치를 감소시켜 자선의 모든 공덕을 무너뜨리기 때문이다. 참으로 이 성인은 귀중하고 인간적 풍요로움이 가득한 자신의 사상을 우리에게 남겨 주었고, 그 심리학적 예리함이 오늘날에도 여전히 유효하다.

올바른 자선의 또 하나의 조건은 순수하고 정의로운 선물을 제공한다는 것이다. 사랑의 복음적 개념이라는 기초 위에서 볼 때 인간의 올바른 품행이 자선의 전제조건이며, 그래서 불의한 사람은 오직 자신의 불의와 죄악을 깨끗이 한 다음에만 자선을 할 수 있을 것이다. "그리스도께서는 약탈한 수입을 받아 취하기를 원치 않으시기" 때문이다. "그분은 이런 부류의 예배를 받아들이지 않으신다. … 다른 사람의 재산으로 인심 쓰기보다는 차라리 아무것도 주지 않는 것이 더 낫다."[122] 불의한 자들이 오로지 자기 양심의 평화를 위해서만 어쩌다 한 번씩 희사를 좀 하면서 계속해서 가난한 사람들과 억눌린 사람들의 아우성에 주의를 기울이지 않으며 풍요로움만을 누리면서 이기적으로 생활한다면 주님은 결코 그들로부터 어떠한 봉헌물도 받아들이지 않으실 것이다. 자선은 불의한 자들의 약탈한 재물을 정당화할 수 없다.[123] 결국 올바른 자선을 행하려면 먼저 가난한 사람들의 눈물과 억눌린 이들의 절규를 야기하는 불의에서 철저하게 돌아서는 것이 필요하다. 요한 크리소스토무스는 우리에게 가난해지기 위해 즉시 모든 재산을 포기하라고 요구하지 않으며, 가능한 한, 우리가 소유한 것의 절반을, 아니면 적어도 삼분의 일을 또 다른 그리스도와 같은 가난한 사람들과 나누라고 권한다. "나는 피를 요구하지 않으며 약간의 시원한 물을 요구할 뿐입니다. … 그대의 손으로 고기가 아니라 빵을, 피가 아니라 시원한 물 한 잔을 제공하면서 그대는 그리스도의 사제가 된다는 것을 알아 두십시오."[124]

자선의 양量으로 말하자면 그것을 행하는 자의 처지에 달려 있다. 곧 자선의 양은 각자의 '부'富에 적절하게 비례해야 할 것이다. 그래서 주님께서는 성전 헌금함에 많은 동전을 넣은 많은 부자들 대신 동전 두 닢을 넣은 과부를 칭찬하셨다. 이 부자들은 자기들에게 남은 것을 주었지만 과부는 가난 속에서도 자기가 가진 모든 것을, 곧 생계를 이어 가기 위해 남겨 둔 모든 것을 봉헌했기 때문이다.[125] 요한 크리소스토무스도 자선에서 양 자체를 계산하지 않고, 오히려 주는 사람의 관대함을 보면서 그 과부에 대한 주님의 칭찬에 주의를 불러일으킨다. 부자들의 그 많은 돈들을 바닷물에 비교하면, 그들이 형식적으로 행한 자선은 단 한 잔의 물에 불과하겠지만 자기가 가진 모든 것을 하느님께 바친 그 과부의 너그러운 큰 마음과는 비교할 수 없을 것이다.[126] 하느님께서 우리를 위해 당신 외아들을 주신 것처럼 우리도 역시 가난한 사람들에게 가능한 모든 것을 내주어야 한다.

몇 번, 혹은 어디까지 우리는 자선을 행해야 할까? 궁핍한 사람들을 만날 때마다 가능한 대로 평생 그들을 도울 자세를 가져야 한다.

"그분이 매일 그대에게 뭐라고 외치시는지 듣지 못합니까? '너희는 내가 굶주렸을 때에 먹을 것을 주지 않았고, 내가 목말랐을 때에 마실 것을 주지 않았다. 악마와 그 부하들을 위하여 준비된 영원한 불 속으로 들어가라.' 그분은 매일 여러분에게 그렇게 나무라십니다. 하지만 저는 그분께 먹을 것을 드렸는데요, 하고 말하겠지요. 언제 며칠이나 드렸나요? 열흘이나 스무날? 그것으로는 그분께 충분치 못합니다. 생애 전체에 걸쳐 그렇게 해야 합니다."[127]

계속해서 요한 크리소스토무스는 자선을 신랑의 도착을 애타게 기다리던 열 처녀의 기름에 비유한다. 우리도 역시 신랑이 도착하기 전에 등잔불이 꺼져 버린 그 어리석은 처녀들처럼 혼인 잔치 방에 들어가지 못하고 밖에 남겨지지 않기 위해서는 '자선이라는 많은 기름'과 큰 관대함이 필요하다. 가난한 사람들을 만날 수 없을 때라도 자선을 위해 뭔가를 준비하자. 예를 들어 집 한곳에 가난한 사람들 몫의 작은 통을 마련하여 두고 기회가 될 때마다 그들에게 유용한 것들이나 돈을 모아 둘 수 있다. 그렇게 집 한곳에 따로 가난한 사람들의 돈을 모아 둔다면 이는 우리에게 훔칠 수 없고 어떠한 계략도 두려워하지 않으며 우리에게 구원을 더 확실하게 해 주는 하늘의 보화로 우리를 안전하게 할 것이다.[128] 요한 크리소스토무스는 그렇게 가난한 사람들을 돕는 실천적이고 효과적이며 쉽고 구체적인 형태를 우리에게 제안한다.

부자들도, 가난한 사람들도, 종들도, 그 어느 누구도 결코 이 자선의 의무에서 제외되지 않는다. 각자가 무엇인가 적절하고 쉬운 어떤 형태로든 기부할 수 있다. 예를 들면, 어려움을 겪고 있는 이웃에게 따뜻한 위로의 말 한마디, 마음을 담은 잔잔한 미소로, 그리고 온기가 있는 손으로 이웃의 손을 잡아 주고 함께한다는 표현 등 최소한의 가능한 방법으로도 말이다. 의사들은 돈을 조금 덜 받거나 무상으로 가난한 사람들을 치료해 줄 수 있고 힘센 사람들은 약한 사람들을 도와줄 수 있으며 음식과 옷이 없는 사람들도, 적어도 교도소의 간수들이나 법관들에게는 그들이 덜 비인간적인 자세로 처신하도록 따뜻하게 배려하는 말을 하면서 죄수들의 처지에 관심을 가질 수도 있다.[129] 결국 극단적인 가난조차도 이 자선을 막을 수는 없으며 아무도 이 임무

(λειτουργία, 레이투르기아)¹³⁰에서 제외되어서는 안 된다.

요한 크리소스토무스에 의하면 성직자의 가장 중요한 의무는 성경 읽기, 기도하기, 그리고 사제들에게 맡겨진 교회의 보석인 가난한 사람들과 고아들과 과부들을 위해 봉사하며 환대하는 것이다.¹³¹ 그러나 현실은 달랐다. "주교들은 건물 관리자들이나 회계 담당자들, 혹은 상인들보다 물질적인 문제에 대해 더 염려하고 있습니다. 그들이 여러분의 영혼을 돌보는 것이 필요할 텐데 그들은 세금 징수원들, 관청 재무위원, 회계사, 금융계 종사자들이 거론하는 같은 문제들에 관여하지 않을 수가 없습니다."¹³² "이 안타까운 상황에는 적어도 두 가지 이유가 있습니다. 첫째 이유는 부자들이 세속 재산을 더 많이 가지려는 욕심으로, 그리고 재화를 다른 사람들과 분배하지 않고 축적하려는 욕망으로 모든 재화를 차지해 버렸기 때문입니다. 그래서 주교들이 많은 수의 과부들과 고아들과 동정녀들을 위해 그 재화를 공급하지 않을 수 없었던 것입니다. 둘째 이유는 성경을 소홀히 하고 기도를 중요시하지 않으며 다른 모든 신심 실천을 포기한 성직자 자신들의 탓에서도 비롯됩니다.¹³³ 결국 가난한 사람들을 향한 관대한 자선은 우리를 죄에서 정화하며 자비는 희생 제사 중에서 가장 큰 가치이니 하느님께서 좋아하시는 정의를 실천하기 때문입니다."¹³⁴

3.1.2.2. 공적 애덕 활동으로서의 사회복지

4세기 사회복지의 동기와 필요성은 다음과 같은 세 가지 국면에서 찾아볼 수 있다. 황제들의 경제적 원조, 경제 상황, 끝으로 종교의 자유이다. 교회의 공적 인정과 그에 따른 그리스도인 황제들의 원조는 교회의 사회복지에 긍정적 결과를 가져왔다. 사실 그리스도인 황제들은 복지를 목적으로 한 법의 반포를 통해 정치적으로도 경제적으로도 교회를 후원하였다.[135]

'콘스탄티누스 대제의 평화' 이전에 교회는 공적 재산으로 말하자면 몹시 가난했지만 그 이후에는 괄목할 만한 많은 재산을 소유하기 시작했다. 군주들과 개인들의 기부가 나날이 증가했기 때문이다.[136] 그러한 부富와 함께 교회의 자산은 제국 안에서 통용되던 경제·사회적인 체제의 사각지대를 살피고 지원하기 위해 가난한 사람들에게 열려 있었다.[137] 소수집단이었던 그리스도인들이 '콘스탄티누스 대제의 평화' 이후에는 국가의 도움으로 조금씩 강력한 다수집단이 되었고 성지와 유명한 순교자들의 무덤으로 순례하는 사람들이 더욱 증가하였다.

특히 안티오키아는 순례객들이 지나가는 길목이었기 때문에 순례객들을 위한 구빈원救貧院과 여관과 병원들이 필요했다.[138] 그 때문에 콘스탄티누스 대제는 성당 옆에 여관을 짓게 하였다.[139] 그러한 이유와 상황에서 교회는 가난한 사람들, 굶주린 사람들과 병자들과 순례자들을 위해 의료 지원 외에도 고정되고 제도적인 원조를 조직화했다. 콘스탄티누스 대제는 가난한 사람들을 지원하기 위해 안정적인 체계를 확립하기 시작하였다.[140] 여기에서 결과적으로 요한 크리소스토무스가 스타기리우스Stagirius에게 '가난한 자들과 병자들의 임시 피난소'를 방문하도록 권고하였던 지역 이외에도 이후 여러 지역에 이와 유사한 많은 임시 건물들이 생겨나게 되었다.[141] 안티오키아 교회 역시 위에서 말한 지리적 위치 덕분에 사회문제 해결에 중요한 역할을 했으며, 그렇게 해서 사회복지 형태를 형성하는 데 독특한 기여를 했다.

위에서 말한 모든 것은 외적 이유들이고, 사회복지에 대한 성인의 주된 사상은 사적 애덕 활동의 가치와 동기에 기초한다. 그에게 형제들을 돌보지 않는 것은 작은 악이 아니다. 극단의 형벌이며 되돌릴 수 없는 벌이 된다.[142] 하지만 복음의 권고에 대한 응답은 자신이 속한 사회의 공동선을 위한 각자의 개인적 자유와 의무의 책임을 인정하면서 이것을 실천하는 각자의 자유에 달려 있다. 일반적으로 이 성인은 교회에 가져다 바치는 봉헌물에 대해서 명시적으로는 말한 적이 거의 없으며, 오히려 직접 가난한 사람들에게 자선을 행하라고 권고하였다.[143] 이로써 그는 교회에 가져오는 모든 봉헌물을 멸시하거나 사회복지를 위하려는 것이 아니라 오히려 체제나 조직으로서의 사회복지가 개인적 애덕의 정신에 바탕을 두고 실천되어야 한다는 것을 의미한다. 제도와 체제로서의 사회복지는 애덕이라는 개인적 의무를 감소시킬 수 없으며, 그러한 사회복지의 제도나 조직의 효력과 결과에 관해서는 각각의 경우에 따라 그저 사적인 애덕의 보충일 뿐이다. 사적인 애덕 없이 이루어지는 사회복지는 애덕사업으로 간주될 수 없으며 그저 경제활동일 뿐이다. 바로 그래서 요한 크리소스토무스는 공적인 애덕과 대조되는 사적 애덕의 중요성을 매우 강조한다.

사실 그 자신이 그런 동기로 자신을 희생하면서 사회복지에 노력했다. 그는 안티오키아에서처럼 콘스탄티노플에서도 단순하고 소박한 사제로 살았다. 사회적인 빈민 구제와 애덕을 위한 목적으로 많은 돈을 썼으며, 그러한 목적으로 교회의 값비싼 보물의 일부를 갖다 팔

앉는데, 바로 그런 행동이 '참나무 교회회의'에서 그를 고발하는 구실로 이용되었다.¹⁴⁴ 필수적이지 않거나 불필요한 것을 발견할 때마다 그는 외국인 구호소, 가난한 사람들의 집, 가난한 자들을 위한 병원 등의 운영을 위해 그것들을 팔았다.¹⁴⁵ 팔라디우스에 의하면, 요한 크리소스토무스는 병원을 여럿 세워 각 병원에 신부 두 명씩 배치하고 독신자들 중에서 선택된 의사들과 조리사들과 훌륭한 일꾼들을 두어 그곳에 묵는 손님들과 병자들이 필요한 보살핌을 받을 수 있도록 하였다.¹⁴⁶ 사실 4세기 말 안티오키아는 구호원이나 병원 건물들 안에 3천 명의 과부들과 동정녀들이 생활할 수 있게 하였다. 그리고 진짜 가난한 사람들인 또 다른 5천 명(병자, 걸인, 장애인, 이방인, 손님 등)을 가려내어 실제로 궁핍한 자들만 교회의 수혜자 명부에 등록해야 했다.¹⁴⁷ 손님 접대는 구약성경에서부터 예를 들어 성조 아브라함을 통해,¹⁴⁸ 그리고 교회의 전통 안에서도 실천되고 권고되어 온 덕이었다.

　감옥에 갇힌 이들을 방문하는 것도 역시 개인적인 관점에서나 공적 관점에서나 애덕을 실천하는 대단히 가치 있는 활동이다. 그곳에서 우리는 어떤 이들은 족쇄를 차고 있고 또 어떤 이들은 흐트러진 머리에 누더기를 걸친 더러운 모습을 하고 있는 것을 본다. 악한들, 살인자들, 무덤을 파헤친 도굴범들, 도둑들, 간통자들, 호색한들 등 범죄자들임에도 불구하고 그들은 아직 우리의 도움을 더 필요로 할 뿐만 아니라 그들 중 어떤 사람은 이집트 파라오의 감옥에 갇힌 요셉처럼 무죄일 수도 있다.¹⁴⁹

　요한 크리소스토무스에 의하면 특히 사제들은 개인적이건 공적이건 애덕 활동에 종사해야 한다. 곧, 가난한 사람들에게 음식을 주고 굶주린 이들을 먹이며 사람들을 맞아들이고 억눌린 이들을 도와주고 작은 이들에게 마음을 쓰며 과부들과 동정녀들을 보호해야 하는 것이다.[150]

사회복지 기금에 대해서는 세 가지 지원 방법이 있었는데, 법적 봉물을 제공하는 황제의 지지, 교회의 재산, 신자들의 헌금이다. 콘스탄티누스 대제는 각 도시들로부터 오는 봉물 일부를 아예 사제들의 생계 비용으로, 또 가난한 사람들의 후원금으로 교회의 재량에 맡겼다. 황제는 그러한 목적으로 하나의 법률을 반포했는데 그 덕분에 교회는 고정된 기금의 토대 위에서 모든 곤궁한 이들(가난한 자, 병자, 순례자, 과부, 고아 등)을 위해서 사회적 원조를 계획할 수 있었다.[151]

이미 앞서 언급한 대로, '콘스탄티누스 대제의 평화' 후에 교회 자산은 점점 더 늘어 갔다. 이 자산의 대부분은 반환된 교회 재산과 후손이 없는 순교자들의 재산이 교회로 배당된 것이었다.[152] 점점 늘어나는 이 재산은 황제들이 소유한 재산권과 동일한 법적 수단으로 보호받았다. 그리고 황제는 그 재산을 소유하고 상속받을 교회의 권리를 인정하였다.[153]

마지막으로 애덕 활동의 동기와 목적으로 실천되는 신자들의 헌금은 가장 중요한 요소였다. 요한 크리소스토무스는 재산을 공유하며 살았던 사도들 공동체를 복음의 이상을 구현하는 모범으로 자주 신자들에게 상기시키곤 했지만, 그렇다고 해서 신자들이 즉시 완전히 그것을 모방하라는 뜻은 아니었다. 앞 장章에서 보았듯이 그는 각자의 경제적 처지와 양심과 신앙의 정도에 따라 헌금을 하도록 했다. 하지만 첫 사도 공동체의 모범은 항상 힘을 다하고 마음을 다하여 따라야 할 이상으로 남아 있다.

3.2. 노예제도의 문제

인간이 만든 제도 가운데 가장 비참하고 모순된 제도는 노예제도일 것이다. 그러나 로마 제국에서 이 노예제도는 사회생활의 당연한 한 부분으로 인식되었고 경제활동에서도 필수 불가결한 노동수단으로 여겨졌다. 이렇게 그리스도교가 로마 제국에 전파되기 수 세기 전부터 당연한 제도요 관습으로 정착된 이 노예제도를 초기 그리스도교는 어떤 정신과 방법으로 폐지하려고 했는지, 그리고 요한 크리소스토무스는 이러한 문제에 대하여 어떻게 가르쳤는지를 알아봄으로써 사회개혁에 관한 초기 그리스도교의 기본적인 가르침을 알 수 있을 것이다. 먼저 로마 제국에서 노예의 법적 지위와 그들의 실제적인 처지를 소개하고 이어서 이에 대한 그리스도교의 입장을 살펴보겠다.

3.2.1. 요한 크리소스토무스 시대 노예들의 위치

노예(δοῦλος, 둘로스)는 엄밀한 의미에서 노예의 조건을 가리키는 데 사용된 표현이었으며[154] 일반적으로 종과 같은 처지를 뜻하였고 '종'이나 '노예'로 번역되었다.[155] 그리스 세계에서 이 낱말은 동의어와 동의어 어군語群으로부터 점차 구별되어 자발적이고 임의적인 노력 봉사가 아닌 항상 의무적인 노동이나 주인의 의지에 따라 움직여야 하는 대상을 가리켰다.[156]

신약성경에서 '종'(δοῦλος, 둘로스)이라는 말의 본질적인 뜻은 일반 그리스 문화에서 쓰고 있는 용어의 뜻과 다르지 않다. 곧 둘로스의 어족語族은 총체적 지배를 요구하는 주인(κύριος, 퀴리오스)에게 무조건적으로 종속되어 있는 상태를 가리켰다.[157] 또한 주인과 종의 관계에 대한 예수님의 비유에서도 대단히 절제하여 표현되고 있다.[158]

유스티니아누스 황제(482-565)의 법전에 의하면 인법(Jus personarum)에서 모든 사람은 자유인과 노예로 구별된다고 한다.[159] 유스티니아누스 법제도가 자유와 노예들에 대하여 정의하였는데, 유스티니아누스 법전 편찬가들은 플로렌티누스 법제도로부터 그 기본 골격을 취했다. 곧, 자유란 강제적인 힘이나 법률로 금지된 경우를 제외하고는 자기의 기호와 원의에 따라 각자가 행동할 수 있는 자연적인 권한이며, 노예 상태란 인간의 천부적인 기본권인 자연을 거슬러 다른 사람의 지배에 예속된 자에게 적용되는 소위 '만민법'(Jus gentium) 제도이다. 종(servus)이라는 용어는 지휘관 혹은 수비대장이 이미 감옥에 감치監置(servato)된 죄수들을 매각하도록 명령할 수 있는 권한에서 유래한다. 그리고 이 종은 '만치피아'(mancipia, mancipium: 법적 절차를 밟는 재산 취득, 구매, 구입, 소유권 취득, 곧, 노예)라고도 불리는데, 이는 적군을 수중에(manu) 넣었기 때문이다.[160] 만민법과 자연법 사이에 우리는 하나의 모순을 발견할 수 있다. 곧 법제도에 의하면 모든 사람이 자유롭게 태어난 이상, 자연법에 의하여 만민법은 모든 인류에게 공통으로 적용되어야 하지만, 로마 법률가들은 그러한 모순을 해결하지 않은 상태에서 노예제도를 옛날의 관습이나 실제적 경험 또는 필요에 따른다는 만민법의 이름으로 정당화하였다.[161]

노예 신분의 기원을 살펴보면 1) 노예로부터 출생한 경우와 2) 원래의 자유를 상실한 상태 등 두 가지 범주로 분류해 볼 수 있다.[162] 원래의 자유를 상실한 경우에는 다음과 같은 네 가지 원인이 있다.

　1) 노예로 전락하게 된 가장 오래되고 보편적인 양태인 전쟁포로, 2) 국세조사 등기부에 신고를 기피했거나 군입대 기피자로 잡혀 팔리는 자, 3) 채무이행을 하지 않아 채권자에게 노예로 양도될 때, 4) 사형선고를 받은 죄수들이다. 자유인은 사형 집행 직전에 노예 신분으로 전환되었다.[163] 노예의 대부분을 이루었던 전쟁포로 노예들은 요한 크리소스토무스 시대에는 거의 자취를 감추었다.[164] 당시 노예들의 대부분은 노예 신분으로 출생한 자들이었다. 그러므로 노예 자녀들은 자기의 탓이 아님에도 삶을 개선할 수 있는 희망을 전혀 가질 수 없었다. 그러한 노예 신분이 요한 크리소스토무스 시대의 그리스 · 로마 사회에서는 자연스러운 상태로 남아 있었다.

　노예들은 물건이나 동물처럼 취급되어 보통 자유인이 누리던 어떠한 권리도 행사하지 못했다.[165] 이렇게 노예는 단순히 하나의 종일 뿐 아니라 주인의 실제적 소유물이었고 노예의 자녀들은 주인이 자기 소유의 땅에서 자라난 나무의 열매들이나 조그마한 가축들과 동일시하여 선물로 주거나 매매할 수 있는 것처럼 생각되었다.[166] 그러므로 출생한 노예 아이들은 가축 새끼들이 그들의 어미에 속하지 않고 그 가축의 주인에게 속한 것처럼 노예 신분의 부모들에게 속하지 않았다. 곧 자기 자녀들에 대한 노예 부모들의 권한은 전혀 인정되지 않았다. 이러한 사고방식에 따라 노예들 사이의 결혼 또한 아무런 법적인 보호를 받을 수 없었다. 노예들끼리의 결혼은 사실상 '야합'과 같은 불법한 결혼생활(contubernium)로 취급되어 그들의 결합은 불안정

했고 법적 권리가 결핍된 상태로 남아 있었다. 또 그들의 결합도 지속적으로 전혀 보장받을 수 없었다.[167] 주인들은 노예들이 불법이지만 사실상 결혼한 후에라도 그들을 서로 결별시킬 수 있었고 또 강제로 다른 사람과 새로운 짝을 지어 줄 수도 있었다. 이러한 의미에서 콘스탄티누스 대제 이전 로마법은 노예들 사이의 결합을 간통이나 불륜 관계로 공식적으로 선언했다.[168] 따라서 동료 노예의 사실상의 결혼을 침범할 수도 있었으니 노예들 사이에는 문자 그대로 가족 공동체가 성립될 수 없었다. 더구나 노예들은 상점에 진열된 가구의 한 부분이나 식당 도구의 한 부분으로 간주되었다. 만일 빵 공장 주인이 자기 가게의 기구를 매매한다면 반죽하는 노예(pistor)도 부속품처럼 포함되어 매매되었다.[169]

시리아에는 거래가 꽤 활발한 노예시장이 있었다. 지금까지 보관된 파피루스 기록에 의하면 4세기 비잔티움에서 가장 규모가 큰 상업은 노예 매매였다.[170] 로마 제국의 군사력 쇠퇴와 그리스도교의 영향으로 요한 크리소스토무스 시대에는 노예 숫자가 감소했지만, 여전히 실제 노예들이 대단히 많았다고 한다.[171] 노예들은 단순한 손노동과 힘든 육체노동뿐만 아니라, 예술을 지도하며 주인 자제의 교육에 이르기까지 여러 분야에서 일하였다. 예를 들면 곡식 찧기, 집 안에서 빵 굽기, 옷 만들기, 섬유나 양모 짜기, 염색, 요리, 재봉일, 구두 공정, 사냥, 고기잡이, 그림 그리기, 조각, 모자이크, 유리 공정, 목수일 등등 모든 일이 노예들을 통해서 이루어졌다.[172] 이러한 일 이외에도 노예들은 주인의 그림자처럼 매 순간 주인을 따라다니며 몸종 노릇을 해야 했다. 곧, 주인들을 의자나 가마에 인도하고 세수나 식사 시간을 알려 주며 그들이 마치 소경인 것처럼 집 안에서나 길에서 발을 올려 딛거나 내려디딜 때 일일이 알려 주어야 했다.[173] 4세기 말에 노예들은 사치스러운 생활을 위해 필수 불가결한 요소의 한 부분이었다. 노예 수는 부의 척도였고 부자들은 그들이 가마를 타고 마을을 통과할 때 그들의 모든 노예들이 자신을 수행하게 했다.[174] 일반적으로 사치스럽게 생활하는 사람들의 특징은 보통 사람에 비해서 더 변덕스럽고 신경질적이어서 자주 이기적이고 즉흥적으로 행동하였다. 노예들의 위치와 대우는 온전히 그들의 주인에게 달려 있었다. "각자의 변덕이 하나의 법이었고, 주인이 처음 드러내는 충동을 어느 누구도, 아무도 제지할 수 없었다. 잔인하고 성급한 주인은 자주 고문하고 죽일 수도 있었고, 또 예쁜 노예들은 주인이나 궁정 나인 그리고 난봉꾼들의 쾌락이나 감상의 대상이 되었다."[175] 이렇게 자기 종들에 대한 주인들의 대우를 살펴보면 그들의 처지는 한마디로 아주 비참했다. 어떤 때에는 극단적인 절망의 상황 때문에 노예들이 자살하거나 미치기까지 하였다.[176] 노예들의 이러한 상태는 그들이 태어나는 순간의 신분 상태에 따르기 때문에 주인이 그들을 해방시켜 주지 않는 한 그들의 후손에게까지 계속되었다.[177]

물론 도미티아누스(재위 81-96), 하드리아누스(재위 117-138), 안토니우스 피우스(재위 138-161), 마르쿠스 아우렐리우스(재위 161-180), 콘스탄티누스 대제(재위 306-337) 등 몇몇 로마 황제들은 잔인한 주인들로부터 법으로 노예들을 보호하려고 시도했었다.[178] 때로는 그 법이 준수되기도 했지만, 이 보호법의 대부분은 공포되자마자 유야무야有耶無耶한 법이 되곤 했다. 아무리 좋은 법이라 할지라도 도덕적인 힘이 없다면 마음으로부터 사고방식을 바꾸고 옛 관습을 개혁하기에는 충분치 않기 때문이다. 노예 보호법이 보다 이상적으로 갱신되었다 할지라도 사랑 안에서 자유의 참된 의미를 알지 못한다면 무슨 가치가 있겠는가? 그래서 그리스도교는 주인이나 종, 양편 모두의 마음에 참된 자유와 형제애를 심으려고 힘썼다.

3.2.2. 노예제도에 관한 그리스도교의 가르침
3.2.2.1. 노예제도의 근본적인 부정

그리스도교 초기부터 교회는 노예제도를 결코 자연적이고 정당한 제도로 받아들이지 않았다. 교부들은 이 전율스러운 노예제도를 인간에게 가장 처참한 형벌로 이해했다.[179] 보편적인 형제애, 노동의 품위, 정덕, 평등 등은 그리스도인들 사이에서 노예제도를 거부하는 주된 요소였고 급기야는 많은 사람 사이에서도 인정되었다.[180] 어떤 사람들은 현재 자기 소유의 노예들이 자기 집에서 태어났거나 또 자기가 샀기 때문에 노예 소유를 정당한 것으로 강변하기도 하였다. 그러나 니사의 그레고리우스(335/40-394 이후)는 그러한 합리화가 아무런 근거가 없으며 교만하고 오만한 마음에서 비롯된 것이라고 비판했다.[181] 사람은 본성상 자유인이며 모두가 주인인 이상 노예제도는 하느님의 법을 거스르기 때문이다. 하느님의 모상인 사람은 세상의 모든 돈을 지불하더라도 살 수 없는 가치를 지닌 이상, 노예 매매 행위는 하느님의 계명을 거스르는 어리석은 짓이다. 주인이나 노예 모두 언젠가는 하느님의 부르심을 받고 심판을 받게 될 것이다. 하느님께서는 도덕적으로 훌륭한 경지에 이를 수 있는 원초적인 능력을 주인과 노예 모두에게 주셨다. 아리스토텔레스 같은 고대 철학자들이 주장하였듯이 자연법상으로도 노예제도는 받아들일 수 없다. 노예 신분이 인간 본성의 본질적인 근거에서가 아니라 다만 외적 원인인 육체적 출생에서 기인한 이상, 우리 모두는 자유인이며 자유롭게 하느님을 섬길 수 있어야 한다. 그러므로 양도할 수 없는 법으로써 인간의 본성 자체에 선천적으로 부여된 평등과 자유는 어떠한 사람으로부터도 거부되지 말아야 한다.

3.2.2.2. 반反 노예제도를 위한 그리스도교적 실천

노예제도를 거부한 그리스도교적 실천 관행을 살펴보면 그리스도교가 초기부터 형제적 평등을 일관성 있게 실천했음을 지적할 수 있다. 교회는 항상 내적인 준비, 곧 개인의 회심으로부터 사회가 복음의 가치에 따라 쇄신되는 작업을 시작한다. 서로 사랑하는 곳에 노예제도란 있을 수 없으며 평등과 형제애가 회복된다. 주인들은 그들을 위해 일하는 고용인, 하인 그리고 종들로부터 그리스도의 모습을 발견해야 한다. 교회는 주인들이 노예들을 인간답게 대접하고 노예들도 도덕적인 가치를 깨달아 이를 증진토록 힘쓰며 그 가치들을 사랑하도록 교육해야 할 주인들의 책임에 대하여 항상 설교하였다. 결국 주인들은 자기 종들에 대하여 하느님 앞에서 책임을 져야 한다.

한편 교회는 노예들에게도 자기 주인들에 대한 애정과 순명 정신을 가지도록 권고하였다. 로버트 그랜트[182]를 비롯해 어떤 이들은, 바오로 사도의 말씀을 인용하면서 자기 주인들에게 애정과 순명 정신을 가지도록 노예들에게 권고한 교회의 태도를 부정적으로 비판하였다. "남의 종이 된 사람들은 그리스도께 복종하듯이 두렵고 떨리는 마음으로 성의를 다하여 자기 주인에게 복종하십시오"(에페 6,5-7). 사람을 섬긴다고 생각하지 말고 주님을 섬기는 마음으로 기쁘게 섬기십시오. 각 사람은 부르심을 받았을 때의 상태를 그대로 유지하십시오. 부르심을 받았을 때에 노예였다 하더라도 조금도 마음 쓸 것 없습니다(1코린 7,20-21)." 그러나 전체 문맥의 내용으로 볼 때, 바오로 사도는 단지 주인 편에만 유리하게 노예의 충실성을 강조했다고 볼 수 없다. 에페소인들에게 보낸 편지의 내용은 노예의 충실성을 권유한 것이 아니라 오히려 종과 주인 사이의 상호 평등 관계에 대해 언급하고 있다. "주인 된 사람들도 자기 종들에게 같은 정신으로 대해 주어야 합니다. 여러분은 종들을 협박해서는 안 됩니다. 그들에게나 여러분에게 주인이 되시는 분은 하늘에 계시며 또 그분은 모든 사람을 차별 없이 대해 주신다는 것을 알아 두십시오"(에페 6,9). 노예들에 대해 언급한 코린토인들에게 보낸 첫째 편지는 무엇보다도 그리스도인의 자유에 대해 주목하고 있다. "노예라도 부르심을 받고 주님을 믿는 사람은 주님의 자유인이 되고 자유인이라도 부르심을 받은 사람은 그리스도의 노예가 되는 것입니다. 하느님께서 값을 치르시고 여러분을 사셨습니다. 그러니 여러분은 인간의 노예가 되지 마십시오"(1코린 7,22-23). 이렇게 바오로 사도는 노예제도를 당연한 것으로 인정하지 않고 그 신분 자체가 영원한 생명을 위한 그리스도인의 참된 자유에 아무런 방해가 아니라는 것을 확인하였다. 그러므로 노예제도에 대한 교회의 태도를 부정적으로 비판하는 것은 근거가 약하다고 볼 수 있다.

　　잔인한 주인이 자기 종에게 벌을 주어 죽음에 이르렀어도 국법이 그 주인을 처벌하지 않았던 시기에도, 엘비라 교회회의[183]는 분노로 자기 노예를 체벌한 까닭으로 그가 3일 이내에 죽게 되면 그 주인에게 적어도 5년 내지 7년간 교회법적 보속을 명령하였다. 이렇게 교회는 노예들을 보호하기 위해 노력하였다. 노예 해방에 대하여 살펴보면 교회는 아주 효과적인 기여를 하였다. 이교인들에게는 죽어 가는 노예들에게 자유를 허락하는 옛 관습이 있었다. 그러나 교회는 그들이 살아 있을 때 자유를 허가하도록 권유하였다.[184] 평등의 정신은 결혼에서도 적용되었다. 노예들 사이의 결혼을 국가가 인정하지 않았으나 교회는 자유인들끼리의 결혼처럼 그들의 결혼을 유효한 것으로 인정하였다. 그 외에 자유인들끼리뿐 아니라 자유인과 종 사이의 소실 관계 등 어떤 형태의 첩 관계도 단죄하였다.[185] 교회 안에서는 주인과 종 사이의 어떠한 차별도 없고 모두가 주님의 똑같은 자녀이다. 초기 그리스도 공동체의 지하 공동묘지에서도 실천했던 형제적 평등정신은 교회의 모든 역사를 통해 구현되었다.[186] 교회 직무를 맡을 지원자 문제에 있어서도 자유인이나 노예 사이에 아무런 차이가 없이 누구에게나 개방되어 있었다.[187] 그러나 노예인 경우에는 주인으로부터 먼저 해방되는 것을 전제조건으로 하였다. 어떤 지방에서는 성직자들이 교회 직무를 완전하게 수행할 수 있도록 교회 규정으로 주인의 동의를 요구하였다.[188] 그러나 이 규정이 불평등을 뜻하지는 않는다. 다만 주인들의 변덕스럽고 이기적인 요구로부터 완전히 해방되어 모든 사람을 위해 봉사할 수 있도록 하기 위해서였다. 예를 들면, 주인으로부터 완전히 해방되지 않은 노예가 대 바실리우스(330-379)와 나지안주스의 그레고리우스(329-389)에 의해 주교로 서품된 일이 있었는데 그 여주인이 자기 종을 다시 데려가겠다는 소동을 일으킨 경우도 있었다. 아무튼 교회에서는 신분에 따른 아무런 차별도 없었고 모든 사람들은 같은 주님의 형제요 자녀들이었다.¹⁸⁹

3.2.2.3. 노예제도에 관한 교회 입장에 대한 평가

교회가 노예제도에 대하여 당연한 사회제도로 받아들이고 무관심했다고 판단할 수 있을까? 외견상으로는 그렇다고 대답할 수도 있겠으나 교회는 실제로 그런 잔인한 제도의 근본적인 쇄신을 준비하였다. 요한 크리소스토무스 시대에도 그리스도교가 로마 제국으로부터 합법적인 종교로 인정되어 자신의 교리를 유포할 수 있었지만,¹⁹⁰ 교회는 사회제도로 정착된 노예제도를 전적으로 거부하는 직접적인 규탄을 할 수도 없었고 또 신중을 기해야 했다. 왜냐하면 당시 사회 경제적인 구조로 보아 그러한 태도는 로마 제국을 전복하려는 시도로 이해될 수 있었기 때문이다. 노예제도에 대한 교회의 처신을 공정하게 이해하기 위해서는 로마 제국의 사회·경제·종교적인 상황을 주의 깊게 검토해야 한다. 그리스도교는 노예제도가 옛날부터 필수 불가결한 제도로 이미 정착된 세계에서 출발하였다. 그리고 로마 제국의 경제는 헐값으로 거래되던 노예들의 노동력에 그 기초를 두었다.¹⁹¹ 노예제도의 전적인 거부는 사회 자체의 거부를 뜻했다. 그리스도인들은 그러한 사회적 상황을 받아들이긴 했으나 그 상황을 당연한 것으로 단순히 받아들이지는 않았다.¹⁹²

초기 그리스도인들에게 가장 절박하게 느껴졌던 것은 복음을 선포하고 이에 수반되는 구체적인 문제들을 해결하는 것이었다. 교회는 오래전부터 이미 정착된 경제·사회 제도를 직접적으로 공격함으로써 아무런 내적 준비 없이 야기되는 혼란과 폭력적인 무질서의 급선회를 피하려는 경향을 보였다. 왜냐하면 그러한 돌발적인 개혁은 끝없는 파괴와 강탈, 학살을 유발하는 노예 전쟁을 일으키기 쉽기 때문이다.[193] 그러므로 생산과 노동의 제도로 이미 오래전부터 정착된 노예제도를 제거하는 데 몰두하기 전에 교회는 주인과 노예의 관계에 사랑과 형제애의 정신을 침투시키려고 노력하였다.[194] 곧, 교회는 주인들의 마음에 형제애를 심어 주어 노예들을 형제로서 받아 주려는 의무감을 고무시켰다. 그러한 방법으로 교회는 냉혹한 로마법의 독소 조항을 근절하기 위하여 국법 제정에 효과적인 영향을 끼치면서 이 법이 서서히 자비와 사랑의 법으로 바뀌도록 힘썼다.[195] 외형적이고 법적인 해방만으로는 직접적인 자유인이 될 수 없다. 기존의 노예제를 폐지하기 전에 각자의 가정에서부터 참된 자유와 평등을 실천하여야 한다. 한마디로 교회의 사회개혁 방법은 폭력적으로 일시에 제도를 바꾸기보다 기존의 제도와 관습을 내적인 준비와 의식 개혁을 통해 점진적으로 개선하는 것이었다.[196]

3.3. 노예제도에 관한 요한 크리소스토무스의 가르침

이미 이전 장(章)에서 보았던 것처럼 사회정의에 대한 요한 크리소스토무스의 가르침은 단순히 산술적인 평등과 같은 인간적 평등에 기초하지 않았다. 그러나 무엇보다도 모든 사람이 같은 주님의 똑같은 자녀라는 평등을 보여 주는 형제적 평등에 기초하고 있었다. 그리고 그러한 평등은 하느님의 애덕과 자비, 곧 하느님의 정의에서 완성된다는 것을 보여 주고 있다. 그래서 요한 크리소스토무스가 거론하고 있는 정의의 본질적인 개념을 다루는 예로서 '노예제도'에 대해서 거론하게 된다.

3.3.1. 형제적 평등의 기본적인 근거와 노예제도의 기원

그리스도교 초기부터 교회는 죄인과 소외된 사람들을 위해 오신 주님의 모범을 따라 가난하고 억압당하는 사람들에게 특별한 관심을 가지고자 하였다. 모든 사람은 하느님의 모상에 따라 창조되었다(창세 1,26 참조). 따라서 같은 형상으로 창조된 우리 동료를 노예로 삼을 수는 없다.[197] 노예들도 본성상 자유인이며, 하느님은 '바다의 고기와 공중의 새, 또 집짐승과 모든 들짐승과 땅 위를 기어 다니는 모든 길짐승을 지배하도록' 우리 모두에게 평등하게 맡기셨다.[198] 그러므로 노예제도는 원초原初의 질서와 자연법 자체에 모순이 되므로 부당하다. 하느님 앞에서는 자유인과 노예 사이에 어떠한 차별도 인정되지 않으며 하느님은 어떠한 예외적인 사람도 두지 않은 까닭에[199] 노예라는 용어는 사실 실제와 일치하지 않는 공허한 표현일 뿐이다.[200] 그러므로 노예제의 기원은 죄악의 결과로 사악한 인간이 만든 것이며 이기적인 인색, 한없는 탐욕, 폭정으로 이루어진 제도이다.[201] 평등에 대한 이러한 개념에서 요한 크리소스토무스는 전 생애를 통하여 우리가 이행해야 할 이상적인 모형으로 성사聖事적 평등을 제시하였다. 교회 내에서는 부자와 가난한 자, 자유인과 노예, 주인과 종 사이에 어떠한 불평등도 존재하지 않는다. 모든 신자들은 한 형제로서 똑같은 품위로 제대 앞에서 그리스도의 몸을 나눈다. 주님의 제대는 아무런 차이 없이 모든 사람들을 위해 유일한 까닭에 교회 내에서는 모든 차별이 사라진다고 요한 크리소스토무스는 말했다. 우리 모두를 위한 우리 하느님의 그러한 자비는 공통의 선물이며 모든 이에게 제공되었다.[202] 이러한 형제적이며 성사적인 평등을 주님의 집 밖에서, 특히 각자의 집에서도 실천하도록 우리에게 권고하였다. 곧, 그리스도인 각자는 항상 교회를 형성하며 각자의 집은 아무런 차별 없이 서로가 형제애를 실천하는 작은 교회를 만들어야 한다고 말했다.[203]

3.3.2. 주인과 종의 관계에서 형제적 평등

요한 크리소스토무스는 주인과 종 사이의 관계에서 결코 균형을 잃지 않았다. 그는 주인의 잔인함을 꾸짖고 노예를 옹호하지만은 않았다. 주인들에게는 종들의 종으로 처신하도록 설득하는 데 노력했고, 노예들에게는 자유와 성실의 참된 뜻을 설명하였다.

3.3.2.1. 주인의 의무와 책임

무엇보다도 요한 크리소스토무스는 자기 노예들에 대한 도덕 교육과 영혼의 건강을 게을리하는 주인의 이기주의와 비인간적인 잔인함을 꾸짖었다. 어디에서나 자기 종들에 대한 주인들의 생각은 단 한 가지뿐이었으니, 어떻게 종들을 다루면 자신들이 보다 편해질 수 있을까 하는 것이었다. 설령 그들이 종들에게 어떤 관심을 가진다 하더라도 이는 다만 그들의 이기적인 편리를 제공받고자 하는 것뿐이었다.[204] 이미 살펴본 대로 수많은 노예들은 자기 주인들을 그림자처럼 따라다니며 시중을 들었고, 주인들은 손가락 하나도 까딱하지 않고 그들 가운데서 군림하였다. 이러한 분위기는 쉽게 게으름을 야기했고 이 게으름은 탐욕, 인색, 육체적 쾌락, 무관심 등 여러 가지 악습들을 낳았다. "누구든지 늑대와 함께 있으면 늑대 소리를 낸다"는 속담처럼 종들도 주인들의 악습을 쉽게 모방하였다. 그러므로 요한 크리소스토무스는 종들의 악습이 주인들의 무관심에서 비롯된다며, 악습에 젖어 있고 무관심한 주인들을 악습의 선동자로 고발하였다. 특히 그리스도 신자인 주인들은 "예수 그리스도 안에서는 노예도 없고 자유인도 없다"라는 말을 거의 매일 즐겨 쓰면서도 실제로는 자기 종들을 말이나 당나귀보다 더 경멸한다고 요한 크리소스토무스는 비난하였다.[205] 따라서 노예들을 선도하고 다스리기 어려운, 그리고 교육받지 않은 종족으로 심한 비난을 하는 주인들의 태도와 그들이 노예들을 소홀히 하는 데서 모든 문제가 비롯된다고 말했다.[206] 만일 노예들도 주인의 자녀와 똑같이 부모의 도움과 영양분을 제공받으며 교육, 훈도, 고유한 품위감 등 많은 후원을 받는다면 주인의 자녀들보다 훨씬 더 덕성 있고 훌륭할 수도 있을 것이다.[207] 요한 크리소스토무스는 당시 특히 시리아, 그리스, 소아시아 지방에서 심한 히스테리와 신경과민으로 말미암아 주인들이 노예들에게 가했던 잔인하고 잦은 처벌에 대해 설명하였다.[208] 특별히 그는 젊은이들의 덕행과 여자 노예들에 대해서 염려했는데 그중에서도 젊은 여자 노예에 대하여 더욱 그러했다. 왜냐하면 그들은 남자 주인의 육체적 쾌락을 위한 희생물이 되거나 여자 주인의 잔인한 희생물이 되었기 때문이다.[209]

 요한 크리소스토무스는 자기 종들에 대한 주인들의 비인간적인 잔인함을 꾸짖을 뿐 아니라 자기 가족과 종들에 대해서까지 주인들의 도덕적인 의무와 영적인 책임감을 일깨워 주고 또 덕성 있는 노예들이 그 주인집에 얼마나 많은 도움을 주는지에 대해서도 언급하였다.[210] 그는 종들도 자녀나 부인과 같은 차원에서 가족의 한 일원이며 이들도 작은 교회를 이루는 가족의 한 지체라고 말했다.[211] 작은 교회로서 이 가정에는 주인과 종 사이에 아무런 차별이 없으며 모두가 같은 명예와 권위를 누린다. 이는 종들을 주인의 자녀들과 비교하여 영육 간의 건강에 대하여 평등하게 의무와 책임을 물을 때, "주께서 저에게 맡기신 그들이 여기 있습니다"라고 두려움 없이 하느님께 셈을 바칠 수 있기 위해서이다.[212] 만일 어떤 착한 종이 그의 주인에게 좋은 영향을 끼칠 수 있다면 착한 주인이 자기 종들을 덕으로 이끌며 좋은 영향을 끼치는 것은 더욱 쉬울 것이다.[213] 이러한 주인을 그는 암컷 제비와 새끼 제비의 주둥이에 먹이를 날라다 주는 수컷 제비에 비교하였다.[214] 그는 그가 성당에서 설교하였던 내용을 주인들이 자기 집에 들어가서 그대로 실천하도록 권고하였으며, 자기의 설교를 들은 주인이 집 안에 영양 섭취를 위한 식탁과 하느님 말씀을 듣기 위한 식탁 두 개를 마련하여 부인이 남편의 입으로부터 영양을 섭취하고 노예들과 어린 자녀들이 하느님의 말씀을 들을 수 있도록 권유하였다.[215] 그는 주인들에게 가장으로서 그들의 위치를 이용하라고 요구했다. 곧 사목자는 일주일에 1~2회 정도만 그들의 신자들과 만날 수 있지만, 주인들은 그들의 집 안에서 부인, 자녀들, 노예들을 수시로 만날 수 있기 때문에 아침저녁으로, 개인적으로 또는 모두 모이게 하여 그들을 훈계하거나 시정할 수 있기 때문이다.[216]

그러나 그는 종들에 대한 주인들의 부드러움만을 요구하지 않고 교회의 모든 교부들처럼 자기 집의 규율을 유지하기 위하여 절도 있는 부드러움을 요구했다. 만일 그렇지 않다면 그러한 부드러움은 무익한 허약성으로 드러날 뿐이며 그 집도 무질서하게 되고 말 것이기 때문이다.[217] 그러나 그러한 경우에도 주인들은 그들의 개인적인 감정에 따라 행하지 말고 하느님의 영광을 위하여 그들의 결점을 시정하면서 종들을 개선하도록 가르쳤다. "어떻게 하면 그렇게 될 수 있을까요? 자주 우리 종들을 거슬러 흥분하면서 어떻게 하느님의 영광을 위한다며 분개할 수 있을까요? 자, 이렇게 합시다. 만일 영혼의 건강을 소홀히 하면서 극장에나 쏘다니고 거짓맹세하거나 거짓말하며 술에 만취하고 광란하는 당신의 종들을 보면 화도 내고 벌도 주고 꾸짖으며 고쳐 주시오. 이는 하느님의 뜻에 따라 처신한 것이 됩니다. 그러나 만일 그가 당신에게 봉사해야 할 어떤 일을 소홀히 하면서 당신에게 어떤 부족함을 범하면 그를 용서하십시오. 당신도 하느님의 이름으로 용서받을 것입니다."[218] 요한 크리소스토무스는 그리스도께서 종의 형상을 취하시고 종들의 종으로 오셨기 때문에 그리스도를 종들이 본받기 위한 주인들의 이상적인 모형으로 제시하였다.[219] 물론 착한 주인으로서 행동하기가 쉽지 않을 것이다. 그러나 주인의 선한 일에 동참하게 해야 하며 그들의 결점을 시정하는 데 희생도 감당하도록 해야 한다.[220]

노예를 풀어 주는 것에 대해서도 그는 아주 효과적이고 합리적인 방법을 제시하였다. 그는 이교인들이 그들의 노예들이 죽어 갈 때 방면했던 관습을 더 개선된 방법으로 제시하였다. 그는 종이 살아 있을 때 약간의 돈까지 주면서 그들을 방면토록 권유하였다.[221] 만일 주인들이 불필요하거나 과분한 수의 노예를 거느리고 있다면 자기 집에서 그들을 부리지 말고 그들이 자립하여 생활할 수 있도록 기술 등 전문 직업을 익히게 할 것을 권유하였다.[222] 이러한 권고는 노예제도의 형식적인 폐지보다 노예들을 위해서 훨씬 더 인간적이고 확실한 방법이라고 볼 수 있다. 만일 우리가 안티오키아와 콘스탄티노플 두 도시에서 살고 있는 가난한 사람들의 비참한 경제적 상황을 생각한다면, 요한 크리소스토무스가 제시한 노예 방면 방법은 혼자서는 살아갈 수 없는 비참하고 가난한 자유인보다 훨씬 더 낫다는 사실을 인정할 것이다.

3.3.2.2. 노예 생활에서의 모범적 신앙생활

• 노예 생활과 그리스도교적 자유

"주님께서 나에게 기름을 부어 주시니 주님의 영이 내 위에 내리셨다. 주님께서 나를 보내시어 가난한 이들에게 기쁜 소식을 전하고 잡혀간 이들에게 해방을 선포하며 눈먼 이들을 다시 보게 하고 억압받는 이들을 해방시켜 내보내며 주님의 은혜로운 해를 선포하게 하셨다."[223]

주님은 공적인 직무를 수행하시는 초기에 이 말씀으로 당신의 메시아적 역할을 선포하셨다. 그러나 주님이 선포한 자유는 그리스 세계나 헬레니즘에서 말하는 철학적 자유 개념과 같지 않다. 스토아주의의 자유 개념은 영혼의 지각적이고 의지적인 지배를 통하여 비정상적이고 위협적인 압력을 배제하고 마음대로 처신할 수 있는 상태를 의미했다. 그러나 일반적으로 노예 상태와의 대조를 통하여 규정된 것이어서, 그들이 최상의 가치로 삼고 있는 자유는 자유인에게만 적용된 상태였고, 정치적인 의미도 다분했다.[224] 하느님과 인간의 관계에서 이해된 그리스도교적 자유는 어떠한 인간이나 어떠한 상황으로부터의 자유나 독립 그 이상을 말하는 스토아주의의 개념과는 아주 다르다.[225] 주님께서 말씀하신 자유도 예수님 시대 유다인들의 자유 개념과 구별된다. 예수께서 "진리가 너희를 자유롭게 하리라"라고 말씀하셨을 때 유다인들은 그에게 반항하면서, "우리는 아브라함의 후손이기 때문에 아무의 노예도 되어 본 적이 없습니다. 그런데 선생님은 우리더러 '자유를 얻을 것이다'라고 하시는데 어떻게 그런 말씀을 하십니까?" 하고 대들었다. 이에 대해 예수님께서는 "정말 잘 들어 두시오. 죄를 짓는 사람은 누구나 다 죄의 노예입니다"라고 대답하셨다.[226] 구약성경의 자유 개념은 거의 예외 없이 외적인 노예 신분이나 강요된 노동으로부터 면제된 자유인의 조건을 가리키고 있다.[227]

　우리 모두는 자유롭게 되라는 부르심을 받았다(갈라 5,13 참조). 그러나 애덕으로 서로가 서로의 종이 되어야 한다. 이는 바로 "나는 아무에게도 매이지 않은 자유인이지만, 되도록 많은 사람을 얻으려고 스스로 모든 사람의 종이 되었습니다"(1코린 9,19)라고 바오로 사도께서 말씀하신 것처럼 죄의 노예 상태에서 하느님의 종으로서 애덕의 종으로 건너가는 파스카와 같다. 따라서 부정적인 면에서 유일한 노예 상태는 죄의 노예일 뿐이다.

　요한 크리소스토무스에게 노예 신분이라는 외적 형태는 참된 자유를 누리기에 큰 장애 거리가 아니다. 그러한 노예 신분은 이름뿐이며 물질적이고 일시적이며 단기간의 지배를 받을 뿐이기 때문이다.[228] 따라서 노예 신분 자체로도 자유를 누릴 수 있다. 종살이를 오직 노예들에게만 지워진 부끄러운 생활로 생각해서는 안 된다. 종살이는 주인과 노예의 상호 협력의 의미에서 이해되어야 한다. "그러한 상태가 그리스도교의 정신이니 종살이에서도 자유를 진작시킵니다. 죽음이나 매질도 우리에게 해를 끼칠 수 없고 더욱이 포박이나 노예 신분, 불, 쇠, 수많은 독재 정치, 질병, 가난, 맹수도 우리에게 해를 끼칠 수 없습니다. 당신이 한 사람을 위하여 섬깁니까? 주인이 당신에게 음식을 제공하고 병환 중에 있는 당신을 치료하며 당신에게 옷, 신발 등 기타 여러 가지를 제공하는 한, 주인도 당신을 섬기는 것입니다."[229] 요한 크리소스토무스는 바오로 사도가 노예제도 폐지를 선언할 권위를 지녔을지라도 그 권위를 행사하지 않는 태도를 옹호하였다. 그는 불가마에서 주 하느님을 찬양했던 세 히브리 사람처럼 바오로 사도가 노예 신분 중에서도 가능한 자유의 위대함을 보여 주고 싶어했다고 말한다.[230] 곧, 노예제도를 무너뜨리고 극복하는 위대하고 감탄할 만한 무엇이 있다는 것이다.

• 노동의 가치

일반적으로 이교 세계에서 노동의 가치는 켈수스[231]가 언급한 것처럼 부정적이었다. 켈수스는 생계를 위해 천을 짜는 어머니를 둔 예수님을 섬기는 제자들을 비난하였다.[232] 그러나 그리스도교는 노동에 큰 의미를 부여하였다. 왜냐하면 그리스도께서 노동자 계층 가족의 일원이었을 뿐만 아니라 그분의 첫 번째 제자들의 대부분이 그분과 같은 하층민에 속했기 때문이다. 요한 크리소스토무스가 리바니우스에게서 받던 학업을 마치고 안티오키아 인근 산속에서 수덕 생활을 가르치는 한 은수자의 지도를 받으며 생활할 때 그는 아직 육체노동에 익숙하지 않았다. 요한 크리소스토무스는 안투사Anthusa의 부유한 가문의 아들이었기 때문이다. 그는 후에 그 당시 그가 육체노동을 한 것을 아주 이상한 생활을 했던 것처럼 여겼음을 회상하였다. 예를 들면, 땅을 파거나 나무나 물을 옮기는 일 등 사소한 일까지도 그 당시 그에게는 익숙하지 않았던 것으로 기억하고 있었다.[233] 이러한 시대적 상황에서 두 가지의 결론을 생각해 볼 수 있다. 하나는 이교인이나 그리스도인들에게도 노동이 안티오키아 상류층 사람들에게는 명예롭지 않게 취급되었다는 점이다. 다른 하나는 이와 반대로, 더욱 완전한 생활을 추구하는 은수자들에게는 육체노동이 필수 불가결한 요소의 하나였다는 것이다.[234] 그러나 후에 그 자신은 우리에게 영양을 공급하는 노동자를 무시하지 않고,[235] 육체노동을 부끄러워하지 않을뿐더러 노동을 불명예스러운 것으로 바라보지 않는다고 말하게 된다.[236] 요한 크리소스토무스는 노동의 가치와 참된 의미를 발견할 수 있었고, 그뿐 아니라 노동자들의 구체적인 현실을 알 수 있었으며 자신의 은수 생활 체험을 통하여 굶주리는 사람들의 고통도 알 수 있었다. 이제 이 성인은, 노동이 사람에게 자기실현을 위한 명예와 품위까지 돌려준다고 생각하기에 이르렀다. 일상생활에서 노동은 활동이나 말이나 생각에 이르기까지 전혀 무익한 것이 아니라, 노동자들이 모든 힘을 기울이는 실제 생활의 한 축이라는 것을 인식하였다.[237]

요한 크리소스토무스에게 노동의 결과인 급료는, 키케로가 생각한 것처럼 노예제도의 단순한 대가가 아니라, 무엇보다도 자유의 표징이었으며[238] 노동하는 사람들은 더 순수한 영혼과 강한 정신을 가지고 있다고 생각하였다.[239] 그러므로 노동은 단순히 생존을 위한 필요성뿐만 아니라 그리스도교인의 도덕적인 생활을 위한 하나의 단계로까지 여겨지게 되었다. 후에 베네딕도 성인은 노동을 한 축으로 하는 '기도와 노동'을 수도생활 규칙에서 대단히 중요한 요소로 강조하였다. 요한 크리소스토무스에 따르면 노동의 가치는 가난한 사람들뿐만 아니라 부자에게도 그 가치가 결코 감소되지 않는다. 이제 그는 노동이 하느님 창조 사업에 참여하는 행위이며 완전한 그리스도인을 위해서도 필수 불가결한 요소라고 여겼다.

• 노예 생활에서의 수덕 修德

요한 크리소스토무스는 노예 신분이 덕을 쌓는 데 아무런 장애가 아님을 거듭 확인하였다. 그는 노예로 팔린 구약의 요셉을 자주 예로 들어 강조하였다. 노예 신분으로서 저항할 수 없는 자기 주인의 부당한 명령을 받았을 때도 이에 저항한 요셉의 덕은 더욱 빛났다.[240] 따라서 노예들도 덕을 행하며 살아야 하고 그리스도인의 자유를 증거하기 위해 오히려 종이라는 자신들의 신분을 이용해야 한다. 요한 크리소스토무스는 하느님의 이름과 가르침이 무시당하지 않도록 그들의 주인들에게 순종하고 사랑하라는 (에페 6,5 참조) 바오로 사도의 권고를 설명하면서, 주인을 존경하며 섬기라고 권유하였다. 이렇게 실행할 때 이교인들은 교회의 가르침에 감탄할 것이며 그들은 어느 누구에게도 아무런 해를 끼치지 않는 애덕과 사랑의 종교로서 그리스도교를 이해하고 받아들일 것이다. 그렇지 않으면 이교인들은 "그리스도교가 국가를 거스르는 혁명을 유발하여 모든 일을 전복하려 한다"라고 말하면서 그리스도교를 저주할 것이다.[241] 사실 이방인들은 교회에서 가르치는 이론이나 설교에 의해서가 아니라 신자들의 일상생활의 모습을 보고 복음 말씀의 진위를 평가한다. 검소하게 덕을 행하여 열정적으로 애덕을 실천하는 그리스도인 노예의 영혼을 요한 크리소스토무스는 '진흙 가운데 빛나는 진주'에 비유하였다.[242] 노예들의 이러한 좋은 표양은 그들의 가정 사도직을 완수하는 것이다. 요한 크리소스토무스는 노예들의 도덕적이고 물질적인 상태에 대하여 그리스도교의 가르침에 따라 더욱 생생한 감성으로 영향을 준 역사적인 교부로 평가될 수 있겠다.[243] 사실 형식적이고 법적인 해방이 노예를 참된 인간으로 변화시키지 못한다. 만일 주님께서 선포한 그리스도교적 자유의 참된 뜻을 깨닫지 못한다면 자유인도 어두움의 노예살이에서 벗어나지 못할 것이다.

겟세마니 동산에서 예수님과 함께 있던 제자들 가운데 한 사람이 손에 칼을 빼들고 대제관 종의 귀를 쳐서 잘라 버렸을 때 예수님께서는 다음과 같이 말씀하셨다. "그 칼을 도로 칼집에 꽂으시오. 칼을 쓰는 사람은 칼로 망하는 법입니다. 내가 아버지께 청하기만 하면 당장에 열두 군단 이상의 천사를 보내 주실 수 있다는 것을 모르십니까?" (마태 26,51-53). 내적인 준비, 곧 철저한 의식 개혁과 개인의 회심이 선행되지 않은 물리적인 힘이나 제도적이고 법적인 요소만의 피상적인 개혁은 아무 소용이 없을뿐더러 오히려 끊임없는 폭력을 유발하기 때문에 주님께서는 폭력의 사용을 금지하셨다. 그리스도교 초기부터 많은 순교자가 있었지만, 이들은 대부분 이교신을 숭배하지 않고 단 한 분이신 주 하느님을 배신하지 않으려는 직접적인 동기로 순교하였다. 교회는 항상 각자의 회개와 함께 하느님의 정의에 따라 사회를 근본적으로 쇄신하려고 힘썼다.

요한 크리소스토무스는 노예 생활의 의미를 애덕의 봉사로 바꾸려 힘썼고, 또 주인들의 권위는 가족 공동체의 질서를 유지하기 위해서만 사용하도록 권유하였다. 곧, 권위와 봉사가 완전히 상호 협력적·보완적 관계임을 규정하였다. "주인이나 종 모두 똑같은 권리와 의무를 가졌으니, 한 사람은 섬김을 잘 받을 권리가 있고, 또 한 사람은 대우를 잘 받고자 한다."[244] 이렇게 주인과 종이 서로 섬기는 형제적 관계에서는 노예제도의 의미가 더 이상 존재하지 않는다.[245]

요한 크리소스토무스의 사회문제에 대한 가르침은 폭력에 의한 혁명 정신과는 거리가 멀다. 그렇다고 그가 수 세기 전부터 고착된 기존의 정의롭지 못한 사회제도를 받아들이는 것도 아니다. 그는 각자의 회심을 준비시키고 인간의 비참한 조건을 개선하는 데 힘쓰면서 부당한 제도를 제거하려 했다. 그는 자비와 사랑의 법인 사회정의로 형제적 평등과 인권의 참된 의미를 고쳐시키면서 노예제도 폐지의 기틀을 마련하였다. 이렇게 사회개혁에 대한 초기 그리스도교의 기본 정신은 이상적인 법과 제도만으로 곧바로 이상적인 사회를 이룩할 수 없다는 것을 가르치고 있다.

제3부

요한 크리소스토무스가 이해한
재물의 사회적 기능

1. 그리스 세계의 세속 재물 이해

1.1. 그리스 세계의 세속 재물 개념

그리스어로 재물(κτήματα, 크테마타)이라는 용어는 '소유'(κτῆμα, 크테마)의 복수 형태로서 획득한 것이나 소유한 것들을 뜻한다.[1] 곧 "재물, 재산, 자원, 힘 등 소유하고 있는 모든 것,[2] 소유권과 소유자가 확실한 내구재, 부동산, 보화,[3] 모든 소유권과 농지, 물질적인 모든 것도 포함된다.[4] 플라톤은 '소유권'[5]이나 '소유'를 가리키기 위해 이 '재물'이라는 용어를 사용한다.[6] 그래서 재물(κτήματα)은 항상 '부'富의 개념과 연계되어 있었다.[7] 그러므로 그리스의 경제적인 사고의 틀에서 부의 개념을 살펴보는 것이 당연하겠다.

부에 대한 언어학적인 자료를 살펴보면, 인도 유럽어족의 어근語根인 'pel-'(흐르다, 범람하다)은 "가득 채우다, 충만한" 같은 의미를 지닌 기원과 연계되어 있었다고 본다. 여기에서부터 그리스어 어근 πλειο(플레이오)가 유래되었는데, πλούσιος(플루시오스, 부요한, 풍요로운)라는 용어는 "가득 채우다"와 "충만해지다"를 뜻하는 공통적인 어근에까지 소급해 올라간다.[8]

πλοῦτος(플루토스) 어군에서 어근은 "이 생활에서 재물이 충분하다"라는 의미에 한정되어 있다. 곧, 플루토스(πλοῦτος, 부)는 안정적인 자연적 질서의 틀 안에서 신의 축복으로 행복하게 생활하는 삶의 표

현이며 표식이다.⁹ 특히 땅의 소출은 고대에 πλοῦτος(플루토스, 부)처럼 간주되었다. 그래서 지하의 농업 신은 땅의 부유함의 생산자처럼 간주되면서 πλοῦτος(플루토스, 부), πλούτων(플루톤, 부요함을 주는 존재, 저승의 신)이라고 불렸다.¹⁰ 이 플루톤 신은 땅의 소출과 긴밀하게 연계되었던 코레Kore 여신¹¹과 대지의 여신 데메트라Demetra와 더불어 숭배되었다.¹² 또한 이 부의 개념은 물질적인 것을 위해서만 비롯된 것은 아니다. 예를 들면, 지혜의 부유함, 은혜의 부유함 등과 같은 영성적인 개념도 동반하였다.

사전辭典적인 자료를 검토한다면 부(πλοῦτος, 플루토스)는 명확하게 우리가 이미 거론했던 그 의미 자체를 반영하고 있다. 고귀한 신분과 부라는 용어는 호메로스에게 있어서 균형을 이루고 있으니, 곧 고귀한 신분이 된다는 것은, 이미 위에서 언급한 대로, 부와 자녀들로 인해 탁월한 위상을 유지하고 있다는 것을 의미하였다.¹³ 그러므로 귀족과 부자들에게는 모든 것이 풍성한 행운¹⁴과 행복이 함께한다.¹⁵ 부를 소유하거나 잃는 것은 귀족 세계에 속하거나 그렇지 않은 결정적인 조건이며 이것은 신의 손에 달려 있다는 것이다.¹⁶ 고대인들은 불행은 자신의 탓이거나 운명으로, 번영과 성공은 자신의 덕행과 행운으로 생각하는 인과관계因果關係로 생각하였다. 그러나 이러한 사상은 요한 크리소스토무스의 생각과는 크게 다르다. 왜냐하면 그에게 세속 재물은 선인과 악인에 대한 하느님의 보상이나 벌로서의 결정적인 기능이나 역할이 아니다.

부와 노동의 관계에 관한 이해에서 호메로스와 헤시오도스 간에 차이가 있다. 호메로스에게 부유한 생활의 조건은 노동으로부터 면제된 상태를 뜻하므로 부자와의 관계에서 노동은 부정적인 의미를 가지고 있다.[17] 이와 달리 헤시오도스는 노동이 긍정적인 가치를 가지고 있을 뿐만 아니라 부자가 되기 위해서는 노동을 해야 한다고 이해했다. 헤시오도스에게 노동이란 부끄러운 것이 아니라 명예로운 요소이다. 그뿐 아니라 그에 따르면 노동은 인간존재의 표현이며 정직한 노동은 삶의 이유이자 의미이다.[18]

부와 가난의 상호적인 개념을 평가하는 것은 대단히 주목할 만하다. 부는 그 자체로 어떤 결정적인 의미나 절대적인 가치를 가지고 있지 않다. 부의 가치나 의미는 그 부를 이용하는 사람에게 달려 있다. "가난과 부는 필요와 만족을 가리키는 이름일 뿐이다. 그러므로 무엇인가 필요를 느끼는 사람은 부자가 아니며 어떠한 것도 필요하지 않은 사람은 가난한 사람이 아니다."[19] 만일 누군가가 충분히 가지고 있으면서도 아직도 많은 것을 더 필요로 한다면 그는 더 이상 부자가 아니다. 이와는 반대로 적은 양이나 거의 아무것도 가지고 있지 않으면서도 더 이상 아무것도 필요로 하지 않는 사람이야말로 참으로 부자인 것이다. 곧, 부와 가난은 사람의 판단과 행위에 속해 있다. 그러므로 부자가 된다는 것은 그 부를 사용하는 사람의 행동 방식에 따라서 선일 수도 있고 악일 수도 있다.

부의 개념과 관련하여 플라톤과 아리스토텔레스는 지혜와 덕 같은 정신적인 가치를 세속 재물보다 중시하는 경향을 보였다. 아리스토텔레스에게 부는 바람직한 것이니, 이는 부의 기반이 없으면 이상적인 국가가 원만하게 지속되기가 불가능하기 때문이다. "질서 정연한 도시에서는 생필품을 얻기 위해 싸우지 않아야 한다"라는 원칙에 대해서는[20] 확실히 모두가 동의한다. 아리스토텔레스의 부는 일반적으로 물질적이며 따라서 하나의 수단이다. 그러나 물질적 부와 함께 플라톤은 부에 관해 오래전부터 전래된 일반적인 의미를 보존하면서 물질적 부와 지혜의 풍부함, 미덕, 정신의 고귀함으로 구성된 진정한 부를 구별한다. 왜냐하면 유일하게 실제로 잘사는 부자들은 황금으로써가 아니라, 선하고 합리적인 삶을 영위하는 행복한 사람이 소유해야 할 부로써 다스릴 것이기 때문이다. 플라톤은 물질적인 부보다 도덕적 가치를 더 가치 있게 평가한다. 그는 많은 사람들이 자신의 욕망을 억제할 수 없고 심지어 물질적인 재물에 관한 활동에서도 그들은 무제한적인 욕구에 따라 더욱더 추구하고 있다며 다음과 같이 말한다.

"예외적인 교육을 받은 소수의 사람만이 필요한 것과 원하는 것이 있을 때 중용의 한계에서 절제할 줄 안다. 많은 부를 축적할 권리가 이 소수의 사람에게 주어질 경우, 그들은 보통 훨씬 더 정의로운 것을 선호할 줄 안다. 그러나 교육을 받지 않은 수많은 사람은 그와는 반대로 행동한다. 필요한 것이 있다면, 그리고 이 필요한 것들을 무제한적이고 정당하게 취득할 수 있기만 하다면, 이들은 취득하는 방법에 있어서 부당함도 서슴지 않는다."[21]

영적인 사물의 최고 가치를 고려할 때 플라톤은 '재능 있는 정치인'과 '훌륭한 입법자'가 육지와 바다 등 모든 곳에서 금과 은 등 온갖 보물을 쌓아 두려는 부자가 되려고 해서는 안 된다고 하며, 대신에 국가를

최고 수준으로 선하고 행복하게 만드는 것을 연구해야 한다고 밝힌다.[22]

견유학파는 부의 개념을 거부한다. 왜냐하면 부에 대한 욕망은 사람을 물질적인 가치에만 함몰되는 노예로 만들고, 유일하게 그 자신을 지탱하는 참된 내면의 가치로부터 자신을 분리시키기 때문이다.[23] 그러나 견유학파와 달리 스토아학파에게 부의 개념은 무관심한 대상일 뿐이다. 모든 사람은 평등하기 때문에, 부는 인간의 참된 가치를 드러내는 데 절대적 기준이 될 수 없지만, 사람이 재물의 관리인으로서 부를 선용한다면 좋기 때문에 본질적으로 인간을 특징짓는 데에 직접적인 영향을 미칠 수 없다.[24]

1.2. 세속 재물의 가치

1.2.1. 부의 사회적 가치

고대사회에서 도시는 모든 사상과 생활의 중심지였다. 그리스인들은 개인의 윤리적 관점이 아닌 사회적 기능의 입장에서 부의 가치를 이해하였다. 곧, 부란 단지 이상 국가와 공동체에 관계된 인간의 위상을 위한 목적에 쓰여야 한다고 생각했다. 부에 대한 아리스토텔레스적인 가치와 역할은 보다 제한적이라고 말할 수 있다. 아리스토텔레스는 "자연법에 부합하는 유일한 취득 수단은 사적 관리의 일부인데, 이는 자연이 우리에게 필요한 것들을 제공할 수 있는 수단이기 때문이다. 이러한 수단은 도시나 각 가정의 협력에 필요하고 유용한 복합체이다. 그리고 이런 방법으로 진정한 부를 얻는 것은 자연스러운 일이니, 이는 번영을 위해 필요한 충분한 양의 규모는 그 자체로 무제한이기 때문이다. 그러므로 부는 그 자체로는 어떠한 가치가 없고 개인만을 위해서는 아무런 의미가 없다"[25]고 말한다.

1.2.2. 덕과 부의 사용에서 부의 가치

견유학파는 시간을 빼앗는 모든 종류의 관심으로부터 자유롭게 하는 한, 가난은 지혜에 이르기 위한 하나의 수단이라고 말하였다. 그들의 사상에 의하면 참된 가르침은 가난한 사람에게만 가능하고 부와 덕은 서로를 배척한다.[26] 이러한 사상은 분명히 가난 자체를 찬양하는 것은 아니지만, 세속 재물의 노예가 되는 것을 경계하는 의도를 담고 있다. 그리스 사상가들은 모든 세속 재물보다 도덕적인 가치를 우선적으로 평가하는 데 공감하면서, 덕과 부가 공존하는 것을 거부하였다. 곧, 부에 대한 저속한 개념의 한도에서 부자와 정직한 사람이 공존하는 것은 불가능하다고 생각하였다.[27]

플라톤에 의하면 "부의 소유는 최대한 고려할 가치가 있으며 그러한 소유는 많은 이점이 있으니, 예를 들면, 그러한 부의 소유는 채무자가 되는 것에 대한 두려움을 없애거나, 신에게 바치는 희생물 준비, 사람에게 필요한 생필품 마련에 대한 두려움 없이 평화롭게 생활할 수 있도록 해 준다."[28] 그러나 과도한 부와 너무 쪼들리는 가난은 평범한 인간의 삶에 좋지 않다. 너무 많은 것을 소유한 '부자'는 인간의 영혼을 사치스럽게 부패시키고 극도의 '빈곤'은 절망에 빠지게 하여 아무것도 존중되지 않는 절망에 이르게 하기 때문이다.[29]

아리스토텔레스는 모든 시민들을 경제적 조건에 따라 세 가지 등

급으로 분류한다. 매우 부유한 계층, 매우 가난한 계층, 그리고 행운이 따른 세 번째 중산층인 운이 좋은 계층이다. 그는 도덕적인 삶을 위해 다른 두 계층보다 '제3의 형태'에 더 가치를 둔다. 왜냐하면 "이러한 삶의 조건", 곧 중산층의 사람들은 "이성의 명령에 더 쉽게 복종할 것"이기 때문이다.[30] 그래서 절제된 적당한 부는 사람들이 교육을 받고 덕을 함양하기 위해 이용할 수 있도록 한다. 따라서 국가를 위한 최적의 시민 협의체를 형성케 한다. 그러므로 부의 가치는 행복의 첫 번째 조건들이 실현되는 덕에 달려 있다.[31] 아리스토텔레스는 경제의 목적이 '이익'이라는 것을 인정한다.[32] 우리가 보아 온 것처럼, 고대 그리스인들은 세속적인 재물 그 자체를 비난하지는 않았지만, 이상적인 국가에서의 도덕적 가치를 찬양하면서 사람이 부의 노예처럼 종속되는 것을 염려하였다. 그리고 부를 사용하는 데 대단히 현명할 것을 요구하였다. 사실 인간 활동의 목적에 있어서 그리스인들은 '이상 국가', '최고선' 실현에 그 목적이 있었지만, 그리스도인들은 하느님 나라의 실현을 위한 형제애가 삶의 대★ 헌장이었다. 따라서 그리스인들에게 부의 장점과 단점은 순전히 실용적인 수준에서 측정하는 것이 타당하다. 한 가지 유익한 점은 지혜로운 판단으로 그것을 활용하면 삶을 더 편리하게 만들 수 있다는 것이다. 그러므로 부는 부의 본성에 합치되는 '관리'라는 맥락에서 긍정적인 가치를 나타낸다. 그러므로 지혜와 보편적인 질서를 가진 사람 안에서 이루어지는 진정한 부만이 확실하며 그 진정한 부가 '훌륭한 사람'을 참으로 부유하게 만든다. 그래서 아리스토텔레스와 플라톤 같은 위대한 그리스 철학자들은 물질적인 부의 기능적 특성을 주장하며, 그 기능적 특성을 덕의 중요성에 따라 부의 가치를 측정하는 수단으로 여긴다. 이런 의미에서 부는 덕과 연계되어야 하며, 부가 덕을 가진 사람의 수중에 있다면 그 부는 큰 가치를 가질 것이다. 또한 부와 연계된 덕을 소유한 그는 부를 가장 훌륭하게 사용할 것이다."[33]

일반적으로 거의 모든 그리스 철학자들은 축재蓄財의 가치를 받아들이지 않았다. 왜냐하면 "만약 누군가가 재물을 축적하기 시작한다면, 그는 항상 무한한 부를 얻고자 하는 욕망을 가지게 되고, 마지막으로 부의 과잉은 나라 안에서 시민들 간에 적개심을 야기시키며 부의 결함은 거의 항상 굴종을 야기시키는 원인이 되기 때문이다"라고 말했다.[34] 우리가 보아 온 것처럼, 부라는 말의 뿌리는 어원학적으로 (넘쳐)흐름을 의미하며, 따라서 과도함을 나타낸다. 남겨진 모든 과잉은 소유자와 그것을 필요로 하는 다른 사람들에게도 쓸모가 없다. 이것은 활용되어야 한다. 그리고 가장 훌륭한 시민들과 가장 부유한 사람들은 채무의 상당 부분을 탕감해 주고 자신들의 재산 얼마 정도를 필요한 사람들에게 나누어 주도록 부르심을 받았다. 플라톤은 재산의 공정한 분배가 이루어져야 한다고 말한다. "먼저 시민의 총수를 확정해야 한다. 그리고 나서 그들의 계급 분포, 얼마나 많은 사람들에게 분배되어야 하는지를 결정해야 한다. 마지막으로, 가능한 한 공평하게 땅과 집들이 분배될 것이다."[35] 그러나 플라톤에게 빚을 탕감하고 분배하는 동기는 국가의 정치 질서를 세우기 위함이다.[36] 그 목적과 동기가 그리스도교의 자선 행위(애덕 행위)와는 다르다.

2. 요한 크리소스토무스의 세속 재물 이해

세속 재물 문제에 관한 요한 크리소스토무스의 사상은 그가 비록 고대 그리스의 철학적인 개념을 잘 알았을지라도 철학적이거나 신학적으로 정리한 학문적인 개념이 아니다. 무엇보다도 일반 대중과 함께 힘들게 겪었던 일상생활의 체험, 그리고 수공업 등 여러 산업과 상업이 번창하였던 안티오키아와 콘스탄티노플의 사목 활동으로부터 형성되었다. 이 두 도시는 광활한 소유지, 눈부시게 사치스러운 건물들, 거창한 잔치, 축제들 등으로 호화스러운 부를 과시하였다. 태양 볕이 강하면 강할수록 그 그늘 또한 짙어지듯이 이 도시에서는 부익부 빈익빈의 간극이 그만큼 심각하였다. 제1부에서 보았듯이, 요한 크리소스토무스의 통계에 의하면 안티오키아 도시의 거주민 80만 명 가운데 8만 명이 가난한 사람으로 분류되었다. 이렇게 심각한 상황에서 노예들과 아무것도 가지지 않은 무산자(Proletaria)의 다수가 공공 배급과 교회의 자선으로 살아가고 있었고 또한 대단히 많은 수의 민중은 소상공인이나 노동자들이었다. 이러한 상황을 감안하여 세속 재물에 관한 요한 크리소스토무스의 가르침을 살펴보아야 할 것이다.

2.1. 세속 재물의 개념

2.1.1. 재물의 목적

인간은 인간 자신으로 말미암아 스스로 타락한 정신으로 물질의 탐욕에 사로잡힌다는 플라톤 철학의 개념은 그리스도교적 재물관과 사뭇 다르다.³⁷ 창세기 1장(창세 1,26-31)은 인류의 원죄 이전, 물질적인 육체와 영혼으로 인간이 하느님으로부터 창조되었다고 소개하고 있다. 그러므로 하느님에 의해 창조된 땅은 인류가 번식하고 땅의 모든 것을 인간 자신들을 위하여 유익하게 쓰도록 그 거처로 맡겨졌다. 그러므로 하느님에 의해 창조된 모든 물질적인 것은 경멸되어서는 안 되며, 오히려 기본적으로는 좋은 것으로 인정되어야 한다.

요한 크리소스토무스도 재물에 대한 긍정적인 개념을 받아들인다. 그는 자주 그리스도인의 완성은 단순히 세속 재물을 경멸하는 데 있지 않고 정직한 생활과 모든 덕의 실천에서 그 재물들을 올바로 사용하는 데 있다고 강조하였다. 인간을 위하여 인간에 의해 지배되도록 하느님께서 창조하신 지상의 모든 것은 좋은 것이니, 곧 하느님은 모든 피조물의 근원이시기 때문이다. 만일 부가 무익하거나 해로운 것이라면 성경의 여러 곳에서 소개되는 대로 왜 하느님께서 부를 주셨겠는가? 요한 크리소스토무스도 이 문제에 대하여 "만일 부가 무익하다면 왜 하느님에 의해 주어졌는가?"라고 반문하며 원래는 좋은 것이었다고 대답한다.³⁸ 좋은 것은 다만 어떤 특권층에게만 유보되어 있지 않고 아무 구별 없이 모든 사람이 공유해야 한다. 왜냐하면 지선至善하시고 사랑 자체이신 하느님은 당신의 지선과 사랑에 참여하도록 모든 사람들을 초대하셨기 때문이다. 그러므로 모든 재물은 그러한 목표에 걸맞게 사용되어야 한다. 이러한 의미에서 요한 크리소스토무스는 부의 어원학적 의미를 다른 표현(χρήματα, 크레마타)³⁹으로 설명하였다. "부"의 개념은 '사용하다'(κεχρῆσθαι, 케크레스타이)에서 비롯되었지, '주인이 되다'(κυρίους εἶναι, 퀴리우스 에이나이)로부터 온 게 아니다. 재물(κτήματα, 크테마타) 자체의 참된 의미는 '사용'(χρῆσις, 크레시스)에 있지, '소유'(δεσποτεία, 데스포테이아)⁴⁰에 있는 것이 아니다. 그러므로 이 세상에 있는 재물은 하느님 이외의 어느 누구만의 '특권적 독점물'이 아니며 어느 누구도 제외되지 않고 모든 사람들의 필요에 따라 사용되어야 한다. 자신만을 위해 축적한 재물의 '소유' 개념이 아니라, '사용' 개념을 확인하면서 요한 크리소스토무스는 독점적인 '소유'(κυρία, 퀴리아)와 같은 소유권을 거부하였다. 소유권이란 단지 하나의 용어일 뿐이며 우리 모두는 다른 사람의 재물 관리자일 뿐이다. 따라서 지상에 있는 것은 우리의 소유가 아니라 살아 있는 모든 사람의 것이다.⁴¹ 이러한 의미에서 세속 재물은 하느님으로부터 창조되었으니 좋은 것이며 그 재물들은 그 필요성에 따라 사용되어야 하므로 어느 누구의 특권에도 속하지 말아야 한다.

그럼에도 불구하고 우리는 다음과 같은 의문점을 가지고 스스로에게 대답을 요구한다. "하느님은 의로운 사람들에게 그들의 선행의 결과로 보상하기 위해 재물을 허용하시는가? 하느님과 세속적인 성공과는 연관 관계가 있는가? 사실 악한 사람들의 큰 재산과 선한 사람들의 비참한 가난은 요한 크리소스토무스 시대뿐만 아니라 오늘날에도 우리에게 큰 충격을 주며 당혹스럽게 한다. 만일 하느님께서 착한 사람들을 사랑하신다면 이 지상에서 좋은 것들을 그들에게 주시지 않겠는가? 만일 하느님께서 악인들을 미워하신다면 악인들의 재산을 거두어들이면서 처벌하시지 않겠는가?"⁴²

2.1.2. 하느님의 보상과 세속 재물의 관계

　　구약성경은 재물을 선인을 위한 보상과 악인을 위한 징벌의 한 방법으로 자주 소개한다. 하느님은 선인에게 하느님의 율법에 대한 그들의 충실함을 보상하기 위해 풍성한 재물을 약속하고, 악인에게는 그 죄에 대한 벌로 이미 그들에게 주어졌던 재물을 빼앗는 것으로 가르치고 있다. 곧, 행복은 덕행에 대한 상급으로, 불행은 죄에 대한 벌이라는 수단으로 암시되었다. 사실 유다인들은 하느님의 계명을 벗어난 죄벌로 전쟁에서 패배하고 적으로부터 억압을 받았고 그 이후 하느님께 돌아왔을 때 해방되었다.[43] 그러나 요한 크리소스토무스는[44] 행복과 불행이 재물의 과다에 있지 않고 덕행 생활에 달려 있다고 한다. 쾌락과 편리와 재물의 풍요로운 삶을 만끽하는 사람들도 자주 수많은 문제로 고통과 괴로움을 당한다. 부자들이 자기네 재산과 명예에 지나치게 집착하는 동안 하인들이 그들의 사치와 부를 규탄한다면 부자들의 정신은 자연히 산란해지기 마련이다. 그러나 가난한 사람들은 무엇보다도 부자들이 고통을 당하며 안절부절못하는 그러한 모든 염려로부터 해방되어 있다. 만일 혹자가 빈자를 경멸할지라도 그는 부자처럼 자존심으로 인한 극도의 수치심이나 분함을 드러내지는 않는다. 왜냐하면 그는 벌써 어느 누구에 대해서도 우월감을 가지고 있지 않기 때문이다. 일반적으로 가난한 이들은 부자들이 그들의 재산 관리 때문에 늘 염려하는 것처럼 크게 걱정하지 않고 형편대로 맛있게 먹고 편안히 잠들 수 있다. 부자들처럼 도둑맞을 값비싼 보물을 지니고 있지 않기 때문이다. 부자들이 여러 가지 이유로 항상 염려하는 반면 빈자들은 아주 소박한 이유로도 기뻐하며 살 수 있다. 요한 크리소스토무스에 따르면, 재물이 선인과 악인에 대한 하느님의 보상이라는 생각은, 인류의 영성생활과 영적 가치관이 아직도 유아기에 머물러 있던 불완전한 계시의 시간에 나타났다. 요한 크리소스토무스는 하느님의 축복으로서의 부는 인류의 사고방식이 아주 물질적이고 유아기였을 때 인류 정신 문명의 점진적인 발달에 따른 하느님의 교육 방법이었다고 말한다.[45] 이러한 교육 방법은 시간의 흐름과 더불어 바뀌게 되었으니, 곧 의인들을 위한 보상으로서의 재물에 대한 보장은 당신 백성을 새로운 영성적 재산으로 인도하기 위해 하느님께서 사용하신 방법의 하나였다. 하느님의 외아들이신 예수 그리스도의 육화로 인류의 새 역사를 열었고 구약의 율법은 새로운 정의인 '사랑'에서 완성되었다. 이 새로운 영적 재물은 세속 재물을 대신하여 의인에게 주어졌다. 그래서 주님은 "가난한 사람들아, 너희는 행복하다. 하늘나라가 너희의 것이다"(루카 6,20)라고 말씀하셨다. 사실 아주 옛적에는 가난한 자들이 하느님의 축복으로부터 제외된 죄인처럼 취급되었다.

때때로 세속 재물이 벌써 지상에서 의인에게는 상급처럼 하느님의 무한한 사랑으로, 또한 불의한 자들에게는 죄에 대한 벌처럼 이용되었다. 그러나 이러한 예는 하느님의 섭리와 정의를 믿도록 이끌기 위해 사용한 경우에 국한되었다. 일반적으로 하느님은 모든 사람에게 동시에 상을 주시거나 벌하지 않고 신중하게 점차적으로 실시하셨다. 어떤 때에는 한 사람을 벌하심으로 그를 통해 많은 사람들을 올바른 길로 돌아오게 하셨다.[46] 사실 지상에서부터 모든 사악한 사람들을 징벌하고 착한 사람들을 행복하게 하신다면 최후 심판은 큰 의미가 없을 것이다. 다른 한편 지상에서 어떠한 죄인도 벌하지 않고 선한 사람에게 아무런 보상도 안 하신다면 악한 자들은 더 악해지고 선한 사람은 게을러질 것이며 하느님은 원망의 대상이 되고 그분의 섭리도 인정받지 못할 것이다. 그렇기 때문에, 이 지상에서 벌써 선한 사람들 가운에서도 어떤 자들은 상을 받고 어떤 사람들은 그대로 기다려야 하는 것처럼 악한 자들 가운데 어떤 자는 벌 받고 어떤 자는 회개의 기회를 주신다.[47] 물론 이러한 관점을 유일한 척도나 원칙처럼 일반화시킬 수 없지만 만일 "주인이 충직한 종에게 보상하고 임금이 자기 군인에게 상을 내리는 등 모든 사람이 자기에게 성실하고 섬긴 자들에게 응분의 보상을 베푸는 게 당연하다면 하느님만이 이러한 보상의 원리에서 제외될 수 있다고 생각할 수 있겠는가?[48] 그러나 세속 재물이든지 영적 재물이든지 하느님의 교육 방법에 대한 요한 크리소스토무스의 재물관은 항상 종말론적인 의미에서 이해되어야 한다. 인간이 하느님의 보상과 벌을 기대하는 시간과 하느님의 사랑과 자비의 섭리가 드러나는 때는 다를 수 있다.

요한 크리소스토무스에 따르면 세속 재물은 어떤 보상이나 벌의 수단으로 이해되지 말아야 한다. 사실 착한 사람이나 악한 사람 모두가 다 차별 없이 가난하거나 부유하다. 선인이나 악인에게 특별한 편애를 보이지 않는다.[49] 그러므로 부자는 자기의 부가 자기 선의 결과인 것으로 착각하지 말아야 하며, 가난한 사람도 자기들의 비참한 현실을 보고 하느님으로부터 저주받았다고 생각하며 실망하지 말아야 한다. 무릇 건강, 질병, 부, 가난 등은 모든 사람에게 공통되고 골고루 분배되는 법이다. 요한 크리소스토무스는 다음과 같이 설명한다.

"낮이 지나면 밤이 오고 여름이 지나면 다시 겨울이 오듯이 이 같은 현상은 우리 모두에게 일어난다. 고통스러울 때가 있으면 즐거울 때가 있고 병들 때가 있으면 건강한 때가 있기 마련이다. 그러므로 만일 우리가 어떤 병으로 눕게 된다고 하더라도 놀라지 말아야 하니, 이는 건강할 때에도 놀라워하지 말아야 할 것이기 때문이다. 우리가 어떤 고통을 감수해야 할 때 동요하지 말아야 하니, 이는 기쁨 중에서도 동요하고 감동받기 때문이다. 사실 이 모든 것은 자연의 법칙과 질서 자체의 순서에 따라 일어난다."[50]

이상 살펴본 내용을 종합하면 요한 크리소스토무스의 재물 개념의 중요한 요소를 다음 세 가지로 요약할 수 있다.

첫째, 세속 재물은 특권층만 아니라 모든 사람의 필요에 따라 이용되어야 하며, 특정 집단만의 축적의 목적이 되어서는 안 된다. 재물의 이용은 하느님 사랑의 거울처럼 형제와 같은 모든 사람에게 봉사하도록 실행되어야 한다. 그러므로 어느 누구도 결코 그 자신만을 위한 주인이 될 수 없고 다만 모든 사람과 나누기 위한 세속 재물의 공유 개념이 파생된다.

둘째, 재물이 선인과 악인 구별 없이 분배되고 있다는 생각은 "악한 사람에게나 선한 사람에게나 똑같이 햇빛을 주시고 옳은 사람에게나 옳지 못한 사람에게나 똑같이 비를 내려 주시는"(마태 5,45) 하느님의 무한한 사랑 덕분으로 이해할 수 있다. 이러한 평등한 사랑의 정신에서 우리는 원수를 사랑하며 모욕하는 자들을 용서하고 그들을 위해 기도해야 한다. 이러한 사랑의 생활은 우리가 사람들에게 실천하는 그만큼 우리를 하느님과 비슷하게 만든다.⁵¹ 요한 크리소스토무스에게 지상생활은 정의의 심판의 때가 아니고 악한 자들이 회개할 수 있도록 모든 사람들에게 부여된 사랑과 자비의 때이며 시험의 때이다.⁵²

셋째, 인간의 자유의지와 자연의 법칙은 선인과 악인 구별 없이 재물이 분배되는 문제를 이해하게 한다. 만일 하느님이 자연의 법칙을 무시하고 재물을 각자의 선행 정도에 따른 보상과 형벌의 특별한 척도로 이용하신다면 모든 사람은 선행에 대한 자발적인 바람에서가 아니라 물질적 보상과 형벌의 두려움 때문에 올바른 생활을 하도록 강요될 것이다. 이렇게 되면, 하느님의 가장 큰 선물의 하나인 인간의 자유의지는 무가치하며 의미가 없어지게 될 것이다. 요한 크리소스토무스는 악 표양의 문제에 대한 마태오 복음 구절을 주해하면서 인간의 자유의지에 대해 자주 이야기하였다. 모든 선악은 우리의 자유의지로부터 비롯된다.⁵³ 하느님은 인간에게 이미 주신 재능을 제거하기를 원하시지 않는다. 좋은 씨앗이 가라지와 함께 자라도록 놓아두시면서 악인들이 회개할 때까지 대단한 인내심으로 기다리신다. 그리고 마침내 추수 전에 가라지를 먼저 거두어들이신 후에 좋은 씨앗을 거두도록 명령하실 것이다.⁵⁴

요한 크리소스토무스의 태도를 너무 과격하다고 비판할 수 있을까? 어떤 면에서는 그렇게 생각될 수도 있겠지만 여러 가지 고통스러운 상황에서도 견지해 온 그의 일관성 있는 가르침에 주목한다면 이 성인은 "기회가 좋든지 나쁘든지"(2티모 4,2) 정통적인 예언자답게 주님의 가르침을 충실히 따랐다는 것을 알 수 있다. 사실 그는 계속적인 환난, 반대파의 미움, 중상모략, 유배로 점철된 생활을 하였다. 그는 상류층의 가정에서 살았기 때문에 편리하고 사치스러운 생활의 맛과 멋이 어떤 것인지 잘 알고 있었다. 또 그는 이교 문화의 분위기에서 살았고 얼마동안 그리스 고전 세계에서 최고 수준의 교육을 받았다. 만일 그가 궁정 귀족들의 사치스러운 생활양식과 타협했더라면 더욱 편리하고 명예로운 지위를 보장받을 수 있는 평정한 삶을 즐겼을 것이며, 또한 그의 총대주교직도 끝까지 보장받았을 것이다. 그러나 그는 복음의 길, 십자가의 길을 택하였다. 어떠한 어려움과 극한 상황에서도 각 사람에게 베푸시는 하느님의 자비와 정의, 섭리와 무한한 사랑에 대해 결코 의심을 품지 아니하였다.[55] 세속 재물의 문제에 대한 그리스 철학의 사상과 관련하여 요한 크리소스토무스는 복음의 가르침에 충실해야 한다는 명분으로 이교 문화를 송두리째 거부하지는 않았다.[56] 그는 이교 문화에서 복음의 가르침에 부합된 요소들을 잘 선별할 수 있었다. 예를 들면, 요한 크리소스토무스 자신은 자주 그리스도인의 완성은 견유학파처럼 단순히 재물을 경멸하는 데 있지 않고 무엇보다도 정직한 생활과 덕행의 실천에 있다고 말하였다.

2.2. 부富

2.2.1. 부의 기원

빛, 땅, 바다, 풀, 나무, 해, 달, 모든 종류의 짐승 등 하느님으로부터 창조된 모든 것은 다 좋은 것이다.[57] 하느님은 인간에게 모든 피조물을 다스리고 지배하도록 하셨다. 그러나 이는 인간으로 하여금 피조물에 대한 절대적인 주인으로 군림해도 좋다는 의미가 아니다. 인간이 하느님의 모상대로 창조된 이후 당신의 권위에 참여하고 그 권리를 옹호하기 위하여 이 모든 피조물을 인간에게 맡겼다는 것을 의미한다. 이는 마치 나라의 군주가 개인적으로 모든 지방에 갈 수 없지만 그 지방에서 그들의 절대권을 확인시키기 위해 지방에 그들의 모상을 세우듯이, 하느님의 모상을 닮은 인간이 하느님의 최상권의 표시로 지상에 파견된 것과 비슷하다.[58] 그러므로 인간은 지상에서 하느님의 지배권을 지키고 확산시키는 대리인일 뿐이다. 이러한 의미에서 인간은 피조물의 관리자 혹은 2차적인 주인이라고 불릴 수 있다.

또 다른 중요한 사상도 발견할 수 있다. 지상의 동물들에게는 초원에서 자라나는 풀만을 허락하신 한편, 인간에게는 "이제 내가 온 땅 위에서 씨를 맺는 모든 풀과 씨 있는 모든 과일나무를 너희에게 준다. 이것이 너희의 양식이 될 것이다"(창세 1,29)라고 말씀하신 것처럼 땅에서 자라나는 채소 등 식물을 양식으로 주셨다. 이렇게 태초에는 인간에 의해 활용될 수 있었던 모든 것은 다만 풀과 나무들이었으니, 이러한 물질적 재산들은 사람이 생존하는 데 필요한 음식과 연계되었지 즐기기 위한 것은 아니었다. 그러나 하느님은 노아와 새로운 계약을 맺으신 후에는 살아 움직이는 모든 것도 양식으로 주셨다. "땅의 모든 짐승과 하늘의 모든 새와 땅바닥을 기어 다니는 모든 것과 바다의 모든 물고기가 너희를 두려워하고 무서워할 것이다. 이것들이 너희의 손에 주어졌다. 살아 움직이는 모든 것이 너희의 양식이 될 것이다. 내가 전에 푸른 풀을 주었듯이, 이제 이 모든 것을 너희에게 준다"(창세 9,2-3). 요한 크리소스토무스는 이와 같은 사상을 일관적으로 견지하고 있다. 사람에게 허락된 모든 것은 인간이 지상에서 살아가기 위해 필요한 것이며 하느님이 주신 것으로서, 인간은 하느님이 주신 것들에 대한 절대적 주인이 아니라 다른 사람들과 모든 피조물을 각자의 필요성에 따라 함께 나누면서 관리자로서 행동해야 한다.

위와 같은 기본적인 사상에서 요한 크리소스토무스는 부에 대한 상이한 두 가지 기원, 곧 긍정적이고 유익한 부와 부정적이고 죄스러운 부에 대하여 언급한다. 그는 부의 서로 다른 종류에 대하여 명확하게 구별하였다. 한 부류의 부는 하느님의 축복이며 선물로서의 부이고 또 다른 하나는 불의로부터 기인하는 부이다. 그러므로 우리는 모든 부가 다 주님으로부터 온다고 말할 수 없다. 그는 부의 기원에 관한 성경의 한 구절 "좋은 일과 궂은 일, 삶과 죽음, 가난과 부, 이 모두가 주님에게서 온다"(집회 11,14)를 재해석하였다. 요한 크리소스토무스는 약탈된 모든 부와 게으름에서 야기된 모든 가난은 주님으로부터 오지 않는다고 했으며, 당시 많은 이들이 약탈이나 탈세, 무덤 도굴이나 사기 혹은 이와 비슷한 다른 방법으로 부를 증식시킨다고 비판했다. 그리고 그러한 방법으로 부를 축적한 사람들은 살 가치도 없다고 평했다. 성경의 말씀들이 우리에게 거짓을 말하거나 잘못 전한다고 말하는 것을 받아들일 수 없지 않겠는가? 요한 크리소스토무스는 필요한 주의를 다 기울여 성경을 잘 읽어 보지 않는 자들은 어처구니없이 잘못을 저지르고 있다고 대답하였다. 성경에 명시적으로 기록된 내용 자체를 부정할 수는 없다. 그러나 모든 부가 하느님으로부터 오는 부라고 단정할 수는 없다. 말씀이 기록된 시기의 상황을 일반화시켜 모든 시대, 모든 상황에 획일적으로 적용하는 것은 성경의 자구 해석의 부주의함에서 비롯된다고 볼 수 있다.⁵⁹ 그러므로 약탈하고 무덤을 도굴하는 등의 부정한 부는 주님으로부터 비롯되지 않고 악에서 비롯된 산물일 뿐이다.⁶⁰

2.2.1.1. 하느님의 축복에서 비롯되는 부

모든 재물은 재론할 여지 없이 제1의 원인이신 하느님께 속한다는 의미에서, 요한 크리소스토무스는 부의 기원을 하느님의 축복으로 받아들인다. 그러한 경우에 하느님께서 창조하신 모든 것이 좋은 것처럼 부도 좋은 것이다. 요한 크리소스토무스는 구약성경의 아브라함, 욥, 야곱과 같은 의인들이 지닌 부유한 재산들의 경우는 하느님으로부터 비롯되며 뚜렷한 좋은 목표를 지녔다고 말한다.⁶¹ 이들의 부유한 재산은 그들의 올바른 생활에 대한 특별한 보상으로 주어진 것이며 올바르게 형성된 재산이었다. "그러면 아브라함은 의롭지 못한 부를 가졌다고 말할 수 있겠는가? 그리고 모든 악한 일로부터는 거리가 멀고, 흠잡을 데 없고, 의롭고, 신실하며, 하느님을 두려워하는 욥에 대해서는 무슨 말을 해야 하겠는가? 그들의 부는 금이나 은이나 부동산이 아니라 가축으로 형성되었다는 점에서 아브라함과 욥이 하느님에 의해 부유해졌다는 사실은 명백하다. 욥기의 저자는 그 성스러운 사람의 거대한 재산을 이야기하고 낙타와 말과 나귀들이 죽은 것을 말하면서 금은보화들도 빼앗겼다고 말하지 않았다. 다른 한편 아브라함은 부자였지만, 하인들에 관해서는 어떠했는가? 그는 그들을 사지 않았는가? 아니다. 그러므로 성경은 318명의 하인들이 집에서 태어났다고 말한다. 또한 양들과 소들도 소유하였다. 레베카에게 보낸 금은 어디서 취했는가? 그가 폭력을 사용하였거나 부당하게 또는 불의하게 취하지 않고 이집트로부터 선물을 받았다."62 곧 아브라함이나 욥은 하느님의 선물로서 주어진 그들의 모든 재산을 모든 사람의 필요에 맞게 제공하여 유익하게 사용했던 예이다.

2.2.1.2. 부의 불의한 기원

요한 크리소스토무스는 종종 부의 죄스러운 기원을 언급하면서 두 범주의 부자들에 대해 말하였다. 어떤 부자는 시간이 경과하면서 불의한 방법으로 부를 축적하고, 또 다른 부자는 자신의 조상으로부터 부를 상속받았다. 요한 크리소스토무스는 불의하게 축재한 부든지 조상으로부터 상속받은 부든지 두 종류의 부의 불의한 기원을 단죄하였다. 이 부유한 상속자는 "나는 전혀 불의를 행하지 않았다. 나는 부의 횡령자가 아니며 소위 불의하다고 말하는 부에 대한 아무런 책임도 없다"라고 항변하면서 자기 부의 기원을 아버지나 할아버지에게 돌릴 수도 있을 것이다. 그러나 요한 크리소스토무스는 그러한 합리화가 아담에게까지 소급될 수는 없을 것이라고 말한다. 그에 의하면 그 부유한 상속자 이전에 다른 불의한 자들이 개입되었고 이런 자들은 타인의 재물을 자신의 이익을 위하여 독점하였을 가능성도 많다고 말하였다.63

혹자는 현대 경제적 사고방식의 관점에서 상속 재산에 대한 요한 크리소스토무스의 태도를 너무 극단적이라고 생각할 수도 있겠다. 이미 살펴본 대로 극소수 부자들과 대다수 가난한 사람들 격차가 현격히 벌어졌던 당시의 경제적 상황을 검토하면 성인의 태도를 쉽게 공감할 수 있을 것이다. 성인이 살았던 시기에 공공 토지 대부분은 소수 부자들의 수중에 있었다. 이미 우리가 살펴본 것처럼[64] 이 부유한 소유주들은 인구의 10%였고 다른 10%는 무산자들이었으며 나머지는 소지주들과 변화가 많은 가게 주인들이었다. 부유한 지주들은 토지 대부분을 임대료도 지불하지 않고 점유하였다. 율리아누스 황제는 일차적인 필요성으로 정상적인 임대료를 정착시키도록 하는 조항에 반대하는 안티오키아의 부유한 지주들과 같은 원로원 의원들에게 자주 말하였다.[65] 대부분의 가난한 사람들은 생계의 위협을 느끼며 집도 제대로 마련하지 못한 처지인데도 이들 소수의 부자들은 웅장하고 사치스러운 별장과 웬만한 서민들의 집보다 더 좋은 마구간들을 갖추고 살았다.[66] 설상가상으로, 경작지 대부분이 안티오키아 거부 富들의 소유로 집중 현상이 진행되고 있었다. 이 부자들은 시골 사람들에게 그들의 경작지를 빌려주었다. 도시의 일용직 노동자나 소작인을 포함해 가난한 사람들은 모두 극심한 가난 속에서 하인과 반半노예로 살았다. 농민들 대부분은 소작인이었다. 이 가난한 사람들은 부유한 귀족들과 도시의 지주들에 의해 비참하게 억압당하고 착취당했으며 부에 대한 기득권을 지녔던 부자들은 가난한 사람들의 생활 향상을 오히려 방해하였다.[67] 따라서 일반적으로 가난한 사람들의 비참한 생활은 단지 그들의 게으름에만 원인이 있는 것이 아니라 오히려 그들의 출생 이전에 이미 결정된 사회·경제적인 제도에 따른 부자들의 착취에도 큰 탓이 있다고 할 수 있다. 이런 까닭에 요한 크리소스토무스는 상속 재산의 기원에 대해서도 부정적으로 보고 있다. 그 외에도 특별히 부의 기원에 대한 티모테오 1서에 대한 강론들은 요한 크리소스토무스가 안티오키아에서 사목할 때 작성된 것들이었으니 당시의 사회·경제적인 상황을 감안하여 그의 강론들을 이해해야 할 것이다.[68]

요한 크리소스토무스는 불의하게 축재된 부의 기원에 대하여 더욱 엄격하게 단죄하였다. 그는 부와 탐욕 사이의 긴밀한 관계에 대해 말한다. 불의하게 축적된 부는 어떻든 탐욕을 더 깊게 한다는 것이다.

"혹시 구두쇠가 좋은 사람인가요? 만일 (이렇게 취득한) 부가 좋은 것이고 탐욕에 의해 증가한다면, 탐욕이 많을수록 그만큼 더 좋다고 말할 수 있을까요? 이 또한 모순이 아닌가요? 하지만, 만약 여러분이 탐욕스럽지 않다면, 여러분은 어떻게 부당하게 취득한 부를 좋은 것으로 말할 수 있나요? 어떻게 이런 일이 가능할까요? 사실 불행한 열정이며, 불의가 개입되지 않고서는 부자가 될 수 없었습니다."[69]

이 말은 당시 권세가들이 권모술수와 강압적인 착취로 부를 축적하던 상황을 반영한 것으로 여겨진다. 요한 크리소스토무스는 올바른 목표를 위하여 정당한 수단으로 획득한 부만이 올바른 기원을 지녔다고 강조했다. 불의한 부는 쌓일수록 죄가 가중된다는 뜻이다. 이를테면 "창녀는 자신의 몸을 팔아 돈을 벌고 미남 청년은 자신의 외모를 빙자하여 수치심을 돈으로 환산하여 부를 축적한다. 그리고 도굴범은 무덤을 파헤쳐 불의한 재산을 모으며, 사기를 일삼는 강도들도 마찬가지다."[70] 그러므로 만일 어떤 이가 부자라면 그 부자의 부는 여러 가지 동기에 의해 평가받아야 하니, 그 부를 하느님께서 그에게 축복으로 주셨는가, 아니면 밀밭의 가라지처럼 그냥 내버려 두셨는가? 혹은 또 다른 방법에 의해 모아졌는지 알아보아야 한다. 만일 부자가 간통한 자, 사악한 자라면 이는 하느님께서 그를 부유하게 하신 것이 아니라 회개의 기회를 주시며 그냥 기다려 주신 것과는 상당한 차이가 있다.[71] 요한 크리소스토무스에 의하면 부가 하느님의 축복일 수 있기 위해서는 그 부의 기원과 목표가 완전히 일치되어야 한다.

요한 크리소스토무스 저서의 많은 부분에서 다루어진 불의한 부에 대한 신학적 동기는, 모든 것이 우리 아버지이신 주님께 속하므로 특정한 사람들이 독점적으로 소유할 수 없다는 재물의 공유 사상에서 이해될 수 있다. 왜냐하면 그는, 태초에 하느님께서는 부자와 가난한 사람을 구별하여 창조하시지 않았고 또 어떤 특정인에게만 금은보화를 주신 것이 아니며 모든 이에게 지상의 재물을 똑같이 주셨다고 이해했기 때문이다.[72] 주님께 예속된 모든 재물은 모든 이에게 공동으로 주어진 이상 이런 재물을 절대적으로 혼자만을 위해서 독점하려는 것은 악이다. 요한 크리소스토무스의 이러한 사상은 모든 부자가 자신의 부를 가난한 사람들의 필요에 제공하도록 초대하며 그들이 이렇게 실천할 때, 그들이 부를 축적하기 위해 저지른 불의한 잘못으로부터 해방될 수 있다고 가르친다. 모든 불의한 부는 가난한 사람들로부터 갈취했을 것이고 부자의 재산은 그에게 속한 것이 아니라 필요한 모든 사람에게 사용되어야 하기 때문이다.[73]

덕만큼 가치 있는 것은 없다고 주장하며 물질적인 재산을 극도로 경멸한 견유학파적인 도덕주의나 찰나적 세상의 덧없는 재물을 되도록 멀리해야 된다는 비현실적인 내세주의로 물질을 아예 등지고 살 수 있겠는가? 요한 크리소스토무스는 하느님의 피조물로서 재물을 긍정적으로 받아들이고 있다. 그는 재물을 본래의 목적에 합당하게 써야함을 강조한다. 곧 각자가 지니고 있는 부에 대하여 절대적인 소유권을 주장하지 말고 더욱 필요로 하는 이웃과 나누어야 하며, 각자는 하느님을 대신하여 그 부의 현명한 관리자로서 임무를 완수하라고 가르친다. 따라서 비록 자신의 피땀으로 벌어 모은 재산이라 할지라도 이에 대한 절대적 독점권을 포기하도록 설교하였다. 이는 개인의 차원에서뿐 아니라 형편이 넉넉한 본당이나 교구와 그렇지 못한 본당이나 교구 사이에 나눔의 정신이 실현되어야 함을 의미한다. '끼리끼리'만의 정신은 가톨릭 근본정신에도 위배된다.

요한 크리소스토무스는 풍요로운 재산이 하느님의 축복이라는 생각에 빠져서 교만해서도 안 되며 또한 궁핍함을 하느님의 징벌로 생각하여 원망해서도 안 되는 것임을 가르치고 있다. 하느님의 보상과 재물의 상관관계가 필연적인 것이 아니니 이를 일반적인 원칙으로 삼지 말라고 가르치며 기복신앙의 유혹에 쉽게 빠질 수 있는 우리를 깨우쳐 준다. 정녕 우리가 주님께 청해야 할 기도는 물질적 풍요로움에만 집착하지 말고 주님의 마음에 흡족한 자가 되는 길을 깨달아야 알 수 있는 그 은혜를 청해야 할 것이다. 그럼으로써 재산의 과다를 불문하고 주님께서 허락하신 현재의 부를 이웃과 너그럽게 나눌 수 있는 마음을 갖도록 이끌어 주시도록 청하는 것이다. 올바른 목표를 위하여 정당하게 획득한 부만이 하느님의 축복으로 자랑할 수 있다는 성인의 가르침을 기억하며 주 하느님께서 보시기에 좋았던 이 세상의 재물을 거룩하게 하는 것이 우리 그리스도인의 사명임을 명심하면 좋겠다.

3. 부와 가난의 가치에 대한 요한 크리소스토무스의 이해

부와 가난은 결코 상호 융합할 수 없는 적대 개념인가? 자주 부와 가난이 상호 공존할 수 없는 계급투쟁의 상징어처럼 표현되기도 하는데 과연 올바른 관계 설정인가? 부를 하느님의 축복으로만 미화하거나 사악한 자들의 착취의 결실로 매도하는 것은 지나친 편견이 아닐까? 또 가난이 하느님 징벌의 표시로 경멸되거나 게으름뱅이들의 자승자박으로 가볍게 취급되는 것을 당연한 결론으로 받아들이는 태도도 현실을 무시한 위험한 선입견이 아닐까 자문해 본다. 부와 가난 자체에 절대적인 가치를 부여하기보다는 오히려 상대적인 가치와 의미를 부여하는 편이 더 타당하다고 본다. 부의 쓰임새와 가난의 동기에 따라서 그 가치와 의미는 사뭇 다를 수 있을 것이다. 곧, 부 자체로는 선도 악도 아니며 그 쓰임새에 따라 긍정적인 가치도 있고 또 위험할 수도 있다. 아울러 그의 설교 가운데 따스한 동정과 관심을 받은 소위 가난한 자들의 실체가 어느 정도인지를 밝히기 위하여 가난한 자에 대한 개념을 어원학적으로 밝혀 보았다. 그리고 그 가난의 기원을 하느님의 탓으로 돌릴 수 없고 다만 자기 탓으로 인한 가난과 스스로 선택한 청빈의 생활을 분명히 구별하였다. 마지막으로, 자원하여 포기한 부의 가치를 완성하는 뜻에서 가난의 복음적 가치에 대하여 정리하였는데, 그 내용은 바로 재물에 관한 성인의 종합적 결론과 같다고 하겠다.

3.1. 부의 가치

3.1.1. 부의 긍정적인 가치

재산 자체를 선이라든지 혹은 악이라고 판단하기는 대단히 어렵다. 그러나 태초에 하느님이 보시기에는 창조된 모든 것이 확실히 아주 좋게 판단되었다. 땅, 물, 동물, 식물, 광물 등 모든 요소와 그 소출을 포함한 자연은 지고지선至高至善하신 하느님에 의해 창조되었다. 그러므로 재물이라는 그리스어 어원이 밝히듯이 그 자체는 좋은 것(bona, ἀγαθά, 아가타)으로 드러난다.[74] 피조물에 대한 이런 긍정적인 판단은 원죄 이전에 언급된 개념으로 보는 것이 더 타당하다고 보겠다. 원죄 이전에는 어떠한 악도 하느님에 의해 스며들지 않았으니, 곧 하느님은 완전한 세계를 창조하셨다는 뜻이다. 그러므로 모든 피조물은 창조주의 뜻에 맞게 살아가도록 창조되었다. 땅은 인간 실존의 어머니였는데 인간 원죄의 결과로 저주받게 되었다.[75] 처음에 이 땅은 인간의 삶을 위해 필요한 모든 것을 제공하였다. 그러나 원죄 이후 이제 물질은 그 자체로 더 이상 좋은 것으로 여겨지지 않고 다만 그 재물의 이용에 따라 판가름 나게 되었다. 이러한 이중적인 개념에서 요한 크리소스토무스의 부 개념을 보다 명확하게 이해할 수 있겠다. 만일, 부와 재물이 선이었다면 그리스도께서는 당신 제자들에게 그것들을 주셨을 것이다. 그러나 주시지 않았을 뿐만 아니라 그것들을 소유하는 것조차 금지하셨다.[76] 사실 부는 그 자체로 아무런 선도 아니다. 유일한 선은 하느님의 뜻을 따르는 데 있다.[77] 그러나 이 말들은 세속 재물로 말미암아 우리에게 야기될 수 있는 악으로부터 그리스도인의 자유를 존중하고 유일한 선은 하느님 뜻에 맞는 것이라는 의미로 이해되었다.

그러므로 상술한 이야기는 절대적 의미에서 부의 가치를 부인한 것이 아니라 부 그 자체가 선이라든지 혹은 옛날 사람들의 생각처럼 하느님의 축복으로 보는 부에 대한 정의를 거부한 것이다. 그러면, 만일 부가 그 자체로 무익하다거나 더더욱 해롭다면 아브라함이나 욥의 경우처럼 하느님은 왜 어떤 의인들에게는 부를 주셨는가? 그리스도께서는 부유한 젊은이를 완전한 자가 되도록 초대하면서 부 자체를 단죄하시지 않고 (마태 19,16.22) 그 재물에 예속되는 자체를 단죄하셨다.[78] 그리스도께서는 그 부자 청년에게 그의 재물을 그리스도 자신과 동일시하는 가난한 자들에게 주도록 말씀하셨다. 만일 부가 그 자체로 무익하거나 더더욱 악이라면 이렇게 무익하고 나쁜 것을 가난한 사람에게 주라고 말씀하셨겠는가? 이것은 필요하지 않으면서도 이기적으로 부를 축재하는 그들에게는 무익하고 해롭다는 의미이다. 곧 흐르지 않고 고인 물은 쉽게 썩는 것처럼 이기적인 축재는 악이라는 것이다.

결국 요한 크리소스토무스는 부 자체의 가치와 유익성을 부정하지 않고 다만 부의 그릇된 사용과 남용을 단죄하였다.[79] 사실 그는 무엇보다도 그리스도를 따르는 일에서 멀어지도록 부에 예속되는 것을 염려하였다. 이 성인에 의하면 부의 선악에 대한 것은 그 부의 사용에 따라 판단되니, 그 부가 필요한 사람이 유익하게 사용하는지 아니면 별로 필요로 하지도 않는 사람이 남용하는지에 따라서 결정된다는 것이다. 요한 크리소스토무스는 "만일 강탈한 결과가 아니라면, 필요한 사람들을 위해 사용되는 경우에는 나쁘지 않고, 필요로 하지 않는 사람에게 맡겨진다면 나쁘며 비도덕적이다"라고 말하였다.[80] 예를 들면, 상황에 따라서 칼이 유익할 수도 있고 해로울 수도 있는 경우와 같다. 강도의 손에 쥐어진 칼은 무죄한 사람의 생명을 해치는 흉기가 될 수도 있다. 또 같은 칼이 의사의 손에 쥐어지면 외과수술을 통하여 환자의 생명을 구할 수도 있다. 그러므로 필요로 하는 모든 사람의 처지에 따라 그 부의 원래 기능이 되돌려진다면 부는 좋고 유익하다. 요한 크리소스토무스는 부의 긍정적인 가치에 대한 그의 생각을 증명하기 위하여 구약의 아브라함과 욥의 예를 들어 자주 설명하기를 좋아하였다.

아브라함과 욥, 이 두 성조는 자기의 부를 필요로 하는 자들에게 내주었다. 이들은 모든 사람이 각자의 필요에 따라 이 부를 사용할 수 있도록 내어주는 하느님께서 그들에게 맡긴 부의 충실한 관리자들이었다. 곧 이들은 제때에 양식을 공급하기 위해 주님이 그들을 종들의 자리에 앉힌 충실하고 지혜로운 관리자들이었다(루카 12,42 참조). 하느님에 의해 부유하게 된 의인의 부는 큰 가치를 지니고 있다. 예를 들면, 아브라함의 부는 순례자들과 모든 가난한 자들을 위해 제공되었다(창세 18,1-7 참조). 그의 집과 재산은 외국인과 궁핍한 자들의 피난처였다. 그는 자기 자신이나 자기 아들을 위해서 부를 소유하고자 하지 않았다. 심지어 그는, 늘그막에 얻은 외아들까지도 하느님의 명령에 따라 희생 제물로 바쳤다(창세 22,1-3 참조). 이렇게 그의 부는 하느님의 뜻을 따르는 데 아무런 방해가 되지 않았다. 이러한 예는 욥의 경우에도 마찬가지이니, 그는 이렇게 말했다. "나는 언제나 길손에게 문을 열어 놓아 나그네가 밖에서 밤을 새운 일이 없다네. … 나는 눈먼 이에게 눈이 되고 다리저는 이에게 다리가 되어 주었지. 가난한 이들에게는 아버지였고 …"(욥 31,32; 29,15-16). 그는 허약한 사람들이 필요로 할 때 기대에 어긋나서 되돌아가게 한 적이 없고, 그 누구도 허기진 배를 움켜쥐고 자기 집으로 돌아가게 하지 않았다. 곧 자기의 모든 부를 가난한 자들을 돕기 위해 내놓았다. 이렇게 그의 부는 그 목적에 합당한 선한 부이지 죄악스러운 것이 아니며 가난한 자들을 위한 사랑이었다. 이렇게 선하게 사용되는 부는 이름만의 부가 아니라 부의 본래의 의미와 가치에 부합하는 참된 부이다. 사실 외적으로 드러나는 부는 실체 없는 이름만의 부이며 참된 부의 시종일 뿐이다. 이러한 참된 부는 덕과 자선의 부이다. 요한 크리소스토무스는 참된 부자와 거짓된 부자를 대조하면서 참된 부와 탐욕의 부를 구별하였다. "모든 사람의 것을 도둑질하는 부자가 있는가 하면 자기의 것을 가난한 사람들에게 주는 부자가 있다. 전자는 축재로 부유하게 되고 후자는 나눔으로써 부유하게 된다. 전자는 땅에다 심고 후자는 하늘에다 심는다. 하늘과 땅의 차이만큼이나 한 사람의 부유함은 다른 사람의 부를 감소케 한다. 참된 부자에게는 수많은 친구가 있으나 사악한 부자는 그를 거슬러 고발하는 자들 이외에는 아무도 없다. 자기의 것을 이웃과 기꺼이 나눈 사람에게는 그로부터 혜택을 받은 사람들뿐만 아니라 그 외 다른 사람들도 그를 칭송하며 사랑하지만, 자기 것을 손에 움켜쥐고 사는 인색한 부자에게는 그로부터 직접적인 상처를 입은 사람들뿐만 아니라 그와 관계가 없는 사람들까지도 그를 증오한다."[81] 그러므로 부의 가치는 소유하고 있는 모든 것을 이웃의 필요한 처지에 따라 내놓았던 아브라함과 욥의 부처럼, 부의 사회적 기능에서 찾아볼 수 있다. 요한 크리소스토무스는 소유의 개별적인 개념을 받아들일 수 없었다. 그에게 부의 가치는 모든 사람의 이익을 위하여 사용된 것처럼 모든 사람들에게 소용되는 공동선의 개념에 그 기초를 두고 있다.

3.1.2. 부의 위험성

이미 우리가 본 대로, 요한 크리소스토무스는 부의 가치를 총체적으로 거부하지는 않는다. 그러나 이기적인 축재의 위험성을 자주 고발하였다. 확실히 그는 하느님으로 말미암은 부자와 탐욕스러운 부자를 구별한다. 그래서 그는 성조 아브라함과 욥을 의로운 의인이며 하느님 부의 관리자로서 자주 예를 들었다. 그들은 세간에서 일컫고 있는 평범한 의미에서의 부자는 아니었다. 이와는 반대로 요한 크리소스토무스는 이기적 축재의 부정적인 부는 모든 악의 기원이므로 탐욕의 유혹으로부터 자유로울 수 있도록, 부에 대한 갈망을 멀리하라고 초대하였다. 일반적인 의미에서 부는 늪과 같이 모든 악의 근원인 탐욕으로 우리를 유인한다. 부에 대한 이러한 판단은 부 자체에 대한 것이 아니라 부의 지배에 예속되는 상태에 대한 것이다. 따라서 부의 남용을 단죄하는 것일 뿐이므로 부자와 탐욕가를 잘 구분하면서 부의 위험성을 조심하여야 한다. 달리 말하면, 우리가 부의 원초적이고 사회적인 본래 기능을 회복하면서 우리의 부를 필요한 사람들에

게 나눈다면 부와 탐욕은 별개의 것이 된다.[82]

　부정적인 의미에서 축재에 맛을 들인 부자는 더 많은 것을 거침없이 갈구하고 더 많이 소유하려는 탐욕과 과도한 필요성에 대한 집착으로 실제로는 늘 빈곤함 속에 잠겨 있다.[83] 이러한 부자는 많은 시종과 부하들의 시중에 길들어 있어 늘 많은 사람들을 필요로 하며 타인에 대해 늘 질투와 저주와 인색함으로 전전긍긍한다.[84] 이렇게 저속한 욕망으로 만족하기 위해 재물을 이용하면서 부자는 오로지 물질적인 재물에 의해 지배당한다. 그러므로 초자연적 선물인 은총을 받기 위한, 그리고 길이요 진리요 영원한 생명이신 주님의 말씀을 받아들이기 위한 여백이 없다. 물질적인 부에 너무 집착해 있는 사람은 악마에 속해 있으며, 돈의 노예이고, 자신의 실체를 숨긴 이중인격자이자 그리스도가 아닌 맘몬을 섬기는 자이다.[85] 이러한 부자는 자기 생애의 유일한 가치 기준은 하느님 대신에 부를 신처럼 받드는 것이기 때문에 쉽게 우상 숭배자가 된다. 이런 말을 들은 부유한 신자가 있다면 다음과 같이 항변할 수도 있겠다. "나는 어떠한 우상도 만들지 않았다. … 나는 어떠한 제단도 두지 않았고 양을 제물로 바치지도 않았으며 포도주를 제단에 붓지도 않았다. 나는 교회에 나오며 하느님의 외아드님을 향하여 두 손을 쳐들고 기도한다. 성찬에 참여하고 기도 가운데 통교하며 교회의 다른 모든 의무를 완수한다. 그런데도 어떻게 내가 우상 숭배자가 될 수 있단 말인가?"[86]

　그러나 요한 크리소스토무스는 자비가 그리스도인의 유일한 기준이라고 한다. 궁핍한 사람들에게 자신의 부를 제공하는 일에는 인색하면서 매일 미사에 참여하거나 자주 기도한다는 그 자체만으로는 그리스도인이라고 불릴 수 없다는 것이다.[87] 하느님의 뜻을 따르지 않는 부자는 실제로 가난한 사람들에게 돌아가야 할 몫을 나누어 주지 않으면서 이기주의적으로 축재하고 창녀와 게으름뱅이들과 어울려 재산을 탕진하고 낭비하면서 하느님을 거스른다.[88] 예를 들면, 거지 라자로의 비유에서 소개된 부자는 식탁의 빵부스러기도 나누어 주지 않았고(루카 16,19-21 참조), 아합은 가난한 자의 포도원을 탈취하였다(1열왕 21,1-9 참조). 그러므로 그러한 부자는 아무런 일도 하지 않으면서 기본적으로는 이자 놀이로 생활하는 사람들의 부류에 속하니, 사회의 기생충과도 같다.[89] 그렇다면 왜 이렇게 나쁜 사람들이 부자가 되도록 하느님은 내버려 두시는가? 이는 각자가 공로를 쌓는 만큼 보상을 받을 수 있는 심판의 때가 아직 이르지 않았기 때문이다. 또한 인내심이 많고 무한한 자비의 원천이신 주님은 그 악한 자들을 즉시 징벌하시지 않고 회개할 수 있도록 그들을 기다리신다. 그분은 가능한 모든 방법을 다 동원하여 사악한 부자가 그의 이기심으로부터 돌아서도록 기다리며 결정적으로 심판하시기 전에 가능한 모든 방법을 사용하시어 회개의 가능성을 열어 놓으신다. 범죄를 저지를 때마다 즉시 하느님이 징벌하신다면 자캐오는 자신이 탈취했던 부당한 재물을 네 배로 갚음으로써 회개할 수 있는 기회를 얻지 못했을 것이다. 또 역시 때가 이르기 전에 심판을 미루시지 않았다면 마태오도 자기의 생활을 바꿀 수 없었고 사도도 될 수 없었을 것이다. 결국 주님은 사악함으로 죽어 나가는 것을 원하시지 않고 그 사악한 생활로부터 돌아서서 바르게 살기를 바라신다. 그분은 죽을죄를 지은 죄인이라도 죽기를 원하시지 않고 회개할 때까지 기다리신다.[90]

3.1.3. 부의 포기

"네가 완전한 사람이 되려거든 가서 너의 재산을 다 팔아 가난한 사람들에게 나누어 주어라. 그러면 하늘에서 보화를 얻게 될 것이다. 그러니 내가 시키는 대로 하고 나서 나를 따라오너라"(마태 19,21). 재산을 이기적으로 독점하지 말고 필요한 사람들과 공유해야 한다는 이 복음 말씀의 정신은 산술적 정의나 물질 자체를 경멸한 그리스 철학자들과 사뭇 다른 입장이다. 그리스의 금욕주의적 현자들이나 견유학파는 세속 재물을 단순히 버리거나 무작정 경멸하려 했다.[91] "어떤 그리스 철학자들은 토지를 포기하거나 버리고 어떤 자들은 많은 돈을 바다에 던져 버린다. 이는 부를 경멸하는 것이라기보다는 차라리 어리석고 미련한 짓이다."[92] 이러한 그리스 사상이 요한 크리소스토무스에게는 용납될 수 없었다. 그는 가난한 사람들의 필요에 응하는 사도들의 박애(φιλανθρωπία, 필란트로피아)와 필요한 사람들에게 아무런 제공도 하지 않고 그들의 부를 미련하게 폐기해 버리는 그리스 철학자들의 허영심이나 야망, 욕망(φιλοτιμία, 필로티미아)을 비교하면서, 오만과 허영으로 세속 재물을 포기하는 견유학파 디오게네스(기원전 323년 사망)의 태도를 부정적으로 비판하였다.[93] 다른 의미로 우리는 부로부터 확실히 자유스러워야 하겠지만 이는 부의 무용성 때문이 아니라 필요한 사람들을 위해 사용되지 않는 축재를 경멸하기 때문이다. 따라서 우리가 소유하고 있는 재물을 더 필요한 이웃을 위해 포기하는 것은 단순히 부 자체를 경멸하기 위함이 아니다. 이는 주님을 따르기 위해 자기의 부를 포기한 아브라함과 사도들처럼 세속의 어떠한 재물로부터도 자유롭게 되면서 주님께 온전히 헌신하며 주님의 길을 따르기 위함이다. 이는 그 재물을 가난한 사람들에게 돌려주며 모든 것을 다 포기한 후에 주님을 신뢰심과 기쁨으로 더 쉽게 따를 수 있는 삶이 될 수 있기 때문이다.[94] 이미 앞서 말한 대로 아브라함은 자기 자신을 위해서는 아무것도 소유하기를 원하지 않았고 자기 자신과 자기 집뿐 아니라 늘그막에 얻은 외아들을 바치기까지 하느님의 뜻을 따르고자 하였다.[95] 이미 언급한 대로 부를 포기하는 목표와 동기는 제2차적인 어떠한 것으로부터도 자유로워지면서 주님을 따르기 위함이다. 그러므로 부자 청년과의 대화에 나오는 주님의 말씀은 부 자체에 대한 단죄가 아니라 주님을 따르는 데 방해가 되는 부에 지배되는 상태에 대한 단죄이다. 부를 포기하는 또 다른 목표는 가난한 사람들과 소유물을 나누기 위함이다.

"그러므로 부를 업신여기는 것만으로는 충분치 않고 가난한 사람을 도와주어야 합니다. 무엇보다도 그리스도를 따라야 하는데, 이는 매일매일 희생하며 죽기로 준비하며 그분의 계명을 지키는 것입니다. 사실 '나를 따르려는 사람은 누구든지 자기를 버리고 매일 제 십자가를 지고 따라야 한다'(루카 9,23)라고 말씀하셨습니다. 확실히 부를 경멸하라는 명령보다는 자기의 피를 흘리라는 명령이 훨씬 위대합니다. 그럼에도 불구하고, 세속 재물을 포기함은 '우리의 목표'에 도달하기 위한 적지 않은 진일보입니다."[96]

요한 크리소스토무스는 단숨에 모든 부를 즉시 포기하라고 하지 않는다. 그는 약한 인간 조건을 이해하기 때문에 점차적으로 포기할 것을 제안하였다. 만일 누가 자기의 결점을 어느 한순간에 완전하게 모두 고치려 한다면 목표에 도달하기 전에 약한 인간 조건으로 말미암아 많은 어려움을 당하고 급기야는 실망하고 물러서게 될 것이다. 시정하기 쉬운 결점으로부터 시작하는 것이 더 좋을 것이며 차츰차츰 그 어려움을 극복할 수 있을 것이다. 이 성인은 우리가 부를 가볍게 하는 일부터, 곧 여유 부분을 조금씩 제거하는 일부터 시작하도록 권고하였다. 이렇게, 더 많이 소유하고자 하는 욕망을 진정시키면 하늘의 보화를 갈망할 수 있게 된다.[97] 요한 크리소스토무스는 단지 물질적인 부에 대해서만 말하지 않고 이기적인 영적 부에 대해서도 언급하였다. 곧, 부에 대한 포기는 복음적 가난과 하늘의 보화를 지향하는 순수한 마음을 동반해야 한다는 것이다. 마음속에 아직도 탐욕과 교만심을 남겨 두고 있다면 부에 대한 포기가 무슨 의미가 있겠는가? 주님께서 "만일 네가 완전한 자가 되고자 하면 너의 재산을 다 팔아 가난한 사람들에게 나누어 주어라"라고 말씀하는 것은, '흘러넘치는' 여유분이라는 의미의 부에 대한 언급뿐 아니라 하느님의 뜻을 따르는 데 방해될 수 있는 탐욕을 불러일으키는 모든 것을 대상으로 하신다. 성 베드로 사도는 그 당시 경제·사회적으로 아주 낮은 계층에 속한 가난한 어부들 가운데 한 사람이었다.[98] 그는 여유분의 재산을 가지고 있지 않았다. "보시다시피 저희는 모든 것을 버리고 당신을 따랐습니다"(마태 19,27). 모든 것을 버린다는 것은 물질적인 것뿐 아니라 하느님 나라를 향하는 순례의 길에 방해가 될 수 있는 모든 것을 포기해야 한다는 것을 의미한다. 예를 들면, 교만, 이기주의, 인색, 탐욕 등 정신적인 것까지 포함해 소유한 모든 것을 포기하고 빈 마음으로 자유롭게 따라야 한다는 것이다. 이러한 의미에서 가난한 사람들도 위와 같은 뜻에 따라 모든 것을 포기해야 한다.[99] "주님께서는 처음에 무엇을 말씀하셨는가? 가난한 자가 '내가 팔아야 할 재산을 가지고 있지 않은데, 그렇다면 나는 완전한 자가 될 수 없는가?'라고 항변할 수 없게 하기 위함이다." 가난한 베드로 사도가 모든 것을 버렸다는 말은 가난한 자가 그보다 더 열등한 위치에 있지 않다는 것을 깨닫게 한다.[100]

부의 점차적인 포기를 제안하기는 했지만, 이는 확실히 "부자가 천국에 들어가기보다 낙타가 바늘구멍을 빠져나가는 것이 더 쉬울 만큼"(마태 19,23-24) 어렵다. 그러나 "사람의 힘으로는 될 수 없는 일이지만 하느님은 하실 수 있는데"(루카 18,27), 이는 이 영광스러운 싸움에서 하느님께서 우리를 도와주시기를 기도하고 성실하게 노력한다면 하느님의 은총으로 가능하다. 겸허한 기도와 성실한 노력으로 마음을 다하여 하느님의 뜻을 실현하기 위하여 노력한다면 한평생 하느님의 은총 가운데 머물 수 있게 되며, 다만 하느님의 뜻을 이루기 위해 더 쉽게 부를 포기할 수 있게 될 것이다. 즐겁게 여행을 즐기기 위해서는 무거운 것을 많이 지니지 말아야 한다. 여행 가방이 가벼울수록 그만큼 더 즐거운 여행이 될 것이다. 여행을 위해 그렇게 필수 불가결한 것도 아닌 무거운 것을 많이 휴대한다면 약간 편리할 수 있으나, 즐거운 여행을 하는 데 귀찮은 장애 거리가 되기 십상이다. 무거운 짐을 들고 다니면, 간수하는 것도 힘들고 정신이 분산되어 정작 아름답게 감상하며 즐겨야 할 여행이, 목적지에 도착하기 전에 피곤하여 지쳐 버리게 된다. 이러한 까닭에, "먼 길을 갈 때에는 눈썹도 떼어

놓고 떠나라"라는 격언이 있다. 이 지상 생활은 천국을 향한 순례 여행이다. 순례 목적에 집중하기 위하여 흘러넘치거나 필수 불가결하지 않은 것들을 제거하는 것이 좋다. 이러한 의미에서 요한 크리소스토무스는 천국을 향한 순례를 위하여 흘러넘치는 부를 가난한 사람들, 필요한 사람들에게 제공하면서 그 부를 포기하도록 자주 말하였다. 이러한 그의 설교는 철학적 이론에서 비롯된 것이 아닌 보통 사람들과의 일상적인 접촉에서, 그리고 이 성인의 체험과 구체적인 삶으로부터 비롯되기에[101] 세기를 거슬러 현대를 살아가는 우리에게도 여전히 호소력 짙은 울림을 준다.

3.2. 가난과 가난의 가치

3.2.1. 가난한 자의 개념

그리스어 '가난'(πενία, 페니아)과 '가난한 자'(πένης, 페네스), 이 두 단어를 일반적으로 '가난한 자'로 번역한다. 가난과 가난한 자라는 용어는 "무엇인가 결핍된 상태, 무엇인가 부족한 상태, 힘들여 일하는 것, 어떤 노동에 전념하는 것"을 의미하는 동사 '페노마이'πένομαι에서 유래했다.[102] 일반적으로 '가난한 자'는 '페네스'πένης와 '프토코스'πτωχός라는 용어를 사용한다.

'페네스'에 대한 어원학적 의미는 "음식을 찾기 위하여 그리고 필수 불가결한 것을 얻기 위하여 일하는 사람"을 의미하니, 이는 곧, "경제적 결핍과 재물의 부족함 때문에 자기 노동에 의해서만 살 수 있는 자"를 가리킨다.[103] 그러므로 '페네스'는 자기에게 필요한 것을 얻기 위하여 일하도록 강요된 자이니, 곧 기술자, 노동자, 소농小農이 '페네스'의 계층에 속한 자들이다.[104] '페네스'라는 이 낱말은 개인의 도움이나 공공기관의 구호 대상자를 가리키는 오늘날의 가난한 자를 뜻하지 않고, 여유 있고 많은 가능성을 지닌 부자에 비교하여 한정된 생계 수단을 가진 자라는 의미에서 '플루시오스'πλούσιος(부자)와의 관계에서 상대적인 의미로 쓰였다. 곧, 생계를 위해 아무런 일도 할 필요가 없고 이자로만 살 수 있는 '부자'(πλούσιος)에 대한 상대적 개념이다.[105] 역시 '페네스'도 자기를 위해 일해 주는 종을 부릴 수 있고, 자기 일이 잘되면 기술자나 노동자, 소농도 '플루시오스'가 될 수 있었다. 그리스에서 이 '페네스'는 정치적으로나 법률적으로 차별대우를 받지 않고 국가 생활에 능동적으로 참여할 수 있었다.[106]

이와는 반대로 '프토코스'πτωχός(가난한 자)는 문자 그대로 살기 위하여 구걸해야 하는 가난한 자를 가리킨다. 이 가난한 자, 곧 '극빈자' 極貧者(πτωχός, 프토코스)는 어원학적으로 '가난한 자, 거지'[107]를 의미하는 형용사로서 '두려움으로 웅크리고 있는' 상태를 의미하는 프토쏘 πτώσσω와 연계되어 있다. '페네스'(가난한 자)가 위에서 살펴본 대로 재산의 부족함 때문에 자기의 노동으로 살아가야만 하는 상태에 비하여, '프토코스'(극빈자)는 문자 그대로 아무것도 가지고 있지 않은 무산자(proletaria)이다. 따라서 이 '극빈자'(πτωχός)는 거지, 궁색한 사람, 자기 생계에 필요한 것을 공급할 능력이 없는 자이며 다른 사람에게 자기 생필품을 구걸해야 하는 절대적 빈곤자이다.[108] 70인역 성경과 비교해서 '가난한 자'(페네스)와 '극빈자'(프토코스) 사이의 상이한 개념이 히브리어 개념에 일관성 있게 드러나지는 않는다. 70인역의 '가난한 자'

(페네스)는 'ebjon'(에브욘, 필요한 것)을, '극빈자'(프토코스)는 'ani'(비참한 노예 상태에 있는 자)와 'dal'(약한, 가난한 자)이라는 낱말을 대신한 용어로서, 프토코스에 해당하는 ani와 dal은 부자에 비해 경제적으로 약한 상황의 사회적 개념을 표현하고 있다.¹⁰⁹ 동일한 히브리어가 어떤 때는 특별한 까닭 없이 페네스로, 어떤 때는 프토코스로 번역되기도 했다.¹¹⁰ 그러나 요한 크리소스토무스 저서에서 '가난한 자'의 개념은 단일하다는 것을 확인할 수 있다. 그가 가난한 자들에 대한 주제에 대해서 말할 때, 거의 대부분 다른 사람들의 도움을 절대적으로 필요로 하는 사람들을 가리키는 것을 의도하였다. 그러므로 그가 가난한 사람들을 지칭할 때 쓰는 표현 페네스(가난한 자)나 프토코스(극빈자)는 참으로 무엇인가 부족한 사람들, 궁핍한 사람들, 걸인들을 가리켰다.

요한 크리소스토무스 저서에서도 '가난한 자'(페네스)와 '극빈자'(프토코스)는 어감의 차이에 따라 뚜렷이 구별되지 않고 있다. 예를 들면, 거지처럼 사방으로 돌아다니면서 외치는, 모든 사람에게 도움을 구걸하는 사람을 표현하기 위해서도 그는 '페네스'란 용어를 사용하였고, 다른 한편으로는 단순히 가난한 사람을 가리키기 위해서 '프토코스'라는 낱말을 사용하기도 하였다.¹¹¹ 이렇게 페네스와 프토코스를 여러 곳에서 혼용한 것을 발견할 수 있다. 그러나 요한 크리소스토무스의 가난한 사람에 대한 개념은 단 한 가지 의미일 뿐임을 확인할 수 있다. 이 성인이 가난한 자에 대한 주제를 취급할 때는 거의 항상 다른 사람들의 도움을 절대적으로 필요로 하는 자들을 염두에 두었다. 그러므로 그가 가난한 자들에 대해 설교할 때, 페네스라는 용어를 사용하든지 프토코스라는 용어를 사용하든지 간에 정말 경제적 도움이 필요한 자나 거지를 의미하였다. 가난에 대한 크리소스토무스의 개념에서 기술자나 노동자, 소농들은 프토코스의 원래 의미인 극도로 가난한 자 개념의 범주에 속하지 않는다. 성인이 안티오키아에서 가난한 자로 분류한 그 10%는 문자 그대로 걸인과 같은 비참한 상태에서 살아가고 있는 자들을 가리켰다.[112] 요한 크리소스토무스는 역시 가난한 자들도 흘러넘치는 부로 필수 불가결하지 않은 것들을 축적할 아무런 권리가 없다고 암시했다. 생존을 위해 필수 불가결한 자선만을 청하는 것이면 될 것이다. "당신이 내 가난의 원인일지라도 나의 가난을 제거해 달라든지 나에게 부를 달라고 말하지 않겠다. 다만 나의 굶주림에 대해 빵 한 조각, 옷 한 벌, 약간의 위로를 구할 뿐이다."[113] 이러한 문맥에서 이 성인이 언급하는 가난한 자란 일반적으로 '극빈자'(프토코스)라는 것을 확인할 수 있다.

3.2.2. 가난의 기원

요한 크리소스토무스는 가난의 세 가지 기원을 밝히고 있다.

ㄱ) 착취의 희생으로 인한 가난
ㄴ) 게으름이나 미련함 등 자기 탓으로 인한 가난
ㄷ) 자발적 가난

앞 장에서[114] 살펴본 대로 부자들이 비판하는 것처럼 가난의 원인을 단지 가난한 자들의 게으름 탓으로만 돌릴 수는 없다. 당시 시대적 상황을 고려할 때, 가난한 자들의 가난은 출생 전에 이미 조성된 사회·경제적 제도에 따라 부자들로부터 자행된 착취의 결과가 대부분이었다. 사실 인구의 10%를 구성하는 부자들은 토지의 대부분을 점령했고 가난한 사람들은 노예나 반노예처럼 부자들에게 종속되어야 했다. 따라서 이 범주에 속한 가난한 사람들은 그들의 비참한 생활을 개선할 수 없었다. 요한 크리소스토무스는 각자의 소유물을 또 다른 그리스도로 간주되는 가난한 사람들과 나누도록 우리를 초대하고 있다. 성인에 의하면 자기의 탓으로 비롯되는 가난에는 두 가지 원인이 있다. 하나는 자기 부의 남용이고, 다른 하나는 자기 재산을 미련하게 관리한 탓이다. 그는 책망받을 만한 가난과 관련해 개인적 책임의 중요성을 잘 부각하고 있다.[115] 자기 잘못이나 탓으로 비참한 지경에 빠진 사람들도 많이 있다는 것이다.

"하느님으로부터 비롯되지 않은 가난이 있다는 것을 배웁니다. … 방탕한 젊은이가 자기의 재산을 아첨배들이나 사기꾼들, 혹은 죄스러운 소일거리로 탕진하여 가난에 이른다면, 이것이 하느님의 역사하심으로 인한 것이 아니라 그의 낭비로 그렇게 된 것이라는 것이 명확하지 않습니까? 더구나 만일 그의 무기력함이나 어리석음으로, 또는 불투명하고 부정직한 상거래로 가난한 자가 되었다면, 이는 하느님으로 말미암은 가난이라고 할 수 없습니다."[116]

마지막으로 복음적 청빈은 그리스도의 사랑 때문에 부를 자발적으로 포기한 사람들에 의해 선택되었고, 이는 보다 온전히 준비된 상태에서 주님을 따르고자 하는 자들의 인격적인 선택의 결과이다. 그러므로 "하늘나라를 위하여 스스로 결혼하지 않는"(마태 19,12) 이들을 위한 정결처럼 자발적 가난은 강요에 의한 것이 아니라 자발적이고 자유로운 선택이다. 요한 크리소스토무스에 의하면[117] 그 부자 청년에게 권유하셨던 이 자발적 가난은 주님의 권고에 그 동기를 두고 있다. "당신이 완전한 사람이 되려거든 가서 당신의 재산을 다 팔아 가난한 사람들에게 나누어 주시오. 그러면 하늘에서 보화를 얻게 될 것입니다. 그러니 내가 시키는 대로 하고 나서 나를 따라오시오"(마태 19,21). 역시 제자들에게도 "전대에 금이나 은이나 동전을 넣어 다니지 말고 식량 자루도 여벌 옷도 가지고 다니지 마시오"(마태 10,9-10)라는 말씀으로 같은 계명을 주셨다.

3.2.3. 가난의 복음적 가치

가난도 부처럼, 그 자체로는 선도 악도 아니고, 다만 재물의 결핍이라는 한 단면일 뿐이다. 그러므로 가난 자체를 부에 대립시킬 수 없고, 더욱이 가난의 가치도 부의 경멸에 그 동기를 두고 있지 않다. 이미 살펴본 대로 자발적 가난의 목적은 부를 탐욕하는 노예 상태에서 자유롭게 되면서 주님을 더욱 완전하게 따르고자 하는 데 있다. 부의 탐욕으로부터 자유롭게 되어 필수 불가결한 재산만 소유한 사람들은 쉽게 하느님 나라의 사정에 대하여 마음을 쓰게 된다. 이렇게 자발적 가난을 선택한 자들은 엘리야나 엘리사, 세례자 요한이나 야곱처럼 하느님에게만 신뢰를 둘 수 있게 된다.[118] 이러한 하느님의 사람들의 태도는 회개의 참된 길을 가리키고 있으니, 곧 하느님의 뜻과 세속 재물로부터의 이탈과 필요한 사람들에 대한 열린 마음을 추구한다. 만일 누가 이상적인 그리스도인이 되기를 바란다면, 이 가난은 그에게 무한한 재물의 원천이 될 것이며 가장 안전한 조건으로 고요한 피난처요 훈련장이며, 지혜의 수련장이요, 천사적 삶의 모방이 될 것이다.[119] 이 가난은 자유와 행복의 조건이며 우아하고 아름답고 평화와 기쁨을 주는 소녀와 비슷하다.[120] 그러므로 가난한 자가 된다는 것이 악이 아니라 가난한 자가 되지 않으려 하는 것이 악이다. 만일 누가 가난을 악이나 부끄러운 생활처럼 생각하지 않는다면 가난이 그에게 무거운 짐이 안 될 것이다.[121]

요한 크리소스토무스는 가난의 여러 가지 유익함에 대하여 말하고 있다. 무엇보다도 자발적으로 가난한 자는 섭리에 많은 신뢰심을 둔다. 그들은 그들의 가난을 애통해하지 않으니, 이는 그들에게 무엇이 필요한지 아시며(마태 6,32 참조) 새들과 꽃들에게 필요한 것을 제공하시는 것처럼 자기 자녀들에게 음식과 옷을 주시는 아버지가 하늘에 계신다는 것을 알기 때문이다. 이 성인은 예수님께서 제자들을 전교 여행에 파견하시기 전에 그들에게 말씀하신 내용을 설명하면서 자발적으로 가난한 자들처럼 하느님에게 절대적 신뢰심을 가지도록 우리를 초대하신다. "참새 두 마리가 단돈 한 닢에 팔리지 않습니까? 그러나 그런 참새 한 마리도 당신의 아버지께서 허락하시지 않으면 땅에 떨어지지 않습니다. 그런데 당신들로 말하자면, 아버지께서 당신들의 머리카락까지도 낱낱이 다 세어 두셨습니다. 그러니 두려워하지 마시오. 당신들은 수많은 참새보다 훨씬 더 귀합니다"(마태 10,29-31). 요한 크리소스토무스는 고통 가운데서도 하느님의 섭리에 신뢰심을 두라고 권유하며 무엇이 참된 해방인지 말한다. "하늘에 계신 아버지께서는 우리에게 일어나는 모든 것에 대하여 모른 체하시지 않고 당신들의 아버지보다 더 신실하게 당신들을 사랑하시니 어떠한 위험도 두려워하지 마세요. 그분께서 우리를 구원하고자 하시면 그렇게 하실 수 있습니다. 그러므로 만일 우리가 고통을 당하고 있다면 그분으로부터 버림받았다고 믿지 맙시다. 사실 그분은 우리를 악으로부터 자유롭게 하시지 않고 그 악을 경멸케 하십니다. 우리에게 허락된 악으로부터의 참된 해방입니다."[122]

이 자발적으로 가난을 선택한 사람은 진리와 자유를 말할 수 있는 충분한 자유를 만끽한다. 요한 크리소스토무스는 예언자적 사명을 실천하는 이상적인 모범으로 몇몇 예언자를 소개한다. 곧 엘리야는 아주 솔직하게 "이스라엘을 망하게 하는 사람은 바로 왕 자신과 왕의 가문입니다"(1열왕 18,18)라고 아합에게 충고하였고, 세례자 요한도 헤로데에게, "동생의 아내를 차지하는 것은 옳지 않습니다" 하고 여러 차례 권위 있게 꾸짖을 수 있었다(마르 6,18). 이 예언자들은 잃어버릴 것이 아무것도 없었기 때문에 아무런 두려움도 없었다. 요한 크리소스토무스에 따르면, 이 가난은 "기회가 좋든지 나쁘든지"(2티모 4,2) 하느님의 말씀을 선포해야 할 사명을 가진 자들에게는 필수 불가결한 조건으로 주님이 제시하신 것이다. 제자들은 그러한 조건에서 복음을 설교하도록 그리스도로부터 파견되었다.[123] 성인은 부자와 빈자 사이에 가난의 큰 이익을 찬양하였다.[124] 가난은 누구에게나 진리와 정의를 말할 자유를 누리게 하는 반면, 부자는 그의 솔직한 말로 인해 그의 재산이 손해를 보게 되지 않을까 전전긍긍하며 자주 망설이게 된다. 아무것도 가지지 않은 자는 파괴되거나 단죄될까 봐 두려워하지 않는다. 이런 의미에서 자기 스스로가 원하여 가난하게 살기를 원하는 자발적 빈자貧者는 사실 어떤 면에서는 황제보다 더 강하다. 만일 가난을 말할 용기를 제거했다면 말씀 선포의 충만한 자유를 요구하는 사명을 완수해야 할 가난한 제자들을 파견하지 않았을 것이다. 그래서 요한 크리소스토무스는 누가 참된 부자인가 묻는다.

"자, 두 사람 중 누가 부자인지 말해 보시오. 매일 모든 방법을 동원하여 끊임없이 돈을 쌓아 놓기 위해 근심 걱정하며, 풍부하게 모든 것을 가지고 있으면서도 부족하지 않을까 혹은 더 많이 모을 수 없을까 전전긍긍하며 두려워하는 사람과, 가진 것이 별로 없어도 더 이상 아무것도 필요로 하지 않는 사람 가운데 누가 참된 부자입니까? 사실 하느님께 대한 두려움과 덕이 자유롭게 하지, 노예로 전락케 하는 부가 우리를 자유롭게 하는 것은 아닙니다. 그러므로 자기 원의로 가난하게 된 사람만이 모든 재물을 소유하게 됩니다."[125]

그렇다. 주님을 따르기 위한 자발적 가난에서만 그리스도인의 참된 자유가 있다.

자발적 가난 가운데 사는 자들은 벌써 "하늘에 보화"(마태 19,21)를 쌓았으니, 이는 그리스도를 따르는 삶 자체가 벌써 하나의 큰 보상이기 때문이다.[126] 문자 그대로 주님을 성실하게 따르는 자발적 빈자들은 아무것도 부족함이 없고 인간적인 극한 상황의 괴로움과 고통 중에서도 희망을 가지고 그분을 따를 수 있다. 왜냐하면 그들은 자기들의 영적 성숙을 위한 은총의 고귀한 기회로써 그리고 하느님께 대한 그들의 신뢰의 시험의 순간으로 생각하고 괴로움과 고통, 실패를 기꺼이 받아들이기 때문이다. 그 외에도 하느님의 가난한 자들은 하느님이 그들의 기도를 들어주시지 않는 것처럼 보일 때에도 하느님께서 그들에 대한 자비심과 사랑으로 들어주시지 않는다는 것을 더 잘 이해하도록 노력한다.[127]

타의든지 자의든지 이 가난한 자들은 고통을 극복하기 위한 스승으로서 우리 모두를 위하여 주님으로부터 파견된 자들이다. 곧, 가난한 자들의 고통을 관찰하면 많은 유익함을 얻을 수 있다. 만일 우리가 가난이나 병에 떨어질지라도 그 순간에 번화가를 따라 길게 늘어선 비참한 걸인들과 우리의 고통을 비교하면서 그래도 하느님께 감사해야 할 것을 배울 수 있다. 왜냐하면 그 가난한 자들이 감수하는 고통에 비하면 자신이 겪고 있는 어려움은 아무것도 아니기 때문이다.

"당신이 한 눈을 잃었습니까? 그는 두 눈을 다 잃었습니다. 당신이 끊임없는 질환으로 고통당하고 있습니까? 그는 치유될 수 없는 병으로 신음하고 있습니다. 당신이 자녀들을 잃었습니까? 그 가난한 사람은 건강까지 잃었습니다. 당신이 큰 손해를 입었습니까? 그러나 아직 당신은 다른 이들에게 구걸해야 할 정도는 아니지 않습니까? 그러므로 하느님께 감사하십시오. 모든 사람들에게 약간의 동정을 구걸하면서도 아주 조금밖에 받지 못하며 비참으로 조여진 가난한 사람들을 바라보시오. 형제들이여, 항상 더 작고 보다 불행한 사람의 처지와 비교하여 생각해 봅시다. 그러면 하느님께 감사드릴 수 있을 것입니다. 인생은 이러한 예들로 가득 차 있습니다. … 이런 연유로 가난한 자들이 성당이나 성지 건물의 현관에 즐비하게 기다리고 있습니다. 이는 우리가 그들의 모습으로부터 큰 유익함을 얻게 하기 위함입니다."[128]

이미 우리가 살펴본 대로, 가난한 자들도 역시 주님을 따르기 위하여 그들이 소유한 모든 것을 포기하도록 초대되었다.[129] 곧, 물질적인 부든 정신적인 부든 주님을 따르는 길에 방해되는 모든 것을 포기해야 된다는 것이다. 따라서 가난한 자나 부자나 모두 이런 자발적 가난의 정신에서 생활해야 한다. 따뜻한 말 한마디, 인간적인 연대감을 표시하는 자세와 태도는 재산의 많고 적음과 무관한 선행이다.[130] 자발적인 청빈 정신은 특히 교회 성직자들의 매일의 생활에서 실천되고 증명되어야 할 것이다. 요한 크리소스토무스는 사도들의 모범을 소개하였다. 사도들은 아주 특별한 활동을 완수해야 할 사명을 가졌음에도 불구하고 "단 한 벌의 옷을 소유하고 맨발로 다니며 모든 어려움을 극복하였다."[131]

요한 크리소스토무스의 '가난'과 관련된 어떤 개념들은 고대 그리스 철학의 한 부분에서 연유되었고 이교 시詩와 이교 수사학자들에 의해 발전된 표현인 것으로 보인다.[132] 그는 이미 보통 사람들의 마음에 감동을 주었던 표현이나 개념들을 소홀히 할 수도 없었고 해서도 안 되었다. 오히려 같은 시대와 지역의 보통 사람들 사이에 그의 강론을 보다 쉽게 이해하도록 그 지역에서 이미 익숙해 있던 개념이나 표현을 활용하였다.[133] 사실 어떤 표현들은 이교 저자들이 즐겨 사용하던 표현을 발전시켰지만, 이는 사소한 부분일 뿐이다. 그는 비록 이교적인 작품일지라도 긍정적인 가치들을 모두 수용하는 개방적인 자세를 견지하였으니 내밀히 그리스도교적이며 인간의 본래적인 평등을 수용하는 작가들의 표현을 사용하였다.[134] 그가 발췌한 많은 부분이 그리스도교적인 사상과 일치하는 내용이다. 부와 가난에 대한 요한 크리소스토무스 교리의 원칙들은 무엇보다도 '성경의 말씀과 가르침'으로부터 비롯되었다.[135] 그러나 부와 가난에 관한 문제에 대한 그의 사상은 극단적이 아니며 중용을 지키고 있다. 사실 그는 "알곡은 곳간에 모아들이고 쭉정이는 불에 태워 버리듯이"(마태 3,12) 이교적인 표현들로부터 긍정적인 가치를 수용하고 이교적인 가르침은 제외시켰다.

요한 크리소스토무스는 "빈곤과 부는 극복할 수 없는 장벽으로 분리되어서는 안 되며, 상호 협력적인 관계를 가져야 한다"라고 말한다.[136] 이러한 동기로, 그는 부자와 가난한 사람이 함께 살고 있는 두 개의 이상적인 도시를 상상한다.

"두 가지 도시를 상상해 봅시다. 하나는 부자로만 구성된 도시이고, 다른 하나는 가난한 사람들만 사는 도시라고 상상합니다. 부자들만의 도시에 가난한 사람이 없다고 상상해 보며 어느 것이 더 자급자족할 수 있는지 봅시다. 만약 우리가 가난한 사람들이 전혀 없는 부자들만의 도시에 산다면 부자들이 더 많은 것을 필요로 할 것이 분명합니다. 곧 부자들의 도시에는 일꾼, 건축가, 목수, 구두장이, 제빵사, 농부, 대장장이, 그리고 새끼줄 꼬는 사람들과 유사한 사람이 없을 것입니다. 어떤 부자들이 이러한 직업들의 노동을 받아들일 수 있을까요? 만일 이 같은 직업을 가진 사람들조차도 부자가 된다면 이 노동을 감당하고 싶지 않을 것입니다. 그러면 이 도시는 어떻게 지탱될 수 있을까요? 우리는 이렇게 말할 수 있습니다. 부자들은 가난한 사람들에게 임금을 지불하고 이 작업을 시킬 것입니다. 그러므로 그들이 이러한 노동자들을 필요로 한다는 상황은 그들이 자급자족할 수 없다는 뜻이 아니겠습니까? 부자들이 어떻게 집을 지을 수 있을까요? 불가능하겠지요. 그러므로 우리는 노동자들을 불러 모으고, 우리가 부자들만의 도시를 상상하면서 처음부터 상상했던 고정관념을 깨야 합니다. 우리가 무시해야 할 가난한 사람은 없다는 것을 기억하십시오."[137]

그러므로 가난한 사람들 없이 도시가 존재할 수 없다는 것은 명백하다. 여러 종류의 노동을 하는 가난한 사람들이 없다면 도시는 더 이상 지탱하지 못하고 사라질 것이다. 가난한 사람들을 구원자로 환영하지 않는 한 그 부 자체만으로는 충분하지 않다.

"이제 부자가 없는 가난한 도시도 자급자족하지 않을지 알아보겠습니다. 먼저 '부자'라는 단어의 의미를 명확히 하고 정확하게 표현해 봅시다. 부란 무엇입니까? 금, 은, 보석, 비단 옷, 자주색 옷, 금으로 수놓아진 옷들을 부자들은 자기네들의 부를 과시하기 위한 상징으로 자랑합니다. 그렇다면 이러한 것들로 도시가 자급자족할 수 있다고 생각합니까? 아니요. 금, 은, 진주, 기술 전문지식, 팔찌, 목걸이, 그리고 옷, 나무, 돌 등도 필요할 것입니다. 그러나 만약 경작되어야 먹고 살 수 있게 농사일을 해야 한다면 부자들이 하려고 할까요? 가난한 노동자가 할까요? 가난한 사람들은 분명히 가난합니다. 철공 일을 해야 하거나 이와 같은 것이 필요할 때, 우리는 정확히 전문 직공이 필요합니다. 우리가 이 도시를 파괴하지 않는 한, 부자들은 무엇을 필요로 할까요? 사실, 불필요한 사치를 원하지 않는다는 소위 이 현명한 사람들(φιλοσοφι, 필로소피)도 일단 금과 진주의 탐욕에 빠지면, 그들은 게으름과 사치에 굴복하면서 결국 모든 것을 잃어야 할 것입니다."[138]

요한 크리소스토무스에게 그리스도교적 의미의 참된 부는 문자 그대로 아무런 부도 필요하지 않은 상태이고, 가난은 많은 재물을 소유하고 있으면서도 항상 더 많은 것을 탐하는 상태이며, 가난한 사람이란 많은 부를 소유하고 있으면서도 더 많은 것을 필요로 하는 사람이다.[139] 이러한 이유로 이 성인은 하느님 나라를 향한 도정에 많은 방해거리가 되는 상태에서 우리를 자유롭게 하는 가난을 기쁜 마음으로 받아들이라고 권유하였다.

"우리에 대하여 염려하시는 주님께서는 세속 재물로부터 비롯될 수 있는 악으로부터 우리를 해방하려고 그 재물들을 제거하십니다. 가난이 악이라고 믿지 맙시다. 유일한 죄는 악일 뿐입니다. 사실 부 자체에는 어떠한 선도 있지 않습니다. 유일한 선이란 하느님의 마음에 드는 것에 있습니다."[140]

4. 세속 재물의 활용과 사회적 기능

4.1. 세속 재물의 공유와 사유권

세속 재물의 공유 문제에 대한 요한 크리소스토무스의 개념은 부의 본래 기능과 밀접하게 연관되어 있다. 곧, 모든 세속 재물은 모든 사람들의 필요에 따라 사용되지만, 사치나 간통 등 사람의 쾌감을 위해 쌓아 놓는 대상이 아니다.[141] 세속 재물의 사용은 그것을 필요로 하는 모든 사람에게 허용되어야 한다.

> "처음에는 하느님이 부자와 가난한 사람을 따로 창조하지 않으셨다. 하느님은 어느 특정한 한 사람에게만 많은 양의 금은보화를 거저 주시지 않으셨다. 하느님은 모든 사람에게 공통으로 필요한 같은 땅을 주셨으므로 땅은 모든 사람의 공동의 것이다."[142]

요한 크리소스토무스는, 부의 공동 사용이 인간의 단순한 유대감이나 협동의 필요성에 의해서만 확인되는 것이 아니라, 하느님 아버지께서 모든 사람에게 동등하게 배려하시는 부자지간의 관계에서 비롯된 아버지의 자비와 사랑에 더 깊이 뿌리박고 있다고 한다.[143] 다시 말해 그는 거의 '신학적인 삼단논법으로' 세속 재물의 공유를 주장한다. 1) 하느님은 모든 생물의 창조자이다. 2) 하느님은 우리의 공통된 주님이시고 우리는 모두 그의 동등한 자녀이다. 3) 그러므로 우리의 모든 세속 재물들은 개인 소유물처럼 어느 누구에게도 속하지 않으면서 어떠한 차별도 없이 필요로 하는 모든 사람에게 분배되어야 한다.

"모든 사람이 공통으로 소유해야 할 주님의 것을 혼자 즐기기 위해 소유하는 것은 악이 아닌가요? 이 땅은 하느님의 것이 아닌가요? 그 땅 안에 얼마나 많은 것이 들어 있는가요? 그러므로 우리의 재물이 우리의 공통된 주님의 물건이라면, 그것들은 또한 우리의 동료들에게 봉사하기 위해 쓰일 물건입니다. 주님의 모든 것은 모든 사람이 공유하는 공통적인 것입니다. 이것이 커다란 집에서도 확립된 순서 아닌가요? 그러므로 모든 사람은 같은 양의 곡식을 받습니다. 그것은 주인의 집에서 나온 것이기 때문입니다. 왕의 모든 재산, 예를 들면 도시와 광장, 도로는 모든 사람이 공동으로 사용합니다. 이것들에 대해 우리는 모두 같은 권리를 가지고 있습니다."[144]

종종 요한 크리소스토무스는 더 구체적인 예로서 자연재自然財를 세속적인 재화의 공동성을 증명하기 위한 교육학적 수단으로 사용한다. 우리는 공기, 물, 태양 등이 없으면 살아남을 수 없다. 하지만 다행히도 하느님은 우리에게 인간의 이기주의가 약탈할 수 없는 자연의 요소들에서 볼 수 있듯이 차별 없이 이러한 자연재들을 주셨다.[145]

"이것이 바로 하느님이 형제들 사이에서 모든 자연재를 동등하게 나누는 이유입니다. 공기, 모든 인간을 비추는 유일한 밝은 태양, 바다, 불, 밤을 위한 등불과 같은 달, 선원들을 위한 별, 물, 유일한 지붕과 같은 하늘, 그리고 모든 사람들의 공동의 식탁이며 조국이고 영양분을 제공하며 모든 사람의 어머니이고 도시와 공동의 무덤인 땅 등입니다. 그분께서는 그 땅에서 모든 것을 꺼내시어 우리를 단 한 사람으로부터 비롯된 후손으로서, 우리 모두가 같은 집에서 살게 하셨습니다."[146]

요한 크리소스토무스는 모든 사람들에게 공통된 인간 삶의 단계를 언급하면서 이 개념을 영성적인 가치로까지 발전시킨다.

"삶과 죽음, 젊음, 늙음, 질병 등이 우리 모두에게 똑같이 다가옵니다. 그래서 그분은 우리를 같은 신비에 참여하게 합니다. 우리 모두는 같은 제단에서 주님의 몸을 먹고 같은 잔에서 가장 소중한 피를 마시며 세례를 통해 우리 모두에게 공동의 나라로서 하늘나라의 약속을 우리에게 보증하셨습니다. 부자에게 더 가치 있는 것은 없고, 가난한 사람에게 덜 가치 있거나 비열한 것도 없습니다. 그분께서는 부자에게 더 주시거나 더 가치 있는 것을 주시지 않고 가난한 사람에게도 덜 주시거나 무가치한 것을 주시지 않으셨습니다. 그분께서는 세속적인 것과 영적인 모든 것을 모든 사람에게 똑같이 주셨습니다."[147]

요한 크리소스토무스는 사도행전의 한 구절을 해석하면서 초기 그리스도교 공동체를 이상적인 모델로 제시하였다. "신자들은 모두 함께 지내며 모든 것을 공동으로 소유하였다. 그리고 재산과 재물을 팔아 모든 사람에게 저마다 필요한 대로 나누어 주곤 하였다"(사도 2,44-45). 요한 크리소스토무스에 따르면, 모든 신자들의 이 모임은 시공時空적인 의미에서가 아니라 모든 소유물을 공유한다는 의미로 해석되어야 한다. 이러한 공유 의식은 사실 "모든 것을 공동으로 소유하였다"라는 그 내용 자체로부터도 명백하다. 그는 이 초기 그리스도교 공동체를 '천사의 삶의 방식'이라고 칭송한다. 왜냐하면 그들 사이에 '나의 것, 너의 것'이라는 냉혹한 단어가 없었기 때문이다. 그러므로 그들의 식탁에는 기쁨이 있었다. 아무도 자기 것이라거나 낯선 사람의 것을 먹는다는 마음가짐을 가지고 있지 않고 모두가 '우리 것'을 먹는다는 공유 의식을 가지고 있었다. 하지만 그것은 하나의 신비처럼 보였다. 그들은 형제들이 가지고 있는 것을 낯선 것이라고 생각하지도 않았으므로, 형제들의 개인적인 재산이라고 생각하지도 않았다. 그래서 오히려 주님의 것이라고 생각하면서 가난한 사람들은 굴욕감을 느끼지 않았고, 부자들은 자랑하지 않았다. 그것은 내면에서 흘러나오는 참된 형제적 기쁨을 공유하는 것이었다.[148]

이렇게 우리도 우리의 모든 부를 초기 그리스도교 공동체처럼 더욱 서로를 배려하고 존중하는 정신과 형태로 함께 나누어야 한다. 초기 그리스도인들은 이것을 매우 존경스럽게 행하였다. 이 공동체는 가난한 사람들이 한편으로는 부끄러워하거나 굴욕감을 느끼지 않고 존엄성을 훼손당하지 않는 이상적인 방법을 채택했다. 반면에 부자들은 그들의 관대함을 자화자찬하지 않았고, 그들의 개인적 이익과 봉헌을 이유로 그들의 명성과 사리 때문에 과시하려는 유혹을 받지 않았을 것이다.[149] 그뿐 아니라 많은 존경심을 가지고 행하였다. 부자들은 자신들의 봉헌을 과시하지도 않으려고 필요한 형제들에게 직접 주지도 않고, 앞으로 추가로 필요할 비용까지 감안하여 사도들의 발

앞에 그들의 봉헌물을 가져가서, 사도들에게 관리하는 모든 권한을 위임하였다. 이 제도는 또한 그들이 자만하지 않도록 도왔다.[150]

만약 우리가 초기 공동체처럼 재물이 공유화된 공동체에서 생활한다면, 가난한 사람은 없을 것이고 이로 인한 은총이 우리에게 베풀어질 것이다. 그래서 불평등은 사라지고 우리는 풍요로운 삶을 살 것이다.[151] 사실, 만약 열 사람이 한 숟가락씩만큼이라도 먹을 것을 덜어준다면 십시일반十匙一飯으로 인해 그 가난한 사람들의 굶주림을 덜어 줄 수 있을 것이다. 요한 크리소스토무스 시대에[152] 콘스탄티노플에 있는 그리스도인들의 수를 고려할 때, 요한 크리소스토무스 주교의 설교는 이상적이거나 추상적인 것으로 비난받을 수 없다. 그의 강론은 구체적이고 현실적인 대안이었다.

그는 공동생활에까지 공유 개념을 발전시킨다. 그에 따르면, 이 그리스도인들의 공동생활은 애덕의 가치 이상의 다른 이점을 가지고 있다. 곧 하나는 경제적 격차를 줄이는 것이고 또 다른 하나는 복음화의 좋은 모범이라는 것이다.[153] 만일 우리가 재산을 공유하며 함께 산다면, 불필요한 지출을 줄일 수도 있을 것이다. 예를 들어, 음식으로 말하자면, 공동으로 식사하면서 한 집에서 함께 살게 되면 많은 비용을 절약할 수 있을 것이다. 좀 더 구체적인 예를 들자면, 요한 크리소스토무스는 서로 따로따로 생활하는 것이 더 비싸고 빈곤을 야기한다는 것을 보여 주기 위해 한 가정을 예로 들어 이렇게 설명하였다.

"10명의 자녀를 둔 엄마와 아빠의 가정을 예로 들어 봅시다. 엄마는 모직毛織 노동을 하고, 아빠는 밖에서 돈을 벌어들입니다. 함께 식사하는 것과 혼자 집에서 식사하는 것 가운데 어느 쪽이 더 많은 비용을 지출하는지 말해 보시오. 모두가 함께 식사하는 생활이 막대한 비용을 줄이지 않는가요? 실제로 10명의 자녀들이 모두 따로따로 생활한다면 10채의 집이 필요할 뿐만 아니라 10개의 식탁, 10명의 하인들이 필요한 데다가 이에 상응하는 수입이 있어야 하므로 더 많은 비용을 지출해야 하지 않을까요? 이로 인한 막대한 지출을 줄이기 위해서라도 함께 생활한다면 수입을 증가시킬 뿐만 아니라 화합과 조화는 서로를 풍성하게 할 것입니다."[154]

가족 내에서의 이러한 공동생활은 자연적인 유대감 외에 경제적 이점을 가지고 있기 때문에 우리 또한 재물을 공유하며 함께 살 수 있다면 같은 장점과 가치를 누릴 수 있을 것이다. 이 공동생활은 이상주의적인 것이 아니라 그리스도교의 시작부터 이미 초기 그리스도인들에 의해 실천되었고, 지금도 이 천사의 삶은 수도자들에 의해 계승되고 있다. 요한 크리소스토무스는 우리에게 수도자들의 공동생활을 이상적인 삶의 형태로 제시한다. 수도자들 가운데 누구도 결코 굶어 죽지 않을 것이며 많은 이들이 풍요롭게 필요한 것들을 제공받을 것이다.[155] 요한 크리소스토무스는 이 수도자들의 삶을 자연 상태로의 회귀로 간주하였다.[156]

공동생활의 가치는 주님의 메시지에 대한 생기 있고 정통한 증거이다. 요한 크리소스토무스는 신자들이 이름뿐인 그리스도인으로 불리기를 원하지 않았다. 오히려 그는 신자들이 진정한 그리스도인의 삶을 살고 그들의 행동이 그리스도교의 메시지와 일치하기를 원하였다. 그래서 그리스도인들은 그들 자신을 세상의 빛으로 드러낼 수 있다. 그는 그리스도교 생활에서 실천의 중요성을 매우 강조했다. 이것은 믿음만으로는 아무도 천국으로 이끌 수 없으며, 실천 없는 믿음은 아무런 힘도 없는 유령과 같다고 말한다. 도덕적인 가르침과 이상적인 삶을 위한 실천적인 철학 사이의 조화는 완전히 새로운 것도 아니고 심지어 이교도에게도 전혀 새로운 것이 아니었다. 사실 이교인 교사들은 삶과 실천적인 철학의 이상을 가르쳤다.[157] 그러나 그리스도인들과 이교인들 사이에는 차이점이 있다. 이교인들은 쾌락 자체에 목적을 두면서 이 쾌락을 위한 이상적인 세상을 만들고 싶어 한다. 그러나 하느님의 뜻을 실현하고자 하는 그리스도인들은 천국으로 가는 유일한 길인 형제적 공동체를 위해 함께 일하며 하느님을 찾는다. 요한 크리소스토무스는 다른 사람들이 하느님의 사랑을 알게 하는 매우 효과적인 방법으로 공동생활을 보여 주고자 한다. 온 세상 많은 사람들이 적대적인 경쟁 관계의 분위기에서 살고 있는 상황에서도 그리스도인들이 재산의 공유화 정신으로 생활한다면 많은 사람들이 그리스도인들의 아름다운 삶을 바라보면서 그리스도인들을 신뢰하며 존경할 뿐만 아니라 복음 성경의 말씀을 증명하는 좋은 기회가 될 것이다.[158] "하느님을 찬미하며 온 백성에게서 호감을 얻었다. 주님께서는 날마다 그들의 모임에 구원받을 이들을 보태어 주셨다"(사도 2,47). 그리스도인들의 이러한 아름다운 형제적 공동체 정신의 삶을 보면서도 누가 여전히 이교인으로 남아 있으려고 하겠는가? 이렇게 우리는 모든 사람들을 우리에게 이끌게 할 것이며 그들을 우리에게로 데려올 것이다.[159]

4.2. 삶의 필요성과 사유재산권

4.2.1. 물질적 재물의 두 가지 범주

우리가 앞 장에서 보았던 것처럼, 세속 재물의 가치와 재물의 공유에 관한 요한 크리소스토무스의 가르침은 모든 피조물에 대한 하느님의 절대적인 주권에서 출발한다. 다시 말해서, 하느님만이 모든 것의 유일하고 절대적인 소유자이다. "부도 이성도 영혼까지도 네가 가진 것은 아무것도 없다. 왜냐하면 그것 또한 주님에게서 비롯되기 때문이다."[160] 하느님은 우리 공동의 주님으로서 사치스러운 보석들보다 훨씬 더 많은 것, 우리에게 절대적으로 필요한 모든 것들을 차별 없이 공유하도록 주셨으니, 곧, 공기, 물, 불, 태양 등을 나누어 주신다.[161] 요한 크리소스토무스는 종종 생명에 필수적인 자연재가 사용되기 때문에 아무도 절대적인 소유자로 행동할 수 없다고 말한다. 그는 이 세상의 물건을 사용할 권리는 존재 그 자체에 의해 선언되고 창조자의 선물이기 때문에, 자연스럽고 양도할 수 없는 공기를 호흡할 권리만큼 명확하다고 주장한다.[162] 그러므로 이러한 천연자원은 그것을 필요로 하는 모든 사람들이 이용할 수 있어야 한다. 사실, 이러한 자연재들은 모든 사람들에게 필요한 만큼 충분하고, 태양, 공기 등과 같은 자연재들은 아무리 사용해도 결코 줄어들지도 않는다.

주 하느님께서 이스라엘 자손에게 광야에서 음식으로 주신 빵 '만후'(Man-hu, Manna, 만나)는 모든 사람에게 충분하고 평등했다. 주님께서 모세를 시켜 이스라엘 자손에게 그들과 함께 있는 가족의 수에 적당하게 각각 먹을 수 있도록 한 사람당 '한 오메르'씩 거두라고 명하셨다. "오메르omer¹⁶³로 되어 보자, 더 많이 거둔 이도 남지 않고 더 적게 거둔 이도 모자라지 않았다. 저마다 먹을 만큼 거두어들인 것이다"(탈출 16,15-18).¹⁶⁴ "이것으로부터 우리는 두 가지 중요한 관찰을 할 수 있습니다. 1) 시키는 대로 매일 빵을 모을 때, 다음 날 그에게 빵을 줄 것이라는 확신을 표현합니다. 2) 규정을 어기고 빵을 소유하는 사람들은 하느님을 신뢰하지 않은 사람들이고, 교훈을 얻습니다. 사실, 벌레는 쌓아 놓는 빵에서 생깁니다."¹⁶⁵ 하느님은 모든 사람에게 필요한 배급량을 주시는 착한 관리인처럼 드러나신다.

요한 크리소스토무스의 사회교리는 하느님이 모든 사람에게 전체적으로 똑같은 인간의 존엄성을 주었다는 생각에 바탕을 두고 있다. 모든 인간은 "동일한 고귀한 출생"을 공유하며, 따라서 모든 인간은 "공통점을 가지고 있다"라고 말한다.¹⁶⁶ 우리가 보아 온 것처럼, 요한 크리소스토무스는 종종 태곳적에는 부자나 가난한 사람이 존재하지 않았기 때문에 그들은 모두 같은 가족에 속하는 것과 같은 방식으로 세상의 필수적인 세속적 물건들을 즐겼다고 말한다. 최근 인류학자들의 연구에 따르면, 고대에는 "소유(권)"이라는 단어가 존재하지 않았다고 한다. 예를 들어, 필리핀 민다나오에 살고 있는 타사데이 부족은, 인류학자들에 의하면, 현재 존재하는 가장 오래된 "사랑"이라는 단어를 가지고 있는 반면, "증오, 전쟁, 재산"이라는 단어는 가지고 있지 않다.¹⁶⁷ 반대로, 생산되는 땅과 생명에 필요한 것들은 집합적이다. 살기 위해 필수적인 것들은 "우리 것"으로 인식된다.¹⁶⁸ 이런 의미에서 요한 크리소스토무스는 "나의 것"이라거나 "너의 것"이라는 단어를 실제 근거가 없고 분열과 싸움, 증오와 적대 의식과 전쟁을 불러

일으키는 차가운 단어로 단죄한다. 하느님이 우리를 모든 곳에서 하나로 일치시키지만, 어떤 사람이 어떤 사물을 자기 수중에 넣어 자기 소유로 하려고 할 때 그 자체로 분개하며 "내 것, 네 것"이라는 말들을 되뇌면서 우리 자신들을 서로 분리시키고, 하느님께서 창조하신 때의 인류 본래의 모습으로 회복하려 하지 않고 서로를 괴롭힌다는 것을 깨닫지 못한다. 이러한 경우에 싸움과 증오만 있을 뿐이다.[169] 이러한 이기적인 소유권에 대한 사고방식은 무의미하며, 초기 그리스도교 공동체에서 그러했던 것처럼 거룩한 교회에서 제거되어야 한다.[170] 이것이 바로 하느님께서 우리에게 태양, 달, 공기, 바다와 같은 필수적인 자연의 재물들을 관대하게 주신 이유이다. 표현된 문장 자체로만 본다면 요한 크리소스토무스가 사적 소유권을 온전히 부정하는 것으로 오해될 수도 있겠다. 그러나 진정한 의도를 이해하기 위해서는 당시 시대적 배경과 환경, 곧 사회·경제적 상황을 다각적으로 연구해야 할 것이다.[171]

요한 크리소스토무스는 물질적인 물건을 두 가지 범주로 구분한다. '필요한 것'과 '돈, 금전'이다.[172] 삶에 필수 불가결한 공기, 물, 불, 태양 등은 '필수성'의 범주에 속한다. 아무도 삶에 꼭 '필수성'의 범주에 속한 요소들을 배타적으로 소유할 수 없다. 부자들이 가난한 사람들보다 더 많은 공기를 들이마신다고 말하는 것은 옳지 않다. 따라서 이 '필요성' 범주는 모든 사람들에게 필요한 만큼 동등하게 배분되어야 하며 어느 특정한 소유주에게도 독점적인 소유권이 인정되지 않아야 한다. 대신, 돈과 행운과 같은 삶에 필수적이지 않은 것은 '돈, 금전'[173]의 범주에 속한다. 이 모든 것들을 모든 사람들이 똑같이 이용할 수 있는 것은 아니지만, 탐욕이나 사치를 남용해서는 안 되며, 재화들은 정의에 따라 사용되어야 한다.

언제나 그렇듯이, 지구는 생명에 필요한 모든 것을 생산하는 부의 상징이었고, 따라서 부의 어머니로 여겨졌다. 이 땅은 자연으로부터 공짜로 주어진 선물로서 삶에 '필수적인' 범주에 속하며, 지구가 절대적으로 필요로 하고 생명의 원인이기 때문에 모든 사람이 이용할 수 있어야 하므로 보편적인 성격을 가지고 있다.[174] 그러나 요한 크리소스토무스 시대에 대부분의 공용 토지는 소수의 부유한 소유자들이 점유하였다. 우리가 이 책의 첫 부분에서 보았던 것처럼, 요한 크리소스토무스 시대에 이 부유한 주인들은 인구의 10분의 1을 구성했다. 그 시기에, 시골 재산들이 점증적으로 대도시 소유주들에게 집중되었다.[175] 이 부유한 주인들은 그들의 부를 그들의 사치스러운 삶과 즐거움을 위해서만 사용했는데 요한 크리소스토무스는 우리에게 그들의 사치스러운 삶을 보여 준다. 그는 안티오키아의 부유한 원로원의 전형적인 재산을 묘사한다. 그는 10~20채의 집과 목욕탕,[176] 1,000~2,000명의 노예를 소유하고 있는 반면,[177] 자유 세입자와 임금 노동자들은 그들의 주인에 의해 착취당했다. 이러한 참혹한 상황에서, 배타적이고 독점적인 재산은 아무런 가치가 없을뿐더러 억압받는 사람들의 눈물 위에 세워진 잔혹한 상징으로 보였다. 요한 크리소스토무스는 부유한 주인들 스스로 재산이 더 필요하다고 느끼더라도 과도한 부를 가난한 사람들에게 양보하지 않았기 때문에 이 독점적인 재산을 비난한다.

"나는 여러분 가운데서 집, 땅, 돈, 하인을 가진 사람들을 비난하지 않습니다. 그러나 나는 여러분이 그런 것들을 정당하고 품위 있게 소유하기를 바랍니다. 품위 있다는 것은 무슨 뜻이겠습니까? 여러분은 그 재산들을 관리하되 그 재산들에 예속되지 말아야 합니다. 여러분이 그 재산들을 소유하는 것이지 그 재산들이 여러분을 소유하는 것은 아닙니다. 여러분은 그 재산들을 이용해야지 그 재산들을 악용하지 말아야 합니다. '수단'은 필요에 따라 활용되어야지 쌓아 두어서는 안 됩니다. 축재蓄財만 하는 사람은 종이 되고 활용하는 사람은 주인이 됩니다. 곧, 사용하는 주인이 되어야지 재물의 종이 되어서는 안 됩니다. 보존하는 것은 종의 일이고 활용하는 것은 주인의 몫입니다. 당신은 그 세속의 재물들을 땅에 파묻기 위해서가 아니라 나누어 주기 위해서 받았습니다. 만일 하느님이 그 재물들을 지키고자 하셨더라면, 그분은 그것들을 사람에게 주지 않고 땅 밑에 은밀하게 숨기셨을 것입니다. 반대로, 하느님은 사람들이 공동으로 활용하기를 원하셨기 때문에 우리가 그것들을 취할 수 있도록 허락하셨습니다."[178]

그러므로 요한 크리소스토무스가 이해한 소유권의 목적은 가난한 사람들과 그 소유물을 공유하는 것이다.[179] 그리고 분배는 사회정의에 따라[180] 실시되어야 한다. 사회정의는 자연적인 정의이며, 사회적 불의는 자연과 하느님께 반대되는 것이기 때문이다.[181] 요한 크리소스토무스는 수 세기 동안 이미 시행된 '권리 청구권'이나 '정당 방위권'(Vindicatio)과 같은 재산권 관련 로마법을 잘 알고 있었다.[182] 그러나 소유권의 진정한 가치를 고려한다면 그에게 법적 재산 자체는 아무런 의미가 없다.[183] 인간의 절대적 소유란 절대자이신 하느님께 비한다면 어떠한 근거도 없기 때문이다. 하느님 홀로 모든 피조물의 참되고 절대적인 소유자이시다.[184] 법적 소유권 그 자체만으로는 불의한 것들을 정당화할 수 없다. 따라서 요한 크리소스토무스에게 있어서 "주인처럼 보이는" 세속 재물의 '법적 소유권자들'은, 사회에 대한 책임이 크다는 이유만으로 세속 재물의 '법적 소유권을 가지지 않은 사람들'과 다르다.[185] 요한 크리소스토무스는 소유권이 하느님의 절대적인 지배에 종속될 때 도덕적으로 정당하다고 결론지었다. 이차적인 인간의 소유권은 최상위의 소유권자의 목적에 종속되었을 때에만 정당화될 수 있다. 그러므로 소유주가 되거나 다른 사람들보다 더 많은 세속적인 재물을 받는 것은, 주님께서 "충성스럽고 현명한 관리자"로 맡긴 부로 형제들에게 봉사하는 것을 의미한다. 왜냐하면 "많은 것을 받은 사람 누구나 더 많은 것을 요구받을 것이며, 많은 것을 위탁받은 사람은 그만큼 더 많은 것을 요청받을 것이기 때문입니다."[186]

4.2.2. 요한 크리소스토무스의 사회교리와 공산주의

어떤 저자들은 재산의 공유 문제에 대해 요한 크리소스토무스의 교리와 공산주의 사이의 관계성을 찾으려고 노력했다.[187] 그러나 만일 요한 크리소스토무스의 사회교리와 연관된 이 표현들이, 우리가 본 것처럼, 사회·경제적 환경과 연관되어 평가된다면, 비록 독점적 사유재산권을 제한하는 공유 개념이 오늘날 정치·경제·사회 운동에 대하여 논하는 것과는 전혀 다른 의미를 부여한다 하더라도 공산주의와 연계하여 말할 수 없다.[188] 오히려, 요한 크리소스토무스의 사상 혹은 가르침을 공산주의의 정치·경제·사회적 제도 개혁의 방향과는 달리 '단일우애주의'(Unifraternismo) 혹은 '동료우애주의'(Confraternismo)로 부르고 싶다. 왜냐하면 만약 우리가 그의 사랑과 가르침을 소위 '-주의'(-ism)라고 부르고자 한다면,[189] 그것은 동기와 목적, 방법 그리고 공동체 구성원들의 성격이 그리스도교적인 '사랑'과는 근본적으로 다르다는 것을 간과한 것이 된다. 또한 인간의 의식을 쇄신하고 변화시키기 위한 요한 크리소스토무스의 순수한 목적이 공산주의와 혼동될 여지도 있기 때문이다.

 요한 크리소스토무스는 신앙적인 이상에서 출발하여 재물 공유를 권하였다. 곧, 예수께서 가난한 사람들과 억압받는 사람들을 당신 자신과 동일시한 가르침으로부터 시작된다.[190] 요한 크리소스토무스는 이 형제적 사랑의 공동체가 자연 상태와 초기 그리스도교 공동체로 돌아가는 것이기 때문에 재물의 공유가 다시 이루어지기를 바란다. 이것은 초기 그리스도인들이 이미 실천한 모델로서 사도 교회의 공동체를 보여 준다. 이와는 다르게 공산주의는 경제 문제를 해결하기 위함이었다. 요한 크리소스토무스가 재물 공유를 권하는 목적은 천국을 향하는 순례길에 있는 모든 형제가 필요한 것에 응답하고 그들을 위해 봉사하기 위함이며, 또한 모든 형제 사이에서 형제애를 보여 주고 나누기 위함이다. 그래서 재물 공유나 사회정의가 '지상 여행길'을 위해 필요한 수단으로 고려되었다. 이와는 반대로 공산주의는 부의 공정한 분배를 보장하고 노동자가 노예로 전락하는 모든 노예화와 착취로부터 자유로운 삶을 살 수 있도록 하는 산술적 사회정의의 필요에 초점을 맞춘다.[191] 이러한 목적을 위해 공산주의는 사유재산권의 근본적인 포기를 강요한다. 특히 공산주의의 이상은 물질주의적이고 무신론적인 지상 천국을 만드는 것이기 때문에 개인의 사유재산권과 개인의 권리를 제거하는 것이다.

요한 크리소스토무스는 경제 제도나 법적 의무처럼 구체적으로 재물 공유 방식을 언급하지 않는다. 그는 이 모든 것을 각자의 상황에 따라 양심과 선의에 맡겨 둔다. 재산 공유를 위한 구체적인 생산 방법에 대해 아무 말도 하지 않았고 단지 세속 재물의 사용에 대해서만 말한다. 생산은 모든 사람의 능력에 따라 이루어져야 하고, 하느님의 창조 사업에 참여할 의지를 가지고 있어야 하기 때문이다. 그리스도인들은 "많이 주신 사람에게는 많이 요구하시고, 많이 맡기신 사람에게는 그만큼 더 청구하신다"[192]라는 복음 말씀을 잘 알고 있다. 많이 받은 자는 그 이상 필요한 이웃들에게 내놓아야 하는 의무가 있고, 이는 곧 최후 심판의 기준이라는 의미이다. 루카 복음에서 소개된 '미나의 비유'는 현세의 모든 소유가 지니는 임시적 성격을 말한다. 곧 언제든지 잃어버릴 수 있다는 생각으로 잘 이용해야 한다는 것이다. 반면에 공산주의는 사회혁명 운동이다. 그것은 국가가 지원하는 사회 프로그램이나 획일적인 경제체제를 통해 사회질서의 개혁을 촉진하는 것을 목표로 한다.

공동체를 구성하는 데 있어서, 모든 사람은 국경과 인종 그리고 문화적 장벽 없이 태어난 후, 개방적이고 완벽한 사회를 지향해야 할 것이다. 모든 사람은 경제적 협력이 필요해서가 아니라 오히려 하느님 사랑 때문에 자선의 대상이지만, 공산주의는 경제적 필요 때문에 동지 관계를 형성하므로 편협한 사회, 제한적이고 폐쇄적인 사회를 형성한다. 재물의 공유는 그 자체로 어떠한 목적을 가지고 있는 것은 아니다. 그러나 무엇보다도 자신들이 소유한 재산을 가난한 이들과 나누는 행위에 가치를 두고 있다. 요한 크리소스토무스에게는 각자 자신의 재산과 재물을 팔아 모든 사람들이 저마다 필요한 대로 공유하였던 초기 그리스도교 첫 신자 공동체의 생활이 이상적인 공동체 모델이었다. 따라서 요한 크리소스토무스의 사회교리는 공산주의와 완전히 다르다. 요한 크리소스토무스의 사상을 '단일우애주의'라고도 부를 수 있지 않을까 생각한다. 요한 크리소스토무스의 사회교리는 '사랑의 공동체', '나눔의 공동체'를 이루어 살아가는 삶을 지향하는 그리스도교의 수도원 공동체에서 면면히 이어져 내려오고 있다. 그러므로 요한 크리소스토무스의 사회교리에서는 이념적이고 사상적인 사회혁명 운동을 찾고자 하지 아니한다!

결론

천혜의 지리적 조건으로 인해 안티오키아와 콘스탄티노플은 풍요로운 부를 흠뻑 누렸지만 동시에 빈익빈 부익부 현상은 더욱 심화되었다. 매일매일 부자는 더욱 부유하게 되고 가난한 사람은 더욱 가난해지는 심각한 상황이 전개되었다. 일반적으로 그러한 잔혹한 경제, 사회적인 불평등 상황은 당사자들의 능력이나 탓 없이 세습되었다. 요한 크리소스토무스는 사목 활동을 하면서 그러한 경제·사회적인 상황을 외면할 수도 피할 수도 없었다. 그는 부자들이 가난한 사람들이나 노예들에게 자비롭게 처신하도록 권고하는 한편, 소위 불행한 이들에게는 주님께서 세속 재물 대신 마련해 주신 새로운 영적인 재물로 용기를 가지도록 격려하였다. 비록 그리스도교가 국교처럼 인식되었다 할지라도 교회와 민중들의 관례적인 이교적 성향이나 미신적인 경향은 여전하였다. 그러므로 이러한 상황을 고려하면서 요한 크리소스토무스의 사회교리를 이해해야 할 것이다. 만일 시대적, 사회적, 경제적, 문화적 상황을 고려하지 않고 오늘날 우리의 시각과 관점, 가치관에서만 평가하려 한다면 요한 크리소스토무스의 사회교리는 과장되거나 과소평가될 수도 있을 것이다.

그리스적 정의 개념은 사회 구성원들과 국가와의 관계에서 산술적인 비율을 고려하면서 각자의 책임과 의무에 바탕을 두고 있다. 그래서 법은 사랑이라는 가치를 전혀 고려하지 않고 냉혹한 기준으로 판단하였다. 로마 제국 시대의 로마법은 이러한 그리스적 정의를 반영한 법이었다. 그러나 요한 크리소스토무스의 사회정의 개념은 경제적 수준과 처지가 차이 나는 모든 사람에게 똑같은 양으로 분배하는 단순한 산술적 비율에 근거한 인간적인 평등에 기초하지 않았다. 무엇보다도 요한 크리소스토무스의 정의관은 본질적으로 인간이 하느님의 모상에 따라 창조되었다는 성경의 개념에 바탕을 두고 있다. 요한 크리소스토무스의 유일한 사회정의의 기준은 '모든 사람이 주님의 평등한 자녀이며 형제'라는 바탕에서 출발하였으며 이는 바로 하느님의 사랑과 자비에서 완성되는 하느님의 뜻이다. 이러한 정의관은 암브로시우스에게서도 확인되었다.[1] 사실 사랑과 자비는 둘로 나뉠 수 없는 단 하나의 요소로 볼 수 있다. 이는 곧 대상을 반사하는 거울과 같이 하느님 사랑을 반영하는 것이니, 곧 사랑은 영혼이며 자비는 그 몸이다. 이러한 맥락에서 성 요한 크리소스토무스는 정의를 율법의 성취로 제시하였다. 그러므로 이 성인의 정의에 대한 개념은 모든 계명을 충실히 지키는 율법학자나 바리사이들처럼 책에 쓰인 법의 준수만이 아니라, 사랑과 자비를 우선적으로 존중하는 정신과 마음을 더욱 중요하게 생각하는 것이었다.

요한 크리소스토무스의 보편적 덕으로서의 '정의'라는 개념으로부터 애덕과 자선의 동기와 목적, 그리고 노예들을 향한 형제적 평등이 촉진되었다. 자선의 진정한 의미와 그 동기는 가난한 사람들과 당신을 동일시하시며 그들 가운데 함께하시는 주님의 현존에서 찾을 수 있다.[2] 이는 성체성사 안에 현존하시는 그리스도의 몸과 가난한 사람들이 동일하다는 뜻이다. 그러므로 애덕의 동기와 목적은 분리할 수 없는 두 본질의 일치에서 드러난다. 곧, 같은 그리스도를 통하여 똑같은 형제요 하느님의 자녀로서 하느님 사랑과 이웃 사랑이 하나로 이어진다는 것이다. 요한 크리소스토무스에게 그리스도교적 애덕과 자비는 단순히 물질적인 자선만을 의미하지 않고 무엇보다도 모든 영적인 재산을 지향하였다. 이로 인해 가난한 사람들도 역시 이러한 사랑의 의무에서 제외될 수 없다. 인문주의적 박애주의 및 불교의 자비와 비교할 때, 그리스도교의 애덕이 본질적으로 다른 점은 그리스도 자신이 모델이며 동기이고 안내자이며, 알파요 오메가에 이르기까지 목적이자 후원자라는 것이다.

인간의 죄스러운 제도로 판단되는 노예제도 문제와 관련해[3] 요한 크리소스토무스가 권고한 평등한 형제애는, 사회정의요 그리스도교적 실천으로서 참으로 놀라운 정신이다. 성인이 제시하는 사랑으로 실천되는 복음적 평등과 그리스도교적 자유의 참된 가치는 여전히 큰 가치를 가지고 있으니 이러한 형제적 평등은 사람이 하느님의 모상으로 창조되었다는 성경적 개념에서 비롯된 인권 개념에 그 바탕을 두고 있다. 특히 요한 크리소스토무스는 주인과 노예 상호 간에 형제애를 유지하도록 권고하였다. 이 점은 그가 계급투쟁적인 가르침을 전혀 제시하지 않았다는 사실을 입증하고 있다. 이러한 평등주의의 형제 관계가 이교 세계에서는 결코 있을 수 없었다. 이 성인은 그리스도교적 자유의 참된 의미를 하인들에게 깨닫게 하면서 그들을 자유로운 상태로 방면하기 전에 필요한 자금뿐만 아니라 그들이 자활할 수 있도록 기술을 가르치는 등 독립적으로 생활할 수 있는 능력을 길러 주라고 주인에게 권고하였다. 요한 크리소스토무스에 따르면 참으로 비참한 노예 상태는 죄 중에 있는 상태라는 것이다.

성인에게 세속 재물의 주된 목적은, 어떠한 특권도 없이 모든 사람의 필요에 따라 공동으로 사용되는 것이다. 또한 세속 재물의 공동 사용 개념은 형제적 평등에 바탕을 두고 있으므로 우리 모두는 태양, 물, 공기 등 자연 재화처럼 생명에 필수적인 세속 재물을 사용할 수 있는 동일한 권리를 가지고 있다. 그는 세속 재물이 의인을 위한 보상이나 악인을 위한 처벌로 간주될 수 없다고 한다. 세속 재물의 공정한 분배는 태양과 비가 착한 사람에게나 악한 사람에게나 똑같이 비추고 내리듯이 하느님의 무한한 사랑에서 기인한다.⁴ 인간의 자유의지와 자연법들은 지구상의 세속 재물이 공평하게 제공된다는 것을 깨닫게 한다.

같은 맥락에서, '부'의 가치는 사회적 기능의 정도에 따라 평가된다. 그러나 거기에는 더욱더 많이 끝없이 축적하려는 탐욕과 인색함을 야기하는 '부'의 위험이 항상 존재하고 있다. 사실, 이 죄스러운 욕망과 탐욕, 그리고 인색함은 우리가 주님을 따르는 데 큰 걸림돌이 되고, 마침내 우리를 헛된 재물의 노예로 전락시킬 뿐만 아니라 예속과 참된 자유의 가치를 보지 못하는 장님으로 이끈다. 이러한 이유로 요한 크리소스토무스는 우리에게 불필요한 '넘치는 부'를 포기하라고 권한다. 그리스 철학자들이 '부'를 허영 가득한 자만심으로 경멸하는 반면, 그리스도인들은 주님을 따르고자 완벽하게 자유스러운 상태가 되기 위해 그러한 '부'로부터 자유롭게 되려고 벗어나려고 노력한다. '부'를 포기하는 그 자체에 가치와 의미가 있는 것이라기보다는 천국을 향한 순례길에서 우리를 자유롭게 하는 데 더 큰 가치와 중요성을 가지고 있다.

이런 의미에서 가난의 가치는 위대하니, 가난은 우리가 하느님을 따르는 데 있어서 언제든지 자유로운 상태로 머물 수 있도록 보장해 준다는 것이다. 만약 우리가 청빈의 정신으로 살고 하느님의 섭리에 대한 믿음을 가지고 산다면, 우리는 예언직의 임무를 완수하기 위해 완전한 자유를 향해 나아갈 것이다. 요한 크리소스토무스는 세속 재물과 '가난의 부유함'에 관한 문제에 물질주의적 관점이나 양量만을 고려하지 않고, 오히려 세상 재물에 대해 처신하는 마음을 더 중요시하였다. 곧, 그리스도교인의 진정한 '부'는, 재물이라는 용어의 본래 뜻 그대로, 부의 필요성에 따라 필요한 만큼만 관리 사용하는 것이고, 실제로 영적으로도 비참하게 가난한 사람은 많은 재물을 소유하고 있으면서도 마음속에 항상 더 많은 것을 필요로 하는 사람이다. 요한 크리소스토무스는 '형제적 평등'이라는 기본적인 바탕 위에 세속 재물을 공유해야 한다고 권고했다.

요한 크리소스토무스에게 세속 재물의 공유화는 근본적으로 우리 모두가 하느님의 자녀이므로 모두가 평등하다는 사실에 근거한다. 그는 종종 세속 재물의 공유를 입증하기 위한 교육학적 수단으로 태양, 물, 공기 등 자연재를 예로 들었다. 그리고 초기 그리스도교를 세속 재물의 공유화를 이룬 이상적인 공동체 모델로 제시하였다. 이런 의미에서, 법률에 의한 소유권은 아무런 가치가 없다. 그러므로 '나의 것', 또는 '너의 것'이라는 독점적인 소유권 의식을 단죄한다. 사실, 요한 크리소스토무스는 배타적이고 이기적인 소유권을 인정하지 않았고 단지 관리적인 소유권만을 인정하였다. 『열두 사도들의 가르침』*Didache*의 저자는 "당신에게 청하는 모든 이에게 주고서 되돌려 달라고 하지 마시오. 아버지께서는 자신의 선물들이 모든 이들에게 주어지기를 원하시기 때문입니다"라고 말한다. 그래서 "만일 누가 당신 것을 취할 때 되돌려 달라고 하지 마시오. 왜냐하면 그것에 대한 권한이 없기 때문입니다. 누구든지 당신에게 요구하는 것을 되돌려 줄 것을 요구하지 마시오. 왜냐하면 하느님 아버지께서는 모든 사람이 당신의 선물에 동참하시기를 원하시기 때문입니다."[5] 암브로시우스도 자연재와의 관계에서 독점적 소유권을 거부하였다.[6] 이러한 개념은 교황 바오로 6세의 회칙, 「민족들의 발전」에서도 재확인된다.[7]

"'누구든지 세상의 재물을 가지고 있으면서 자기의 형제가 궁핍한 것을 보고도 마음의 문을 닫고 그를 동정하지 않는다면 어떻게 그에게 하느님을 사랑하는 마음이 있다고 하겠습니까?'(1요한 3,17). 교부들도 곤경에 빠진 사람들에 대한 부요한 사람들의 의무를 강조하였음은 누구나 다 아는 바이다. 성 암브로시우스는 말하기를, '네 것을 가난한 이에게 희사喜捨하는 것이 아니라 가난한 이의 것을 그에게 돌려주는 것뿐이다. 왜냐하면 모든 사람이 함께 사용하도록 주어진 것을 네가 독점하였기 때문이다. 땅은 모든 사람의 것이지 결코 부자들만의 것은 아니다'⁸ 하였다. 사유재산권은 그 누구에게 있어서도 무조건적이며 절대적인 것이 될 수 없다는 뜻이다. 남들은 생활 유지에 필요한 것도 없는데 자신에게 필요한 것 이상의 재화까지 자신을 위해서 독점해 둔다는 것은 그 누구에게도 부당한 일이다. 한마디로, '교부들과 훌륭한 신학자들의 전통적 교훈대로 공공복지에 해를 끼치면서까지 사유재산권이 행사되어서는 절대로 안 된다.' 만일에 '개인의 기득권과 공동체의 기본 요구 사이'에 충돌이 생긴다면 '개인과 사회단체들의 협력을 얻어서 문제를 해결하도록 노력하는 것'이 국가권력의 핵심이다."⁹

곧, 재산은 결코 공공의 이익을 희생시키기 위해 행사되어서는 안 되며, 사유재산권도 무조건적이고 절대적인 권리가 아니다. 따라서 다른 사람들에게 필요한 것이 부족할 때, 아무도 그 재물을 독점적으로 사용하기 위해 필요 이상으로 남겨 둘 수 없다.

어떤 사람들은 특히 공동체와 사유재산 문제에 있어서 요한 크리소스토무스의 사회교리와 공산주의의 연관성을 찾는다. 이미 살펴본 것처럼, 그러한 연구는 별 의미가 없다. 요한 크리소스토무스가 언급하는 초기 그리스도인들과 공산주의자들 사이의 동기, 목적, 방법, 성격이 완전히 다르기 때문이다. 요한 크리소스토무스의 사회교리에 관한 한, 그는 오래전부터 확립된 사회제도에 직접적으로 반대하는 사회혁명을 제안하지 않았다. 그러나 각각의 회심과 내적 준비로부터 시작하여 이 불의한 제도를 바꾸려고 하였다. 그래서 누군가 요한 크리소스토무스의 가르침에서 사회혁명을 위한 경제에 대한 어떤 이론을 찾고자 한다면, 그는 분명 헛수고를 하게 될 것이다.

만약 우리가 그리스도교를 우리의 구원을 위한 하느님의 초자연적 계시라고 생각한다면, 우리는 이교 문화나 다른 종교들의 참된 사랑과 자비를 촉진하는 가르침도 참되신 하느님을 향하는 길을 준비하기 위한 자연 계시로서 긍정적으로 수용할 수도 있다.[10]

이 성인은 그가 수덕생활을 시작하기까지 리바니우스의 지도로 이교 문화의 영역에서 교육을 받았다. 그러나 하느님의 은총과 자신의 지혜로 그는 바구니에서 좋은 면을 수집하고 나쁜 면을 버릴 수 있었다.[11] 그는 이교 문화를 무시하지 않았지만, 부정적인 영향력에 휩쓸리지도 않았다. 그의 그리스 문화에 대한 지식은 정화되었고 정통적인 신앙 안에서 빛을 발하였다. 그러므로 또 다른 가치는 이미 예를 보았듯이 항상 양쪽의 두 부분을 균형 있게 판단한다는 사실이다. 예를 들어, 그의 지식은 하인과 주인 사이의 관계, 가난하고 부유한 사람들 사이의 관계, 그리고 세속 재물의 가치에 대한 긍정적이고 부정적인 측면, 가난과 부의 의미에 대한 가치, 그리고 마지막으로 공적이든지 사적이든지 자선 활동의 올바른 방식에 대한 두 가지 측면의 의미에 대하여 균형 있는 판단을 하려고 노력하였다.

요한 크리소스토무스 강론의 특성은 일반 사람들의 구체적인 일상생활에 바탕을 두고 있다. 만약 우리가 그의 강론을 듣는다면, 우리는 즉시 그 내용을 쉽게 이해할 수 있다. 왜냐하면 그는 우리에게 적절한 비유들을 말하고, 그가 일상생활에서 발견한 구체적인 예를 들기 때문이다. 과연 그의 설교는 사색적인 이론에서 먼저 시작하는 것이 아니라, 오히려 주님께서 하신 것처럼 구체적이고 현실적인 삶에 대한 예화로부터 시작된다.¹² 일반적으로 자연이나 일상생활에서 나온 은유나 비유로 듣는 사람에게 자극을 주고 성찰을 촉구한다. 요한 크리소스토무스는 의도적으로 많은 비유들을 활용하였다.¹³ 콘스탄티노플의 성 요한 총대주교를 '요한 크리소스토무스'라고 부르게 된 것은 결코 우연이 아니다. 그것은 성인의 웅변적인 설교를 들은 사람들이 그의 훌륭한 강론에 감동받고 감탄하여 그에게 붙여 준 이름이니, 곧 '황금'(χρυσός, 크뤼소스)과 '입'(στόμα, 스토마)이라는 낱말의 그리스어 합성어로부터 유래한 "황금 입"을 뜻한다.¹⁴ 사실 참으로 힘과 용기와 희망을 주는 설교는 웅변적인 강론 형식이 아니라 그 강론 내용을 끊임없이 증거하는 모범적인 삶이 아니겠는가? 그래서 그의 강론이 아직도 더욱 큰 가치를 가지며 많은 사람에게 큰 희망과 용기를 주는 것으로 생각된다. 물론 요한 크리소스토무스가 생활하였던 당시와는 정치 · 경제 · 사회 · 문화적인 차이가 크기 때문에 그의 강론 내용을 문자 그대로 오늘날 우리 삶의 방식으로 모두 받아들일 수는 없을 테지만, 그럼에도 우리 모두는 성인의 정신으로 살아야 하지 않겠는가?

스스로 자문해 보자. "우리가 소유하고 있는 물질적이거나 정신적인 모든 소유를 어떠한 전제 조건 없이 형제적 평등 정신으로 나누면서 살고 있는가?" 이는 바로 우리 자신들 각자로부터 시작하여 매일매일 실천해야 할 과제이다.

"가서 가진 것을 팔아 가난한 이들에게 주어라. 그리고 와서 나를 따라라"(마르 10,21).

| 주 |

- 머리말
  1 예컨대, 2019년 발생한 코로나19 팬데믹 현상을 들 수 있다.
  2 루카 4,18-19: "주님께서 나에게 기름을 부어 주시니 주님의 영이 내 위에 내리셨다. 주님께서 나를 보내시어 가난한 이들에게 기쁜 소식을 전하고 잡혀간 이들에게 해방을 선포하며 눈먼 이들을 다시 보게 하고 억압받는 이들을 해방시켜 내보내며 주님의 은혜로운 해를 선포하게 하셨다."

- 서론
  1 PLATONE, Symposium, 1880.
  2 ARISTOTELE, Politica, 1252a7.1254b30. P. FORESI, Teologia della socialità, Città Nuova 1965, p.2.28s: "L'uomo, per sentirsi pienamente séstesso, ebbe bisogno di essere società, ebbe bisogno di essere 'due'"; 현대 세계의 교회에 관한 사목 헌장 「기쁨과 희망」 32항: "하느님께서 인간을 혼자서 살아가도록 하지 않으시고 사회적 결합을 이루도록 창조하신 것처럼, 하느님께서는 또한 "사람들을 서로 아무런 연결도 없이 개별적으로 거룩하게 하시거나 구원하시려 하지 않으시고, 오직 사람들이 백성을 이루어 진리에서 당신을 알고 당신을 거룩히 섬기도록 하셨다"(「교회 헌장」 제2장 9항 참조).
  3 로마의 클레멘스, 『코린토인들에게 보낸 첫째 편지』 38-49; PG 1,283-285.
  4 사도 16,20-21: 그리고 그들을 행정관들 앞에 데려다 놓고 말하였다. "이 사람들은 유다인인데 우리 도시에 소동을 일으키면서, 우리 로마인으로서는 받아들이기에도 지

키기에도 부당한 관습을 퍼뜨리고 있습니다."
5 테르툴리아누스, 『이교인들에게』 1,7; PL 1,640.
6 몬타니즘과 관계된 테르툴리아누스의 태도에 대한 설명에서도 그 한 예를 볼 수 있다. 지그마르되프 · 빌헬름 게어링스 편집, 하성수 · 노성기 · 최원오 번역, "몬타누스" · "테르툴리아누스", 『교부학 사전』 한국성토마스연구소, 2022, p.289.988-989; V. MONACHINO, Le persecuzioni nell'Impero Romano e la polemica pagano-cristiana, Roma 1978, p.155-156.
7 첫 신자 공동체의 생활(사도 2,42-47): "그들은 사도들의 가르침을 받고 친교를 이루며 빵을 떼어 나누고 기도하는 일에 전념하였다. 그리고 사도들을 통하여 많은 이적과 표징이 일어나므로 사람들은 저마다 두려움에 사로잡혔다. 신자들은 모두 함께 지내며 모든 것을 공동으로 소유하였다. 그리고 재산과 재물을 팔아 모든 사람에게 저마다 필요한 대로 나누어 주곤 하였다. 그들은 날마다 한마음으로 성전에 열심히 모이고 이 집 저 집에서 빵을 떼어 나누었으며, 즐겁고 순박한 마음으로 음식을 함께 먹고, 하느님을 찬미하며 온 백성에게서 호감을 얻었다. 주님께서는 날마다 그들의 모임에 구원받을 이들을 보태어 주셨다."

• 제1부
1 요한 크리소스토무스의 생애에 대한 일반적인 내용은 아래 책을 참고하였다. JOANNES QUASTEN, Patrologia II, Marietti 1973(2), pp.427-435; 이형우, "요한 크리소스토무스", 『한국가톨릭 대사전』 한국교회사연구소 2002, pp.6586ㄱ-6589ㄴ; A. HAMMAN, Breve Dizionario dei Padri della Chiesa, Quiriniana 1983, pp.131-137.
2 PALLADIO di Elenepoli(헬레네폴리스의 팔라디우스, 364-431 이전) 갈라티아(Galatia)에서 태어나 고전 교육을 받았고 386년경 팔레스티나에서 수도생활을 하였다고 한다. 이집트와 알렉산드리아에서 은수생활도 하였으며 400년경 요한 크리소스토무스에 의해 헬레네폴리스의 주교로 서품되었다. 요한 크리소스토무스의 생애에 대한 풍부한 자료를 제공했다. 황제의 부당한 처사를 반대한 요한 크리소스토무스가 황제에 의해 유배지로 쫓겨나자, 이 부당한 처사를 인노켄티우스 교황에게 알리려 로마에 갔다가 406년 콘스탄티노플로 돌아왔으나 그 역시 유배형을 받고 이집트로 떠날 수밖에 없었다. 유배지에서 408년경 저술한 『요한 크리소스토무스의 생애에 관한 대화』에서 성인의 마지막 생애를 아름답게 그리고 있다. Cf. S. ZONCONE, PALLADIO di Elenepoli, in Dizionario Patristico e di Antichità cristiana, II, Marietti 1983, p.2589.

3 그의 출생 연도에 대해서는 학자들에 따라서 약간의 차이가 있으나 일반적으로 354년경으로 보고 있다. Cf. Ch. BAUR, John Chrysostom and His time, I, London 1959, p.3.

4 M. PELLEGRINO, Riccheza e Povertà, Roma 1947, p.7b-8.

5 San Giovanni Crisostomo, in Dizionario di Erudizione Storico-Ecclesiatica, vol.31, compilato da C.G. MORONI, Venezia 1840-1861, p.7b.

6 Ch. BAUR, John Chrysostom and His Time, I, London 1959, p.24.

7 A.J. FESTUGIERE, Antioche paienne et chrétinne'Libanius, Chrysostome et les moines de Syrie, Paris 1959, p.24.

8 LIBANIUS, Or.XI, 196=Förster, 504,6-8; Hom. ad Ant. 2,2; PG 49,36.

9 Ch. BAUR, Chrysostom and His Time, I, London 1959, p.35.

10 C. KARALEVSKIJ, Antioche, in DGHE, III(1924), p.563b.

11 Ch. BAUR, Ibid., p.37.

12 G. HADDAD, Aspects of Social Life in Antioch in the Hellenistic-Roman Period, Chicago 1949, p.56.117-121.

13 G. DOWNEY, Greek and Latin Inscriptions, Antioch on the Orontos, III, Princeton 1938, pp.83-115; PASQUATO, Gli spettacoli in San Giovanni Crisostomo, Roma 1976, p.117; L. JALABERT-R. MOUTERDE, Inscriptions Grecques et Latines de la Syrie, Paris 1953, 'Index des Tomes I-III'.

14 O. PASQUATO는 387년의 소요 사태가 안티오키아 사람들의 경박한 정신에서 비롯되었다고 언급하였다. 그러나 더욱 근본적인 원인은 중세, 곧 장인들과 소상인들에게 부과되는 특별한 형태의 중과세(重課稅, Chrysorgiron) 때문이었다고 한다. O. PASQUATO, Ibid., p.36s., pp.40-49. 장인들뿐만 아니라 일용직 노동자들과 걸인들도 세금을 납부해야 했다. 넓은 의미에서 보자면 387년의 소요 사태는 경제적인 상황이 그 원인을 제공했다고 할 수 있다.

15 C. KARALEVSKIJ, Antioche, in DGHE, III(1924), p.563a; V. SCHULTZE, Altchristliche Städte und Lanschaften, III, Antiocheia, Guterslorch 1930, p.9. 그러나 '안티오키아'라는 지명이 이 도시 창건자의 아들을 위한 이름이었다고 주장하는 학자들도 있다. Cf. Malalas, 29,1-3,200; 19,204,2; JULIANUS, Misopogon 347a; SOZOMEN, HE, 5,19; PG 1273; G. DOWNEY, A History of Antioch in Syria from Seleucus to the Arab Conquest, Princetone 1961, p.481.

16 P. PETIT, Libanius et la vie municipale à Antioch au IV siècle après S.J.

CHRYSOSTOME, Paris 1955, p.167.
17 A.J FESTUGUERE, Antioche paienne et Chrétienne' Libanius, Chrysostome et les moies de Syrie, Paris 1959, p.37: 안티오키아 지도 참조.
18 P. PETIT, Ibid., p.167.
19 Hom. ad Ant., 2,2; PG 49,176; P. CHANTRAINE, Μητηρπολις, in Etymologique de la langue grecque, Paris 1968, p.598a; H. STEPHANUS, Μητηρπολις, in Thesaurus Graecae Linguae, V, Graz 1842, p.1015s.
20 일반적으로 '밀라노 칙령'으로 알려져 있다. 그러나 법적인 문서로 발표된 포고문이 아니라 콘스탄티누스와 리키니우스가 그리스도인들도 자기네들의 '신'을 믿을 수 있도록 허용하자는 합의의 편지를 발표한 수준이기 때문에 칙령으로 표현하는 것은 적절치 않다는 연구가 있다. 이를 많은 사가들이 수용하면서 '합의서'라고 칭했고 이 표현을 글쓴이도 받아들인다. 칙령과 같은 포고문이 로마 제국 각 기관에 통보되지 않았기 때문이다.
21 Julien L'Empereur, Misopogon, 356d; Cf. L'Empereur Julien, Oeuvres Complètes, ed. "Les Belles Lettres", II/2, Paris 1964, p.156-199, a cura di Ch. LACOMBRADE.
22 Ibid., p.356b.
23 S. SCHULTZE, Ibid., p.188.
24 Libanius, Orationes, XI,264(=I, p.531); Cf. ed. R. Forster, 12 voll.(Leipzig 1903-1923): Antiochikos(Or.XI), vol.I, in A.J. Festugiere, Antioche Paienne et Chétienne, Paris 1959, p.23-27.
25 중국인들의 문헌에도 셀레우코스 왕조가 안티오크와 셀레우키아 사이의 간선도로상의 주요한 역으로 삼았던 히에라폴리스(Hierapolis)와 안티오키아가 등장한다. P. PETIT, Libanius et la vie municipale à Antioch au IV siécle après S.J. Chrysostome, Paris 1965, p.304.
26 E.S. BOUCHIER, A Short History of Antioch, 300 B.C.-1268 A.C., Oxford 1921, p.152.
27 Hom. in Mat., 68,2; PG 56,630; M. ROSTOVZEV, Storia economica sociale dell'impero romano, Firenze 1980, p.213s.
28 C.H. KRAELING, The Jewish Community at Antioch, in Journal of Biblical Lit., 51(1932), p.136; Id., Antiochia Orontes, RACh., I(1950), p.461-469; J. BELOCH, Die Bevölkerung der griechisch-römischen Welt, Leipzig 1886, p.245; P. PETIT, Ibid., p.311; V. SCHULTZE, Ibid., III, p.152.

29 E.S. BOUCHIER, A Short History of Antioch, 300 B.C.-1268 A.C., Oxford 1921, p.152; O. PASQUATO, Gli spettacoli in S. Giovanni Crisostomo, Roma 1976, p.36.

30 O. PASQUATO, 위의 책, p.37; P. Rentinck, La cura pastorale in antiochia nel IV secolo, Roma 1970, p.310-342.

31 다른 종교들을 '이교'라고 부를 때, 이는 부정적인 태도가 대부분이다. 타키투스(Tacitus)는 그리스도교를 유대교의 한 아류로서 광신적인 분파로 보았다. 또한 『명상록』으로 유명한 마르쿠스 아우렐리우스(Marcus Aurelius)는 그리스도인 순교자들을 광신도처럼 비판하였다. Cf. TACITUS, Amales, XI, 44; M. AURELIUS, Meditazione, XI, 3; F. MARTINAZZOLI, Parataxeis, le testimonianze storiche sul Cristianesimo, Firenze 1953, p.17ss.

32 앞의 미주 20 참조.

33 W. JAEGER, Early Christianity & Greek Paideia, Oxford 1972, p.71.

34 M.L.W. Laistner, Christianity and Pagan Culture in the later Roman Empire, Ithaca New York 1967, p.5.

35 W. JAEGER, Early Christianity & Greek Paideia, Oxford 1977(2), p.71.

36 De Bab. contra Jul., 8; PG 50,544.

37 Id.; PG 50,545.

38 P. PETIT, Ibid., p.192; NOEL ROBERTSON, Tyche, in The Oxford Classical Dictionary, Edited by N.G.L. Hammond and H.H. Scullar, 1984, p.1100.

39 In Ep. ad Eph., 21,1; PG 62,152.

40 O. PASQUATO, Ibid., p.52.

41 H.I. Marrou, Histoire de l'éducation dans l'antiquité, Paris 1929, p.430.

42 O. PASQUATO, Ibid., p.52.

43 사도 11,26; EUSEBIUS, HE., 3,36; PG 20,228.

44 사도 13,1-14.27; 15,35-18,22; 18,23.

45 EUSEBIUS, HE., 3.36; PG 20,228. 바오로 사도도 베드로 사도를 야고보와 요한과 함께 하느님께서 자기에게 교회의 기둥으로 보내 주신 은총으로 인정하고(갈라 2,9) 또한 베드로 사도가 안티오키아에 왔을 때 바오로 사도도 만났다(갈라 2,11). 교회사의 아버지로 평가받는 에우세비우스에 의하면 베드로 사도를 안티오키아의 제1대 주교로 서술하고 있다: "오늘날까지도 세계적으로 기억되고 있는 자로서 베드로의 뒤를 이어 안타오키아의 2대 주교로 임명된 사람은 이그나티우스(Ignatius)였다"(에

우세비우스, 『교회사』 3,36).
46 Hom. ad Ant. 3,2; PG 49,49.
47 Hom. ad Ant. 3,2; PG 48,47-49; Ibid., 14,6; PG 48,153; Ibid., 17,2; PG 48, 176.
48 Ch. BAUR, Ibid., p.53 nota l.
49 G. de JERPHANION, S.J., Le chalice d'Antioch, Rome 1926, p.162.
50 Ch. BAUR, Ibid., p.45.
51 G. BARDY, La question des langues dans l'Église ancienne, I, Paris 1948, p.24.
52 Ch. BAUR, Ibid.; C. Karalevsky, Ibid., p.571.
53 Ch. BAUR, Ibid.
54 De Virginitate 24; PG 48,550.
55 In Ep. ad Rom., 10,15; PG 60,480.
56 Ch. BAUR, Ibid.; PG 30,47.
57 Ibid., p.31, 각주 6.
58 Ibid., p.46; Codex Theod., XIV,5, 12(383 Dec.3).
59 콘스탄티노플에 대한 보다 자세한 내용은 다음 내용을 참고할 수 있겠다. 김희중, "콘스탄티노플", 『한국가톨릭대사전』 11권 8490ㄴ-8495ㄱ, 한국교회사연구소, 2005.
60 Otto Seeck, Notitia Urbis Constantinopolitanae in Notitia Dignitatum, Weidmann Berlin 1876, p.227ss.
61 Ch. BAUR, Ibid., II, p.22.
62 E. OBERHUMMER, "Constantinople", in Realencyclopedia des Klassischen Altertums, ed. Paul-Wissowa, 4/1, p.981; R. JANIN, "Constantinople", in DHGE, vol.13(1956), p.627a.
63 Ch. BAUR, Ibid., p.26; O. WEISMANTEL, Die Erdbeben des vorderen kleinasien in geschichtlicher Zeit, Weisbaden 1892, p.7; E.A. GROSVENOR, "Constantinople", I, London 1895, p.11s.
64 Chronicon(a.C.402 Index.XV, Archadio V et Horonio V Coss.; PL 51,922: "Constantinopoli ingens terraemotus fuit(콘스탄티노플의 대지진이 있었다)."
65 Ch. BAUR, Ibid., p.27.
66 Ibid., p.26.
67 Dizionario di Erudizione Storico-Ecclesiastica, vol.18, Venezia 1843, p.14a.

68 R. JANIN, "Constantinople", in DGHE, III(1956), p.626b.
69 I. DUJCEV, Costantinopoli, in DPAC, I(1983), p.807.
70 R. JANIN, "Constantinople", in DGHE, III(1956), p.626b; Dizionario di Erudizione Storico-Ecclesiastica, vol.18, Venezia 1843, 14a.
71 DESE, vol.18, p.13a.
72 Sozomenz, Historia Ecclesiastica, 2,3; PG 67,936 참조.
73 I. DUJCEV, Constantinopoli, in DPAC, I, Maridtti 1983, p.808; P. ALLARD, Julian l'Apostat, I, Paris 1906, p.93.
74 Socrate, HE, I,16; PG 67,116: "… 콘스탄티노플과 함께 새 로마로 불리도록 법으로 승인하였다."
75 DESE, vol.18, p.5b.
76 Chronicon, 334; PL 27,498.
77 L. BRÉHIER, Constantin et la fondation de Constantinople, in 'Rev. Hist. v.119(1915), p.241ss.
78 DESE, vol.18, p.14b.
79 O. PASQUATO, Gli spettacoli in S. Giovanni Crisostomo, Roma 1976, p.78.
80 Ibid.
81 E. OBERHUMMER, "Constantinople", in Realencyclopedie, ed. Paul-Wissowa, 4/1, p.1001.
82 Ch. BAUR, John Chrysostome and His Time, I, London 1959, p.26.
83 I. DUJCEV, "Constantinople", in Dizionario Patristico e di Antichità Cristiana, Marietti, I, 1983, p.809; A. ANDREADES, La population de l'Empire byzantin, in Bulletin de l'Institut archéologique bulgare 9(1935), 120; A.A. VASILIEV, Histoire l'Empire byzantin, I, Paris 1932, p.74; RUSSEL, Late Ancient and medieval Population, Philadelphia 1958, pp.66.68.77.93; J.B. Bury, History of the Later Roman, London 1923, p.88.
84 Hom. in Act., ii.3; PG 60,97.
85 3세기 말, 로마 황제 디오클레티아누스가 수립한 정치 체제. 광대한 영토를 효율적으로 통치하기 위하여 막시미아누스를 공동 황제로 삼고, 그 아래에 각각 한 명의 부제(副帝)를 두었다. 노예 가문의 출신으로 추정되는 디오클레티아누스 황제가 황궁 근위병 지휘관의 직위에 오르기까지는 주로 병영에서 군인으로서 생활하였다. 그러다가 일종의 반란으로 권력을 취한 그가 광활한 로마 제국을 혼자 다스리기에는 거의

불가능하다고 생각하고 두 명의 공동 황제와 두 명의 부황제로 권력을 분점하여, 끊임없이 침입해 오는 변방 외적들로부터 로마 제국을 방어하기 위한 정책으로 사분통치(四分統治)를 실시하였다.

86 Ch. BAUR, John Chrysostom and His time, I, 1959, p.24.
87 G. Manojlovic, Le peuple de Constantinople, in Byzantion 11(1936), p.669.
88 O. Paquato, Ibid., p.87.
89 I. DUJCEV, Ibid., p.809.
90 Ch. BAUR, Ibid., p.24.
91 G. Ostrogorsky, Histoire de l'Etat Byzantin, Paris 1956, p.83s.
92 Ch. BAUR, Ibid., Cf. Schemmel, Die Hochschule von Konstantinopel im Vierten Jahrhundert p. Chr., in Neue Jahrbücher für das Klassische Altertum 22(1908), p.3ss.
93 E. WELLESZ, A History of Byzantine Music and Hymnography, Oxford 1949, p.22.
94 Hom. in Act., 16,4; PG 60,133.
95 Hom. in Act., 16,4; PG 60,133; Gregorio Naz., Or.14,6; PG 35,875.
96 De Perf. Car., 6; PG 56,287.
97 O. PASQUATO, Ibid., p.84.
98 Ch. BAUR, Ibid., p.26.
99 LIBANIO, Or., XXV=II, p.554.
100 De Eleem., 1; PG 51,261.
101 In Ep. ad Philemon., 10,3; PG 62,259s.
102 R.S. Lopez, Silk Industry in the Byzantine Empire, in Speculum 20(1945), pp.5.11.
103 R. JANIN, Constantinople, in DGHE, vol.13, p.628b.
104 G. Dargon, Naissance d'une capitale. Constantinople et ses institutions de 330 à 451, Paris 1974, p.369.
105 Codex Theod., XVI,10,10.
106 Gregorius Naz., Carmina, II, 1,6(Somnium de Anastasiae ecclesia), v.39-40; PG 37,1253.
107 M. JUGIE, Constantinopoli, in EC, III(1956), 732; G. Dargon, Ibid., p.387.

108 G. Dargon, Ibid., p.387; S.Vailhe, Les origines de l'Eglis de Constantinople, in Echos d'Orient, 10(1907), p.288b.

109 F. Dvornik, The Idea of Apostolicity in Byzantium and the Legend of the Apostle Andrew, Cambridge, 1958, p.171ss.

110 R. JANIN, Ibid., p.634.

111 Socrate, HE, I,37; PG 92,700.

112 Chronicon Paschale, 281; PG 92,700.

113 요한 1,35-42; 루카 5,1-11; 마르 1,16-20; 마태 4,18-22: 요한 복음서만이 안드레아가 자기 형제 베드로를 주님께 인도했다고 이야기한다. 그러나 다른 세 복음사가들은 베드로와 안드레아를 동시에 불렀다고 말한다.

114 V. MONACHINO, Il canone 28 di Calcedonia, L'Aquila 1979, p.1-22.63-90. 사실 칼케돈 공의회의 28조는 갑자기 생긴 결과가 아니다. 오히려 오랜 세월 개인적인 구상으로 진행된 작업의 결과이다. 이 책에서는 특히 수도의 조직과 콘스탄티노플 주교의 위치, 28조 조항의 구성과 자세한 분석 등 중요한 내용들이 소개되어 있다.

115 M. JUGIE, Costantinopoli, in EC, III, 9(1956), p.733; V. MONACHINO, Ibid., p.63.

116 G. Dargon, Ibid., p.373.

117 Ibid.

• 제2부

1 B.N. CARDOZO, The Growth of the Law, New Haven 1927, p.87: 우리가 추구하는 것은 단순히 법이 제정될 때 따라야 할 권리와 의무가 있는 '법대로'의 정의일 뿐 아니라, 법을 제정하는 과정에서 따라야 하는 본래의 정신을 더욱 중요하게 고려한다. 고전 법학자들의 언어로 정의란, 일련의 법치 또는 합법성의 복합체라는 것을 의미했다; G. DONATUS, Justus, juste, justizia nel linguaggio dei giuristi classici, Roma 1921, p.7.

2 G. Schrenk, Δικαιοσύνη, in GLNT, II(1966), p.1236.

3 G. del Vecchio, Storia della filosofia del diritto, p.13.

4 Homerus, Illiadis, XX, in Homeri carmiona et Cycil epici reliquiae, Paris 1881, p.232.

5 J.A. HILD, Justitia, θέμις, Δίκη, Δικαιοσύνη, in Dictionnaire des Antiquités grecques et romaines, III/I, Paris 1905, p.776a.

6 G. del Vecchio, Ibid., Milano 1950, p.5.
7 Ibid.: "πάντων χρημάπων μετρον άνθρωπο."
8 Ibid.
9 Platone, Rep., I, 6, 331e.
10 Ibid., I, 7, 332d.
11 Ibid., IV, 10, 433a.
12 G. del Vecchio, La giustizia, Roma 1946, p.23.
13 Aristotele, Ethica Nicom., V, 1, 1130a, 19-20: "그러므로 이 정의는 하나의 부분적인 덕이 아니라 온전한 덕이며, 불의는 부분적인 악덕이 아니고 온전한 악덕이다. 사실 정의와 덕, 이 둘은 서로 일치하지만 그것들의 본질은 같지 않은데, 본질이 다른 사람들을 배려하여 드러날 때는 정의이고 자체 안에 갖추어진 그러한 마음 자세일 때는 덕이기 때문이다."
14 Ibid., II, 5, 1106a, 27e(이하); V, 6, 1131a, 9e(이하).
15 Ibid., V, 8, 1132b.
16 Ibid., V, 2-3, 1129a-1130a.
17 Ibid., II, 5, 1130b, 31-33; V, 1131a, 20-27.
18 로마법은 모든 사람에게 똑같지 않았다. 사실 법을 적용하기 위해 'Jus gentium'(이민족 법), 'Jus civile'(시민법)이 있었다. G. del Vecchio, Storia della filosofia del diritto, Milano 1950, pp.17-20 참조.
19 Aristotele, Ibid., V, 7, 1131b, 11-20.
20 S. Lener, Ibid., p.1445.
21 C. M. Morey, Christian Art, New York 1935, pp.2-4.
22 G. del Vecchio, La giustizia, Roma 1946, p.74.
23 Ibid., p.73; Ulpiano, Fr. pr. Dig., I, 1.
24 Aristotele, Ibid., V, 5, 1131b, 31-32; Ibid., 1131a, 20-27.
25 G. del Vecchio, Storia della filosofia del diritto, Milano 1950, p.13.
26 L. BRÉHIER, Les institutions de l'empire byzantin, Paris 1949, p.173.
27 Ibid.
28 G. Donatuti, Ibid., p.60; Instit. Justin., 1, 14, 12(5) (유스티누스 황제, A. Demostheni PP.): "Explosis itaque juiusmodi ridiculosis ambiguitatibus tam conditor quam interpres legum solus imperatore juste ecistimabitur: nihil hac lege dero-

gante veteris juris conditoribus, quia et eis hoc majestas imperialis permisit."
29 L. BRÉHIER, Ibid., p.219.
30 테오도시아누스 법전의 373개 조항에서 30개도 채 못 되는 조항만이 사람들의 삶을 개선하기 위해 제안되었고 다른 법률들은 행정을 위한 법률과 사람들을 통제하기 위한 것들이었다. Codicis Theodosiani Libri XVI, J. Jujas 감수, Paris 1886, 'Index tituli Liber I-XV'.
31 S. AGOSTINO, Contro Faustum Manichaeum, 19,25; PL 42,363s.
32 레위 24,17-20; 탈출 21,23-25; 신명 19,21 참조.
33 Tertulliano, Adversus Marionem, 2,12; PL 2,325-326.
34 "δικαιοσύνη τοῦ Θεοῦ." 예를 들면, 신명 32,4; 시편 7,12; 9,9; 118,137s.142; 114,17; 로마 1,17; 2,6; 3,21-26; 2티모 4,8 이하.
35 Lactantius, Divinarum Institutionem, 6,12; PL 6,678-684: "De generibus beneficentiae, et operibus misericordiae." 그는 이 장(章)에서 선행의 의무들을 정의 안에 들어가게 하도록 명시적으로 권고한다. S. Ambrogio, De Paradiso, 3,22; PL 14,299. 그는 정의가 덕을 낳는 풍요와 다산의 모체라고 말한다.
36 Hom. in Mat., 12,1; PG 57,203: "Justitia enim est mandatorum observatio."
37 G. Schrenk, Ibid., p.1246.
38 신명 32,4.35s; 호세 2,19; 미카 7,9.
39 이사 43,9.26.
40 시편 88,12s; 103,11.17.
41 G. Schrenk, Ibid.
42 Ibid.
43 J. R. Donhue, S.J., Biblical Perspective on Justice, in The Faith that does Justice, J. C. Haughey, S.J. (ed), New York 1977, p.69.
44 Ps.142,1; Exp. In P5., 142,1; PG 44,448.
45 이교도 세계에서 이미 아리스토텔레스는 인간들 사이에서 행하는 덕들과 사법적 활동을 신들에게 돌리는 것이 우스운 일일 것이라고 말한 바 있다. Aristotele, Ethica Nicom., X, 8, 1178b 참조.
46 In Ep. ad Phil., 11; PG 62,265.
47 Exp. In Ps., 4,1; PG 55,39 nota 2.
48 Ibid.; PG 55,39-40.

49 Exp. in Ps., 4,1: PG 55,40 nota a.
50 PG 55,40 nota a; PG 55,67.
51 In Ep. ad 2Tim, 6,1; PG 62,631.
52 Exp. in Ps., 4,1; PG 55,40 nota a.
53 Ibid. 4,9; PG 55,53.
54 Ibid.; PG 55,67: "주님, 저의 원수들 때문이니 당신의 정의로 저를 이끄소서. 제 안에 당신의 길을 바르게 놓아 주소서"(시편 5,9).
55 Hom. in Act., 23,1; PG 60,178.
56 Hom. ad Act., 12,4; PG 49,133; 로마 2,14-16 참조.
57 Exp. in Ps., 4,1; PG 55,40.
58 In Ep. ad Rom., 17,1; PG 60,565.
59 Hom. in Mat., 10,1; PG 57,185; Ibid., 12,1; PG 57,203: "Δικαιοσύνη γάρ ἐστιν ἡ τῶν ἐντολῶν ἐκπλήρωσις."
60 Hom. in Mat., 16,4; PG 57,224.
61 De Bapt. Chri., 3; PG 49,369; Lc., 1,5-6.
62 Ibid.
63 In Ep. ad Rom., 8,1; PG 60,456.
64 Ibid., 17,1; PG 60,565.
65 Exp. in Ps., 4,1; PG 55,40.
66 Hom. in Mat., 17,6; PG 57,263; PG 57,263.
67 Ibid.; Hom. in Joh., 492; PG 59,278.
68 Hom. In Joh., 60,6; PG 59,334.
69 Ibid.
70 Ibid., 49,2; PG 59,278.
71 Exp. in Ps., 47,3; PG 55,220.
72 Hom. in Gen., 24,1; PG 53,206-207.
73 Ibid.; 마태 5,6.
74 Ir. HAUSHERR, S.J., Carità e vita cristiana, Roma 1970, p.168; E. STAUFFER, ἀγαπάω, in GLANT, I(1965), p.92.
75 Ir. HAUSHERR, S.J., Ibid., p.168s; F. Prat, théologie de S. Paul, II, Paris 1929,

561; E. STAUFFER, Ibid.
76 Ir. HAUSHERR, Ibid., p.168; E. STAUFFER, Ibid., p.96.
77 H.S. LIDDELL-H.S. JONES, A Greek-English Lexicon, Oxford 1951(9), pp.6a-b; H. STEPHANUS, Ibid., I, 209s.
78 W.F. Arndt-F.W Gingrich, A Greek-English Lexicon of the New Testament and Other Early Christian Literature, Chicago 1957, p.5a; Ir. HAUSHERR, Ibid.
79 E. STAUFFER, Ibid., p.97.
80 P. CHANTRAINE, ἀγαπάω, in Ibid., 7b; G.W.H. LAMPE, ἀγάπη, in A patristic Greek Lexicon, Oxford 1961, p.7s.
81 E. STAUFFER, Ibid., p.126.
82 P. Rentinck, Ibid., p.310.
83 De Inc. Dei Nat., 1,1; PG 48,701.
84 J. Farges-M. Viller, La charitéchez les Pères, in Dictionnaire de spiritualité, II, Paris 1953, p.523.
85 타소(Taso)는 그리스 북동부, 카발라주 남동부의 아름다운 섬으로, 이 섬에서 생산되는 포도주는 로마의 희곡작가인 Plautus(기원전 254-186년)와 Plinius가 극찬한 좋은 품질로 유명하였다고 한다.
86 Hom. in Mat., 48,6; PG 58,493s.
87 Ibid., 50,3; PG 58,508; P. Rentinck, Ibid., p.334s.
88 Hom. in Act., 40,3; PG 60,285 De Inc. Dei Nat., 1,1; PG 48,701s; Hom. in Mat., 46,4; PG 58,481; In Ep. ad Rom., 7,5; PG 60,447: "ἄν τήν μετέρα των ἀγαθών τήν ἀγαπην."
89 Hom. in Mat., 45,1; PG 58,471.
90 Hom. in Act., 40, 3; PG 60,285; De Inc. Dei Nat., Ibid.
91 Hom. in Mat., 60,3; PG 58,588.
92 Ibid.
93 M. Riquet, Christian Charity in Action, New York 1961, p.21.
94 In Ep. ad Rom., 7,5; PG 60,447.
95 In Ep. 2 ad Cor., 2,4; PG 61,398.
96 Hom. in Mat., 6,9; PG 57,250.
97 Ibid.; 마태 5,23 참조.

98 In Ep. 1 ad Cor., 20,1; PG 61,161. De Inc. Dei Nat., 1,1; PG 48,701s 참조.

99 In Ep. 2 ad Cor., 2,4; PG 61,398; De Pent., 2,3; PG 50,468.

100 유스티누스가 기술하듯이 신자들은 제단에 예물들을 갖다 바쳤는데, 이교인들이 희생 제사에서 하는 것처럼 제단에서 불태우지 않았고 예배 후 과부들과 고아들에게 나누어 주었다. 빵과 포도주의 이 예물의 한 부분은 그리스도가 되고 한 부분은 궁핍한 사람들 안의 그리스도에게 음식이 되었다. I. GIORDANI, Le attività sociali e caritative dei cristiani La condotta privata e pubblica, in La Chiesa cattolica nella storia dell'umanità, I, Fossano 1963, p.346 참조.

101 Ch. BAUR, Ibid., I, p.178.

102 R. Bultmann, ἔλεος, in GLTN, III(1967), p.399-406.

103 Ibid., pp.406.411.

104 Ibid., p.421; 마태 6,2-4; 루카 11,41; 12,33; 사도 3,2-3.10; 9,36; 10,2.4.31; 24,17.

105 한겨울에 안티오키아의 중앙 광장과 거리에서 많은 버림받은 가난한 사람들의 가여운 모습을 목격하고 갑작스럽게 행한 강론에서 우리는 가난한 사람들을 위한 자선의 의미를 즉시 찾아볼 수 있다. M. PELLEGRINO, San Giovanni Crisostomo - Ricchezza e povertà, Roma 1947², p.46.

106 Hom. in Mat., 14,2; PG 58,510.

107 Hom. in Mat., 35,3; PG 57,409: "노동, 참된 행업은 자선, 기도, 부당하게 억압받는 이들에 대한 방어와 보호입니다."

108 Hom. in Mat., 14,4; PG 58,509.

109 Ibid.

110 Hom. in Mat., 14,4; PG 58,509.

111 Ibid., 45,3; PG 48,474.

112 마태 25,31-45; Hom. in Mat., 14,4; PG 58,509. 사실 요한 크리소스토무스는 가난한 사람들을 그리스도와 동일시하면서 "거룩한 사람들"이라고 부른다. De Eleem., 1; PG 51,261; Hom. in Mat., 48,6; PG 58,493-494 참조.

113 마르 7,6; 이사 29,13 참조.

114 Hom. in Mat., 7,5; PG 57,78.

115 Ibid., 65,4; PG 58,622.

116 M. PELLEGRINO, Ibid., pp.21.41.

117 Hom. in Mat., 77,4; PG 58,707.
118 In Ep. 1 ad Cor., 3,4; PG 61,289; M. PELLEGRINO, Ibid., 43-44 참조.
119 마태 23,25-33.
120 Hom. in Mat., 19,1; PG 57,273-274.
121 Ibid.
122 Hom. in Mat., 85,3; PG 58,761. 요한 크리소스토무스는 대사제들도 역시 불의한 돈을 피의 대가라고 해서 성전 헌금함에 넣기를 거부했다고 한다. 마태 27,6-7 참조.
123 "너희는 나의 제단을 눈물로 덮었다"라는 말라키서의 한 구절을 인용하면서 이 성인은 재물을 부자들에게 강탈당한 희생자들의 통곡의 열매로 바쳐진 것으로 이해한다(말라 2,13). Hom. in Mat., 85,3; PG 58,761; S. ZINCONE, Ibid., p.103 참조.
124 Hom. in Mat., 45,2; PG 58,474; Ibid., 66,4; PG 58,630: 이 말을 통해서도 요한 크리소스토무스 성인은 자선의 양을 정하려는 것이 아니고 각자의 마음 상태에 맡기려는 것이다. 그러므로 이 비율은 피타고라스와 아리스토텔레스의 그 비례 개념과는 거리가 멀다.
125 마르 12,41-44; 루카 21,1-4 참조.
126 In Ep. 1 ad Cor., 9,1; PG 61,179.
127 마태 25,41-42; Hom. in Joh., 60,4; PG 59,332.
128 De Eleem., 3-4; PG 51,264-267. 우리 한국 천주교회에서도 '좀도리', 곧 절미(節米) 운동을 통해서 어려운 이웃을 도왔던 전통이 있었고 지금도 계속되는 곳도 있다.
129 Hom. in Joh., 60,5; PG 59,332.
130 이 말은 공적 비용을 위한, 곧 아테네의 공적 직무를 위한 기부라는 원래의 의미로 쓰였는데, 이는 부유한 시민들에게도 상당히 무거운 부담이었다. 이른바 liturgia 혹은 어떤 종교적 대축일 비용을 부담하고 국가의 몇몇 필요에 대처하기도 하는 개인적 출자가 그들의 몫이었다. liturgia는 국가의 수입이었고 국가에 너무 무거운 경비를 아껴 주는 데 쓰였다. 이 단어의 사용은 요한 크리소스토무스 시대에도 여전히 유효했다. 이로써 그는 자선이 특히 그리스도인들에게는 하나의 사회적 의무로서 그리스도의 신비체 안에서 신자들을 하나로 이어 주는 연대에 의해 부과된다고 말한다(라틴어 인용문 생략). De Eleem., 3; PG 51,265; F. Lubker, Lessico ragionato della antichità classica, Roma 1891; M. PELLEGRINO, Ibid., p.58 참조.
131 Hom. in Mat., 85,4; PG 58,762.
132 Ibid.
133 Ibid. 요한 크리소스토무스는 이 두 번째 이유를 첫 번째 이유의 당연한 결과로 말한

다. 하지만 사도들의 예를 보면 그가 자주 말하듯이 그들은 하느님과 화해하고 백성을 위해 기도할 수 있기 위하여 사업적으로 거래하지 않고 모금한 돈을 자신들이 나누어 주는 것도 원치 않았다. 그래서 그러한 상황의 원인을 두 가지로 나누고자 한다.

134 Hom. in Mat., 14,4; PG 58,510; 루카 11,41; 마태 12,7; 호세 6,6.
135 I. GIORDANI, Il messaggio sociale di Gesù, IV, Milano 1947, p.175; O. PASQUATO, Ibid., p.38; P. Rentinck, Ibid., p.311; M. Rostovzev, Ibid., p.591.
136 A. PUECH, St. Jean Chrysostome et les moeurs de son temps, Paris 1891, p.70.
137 P. Rentinck, Ibid., 310s.
138 Id., 321; O. PASQUATO, Ibid.
139 O. PASQUATO, Ibid.
140 I. GIORDANI, Ibid. 하지만 콘스탄티누스 대제는 그러한 정규 사회복지 체제의 창시자로 간주될 수 없다. 교회는 로마 제국의 박해 시대에도 이미 현세 삶의 불행 중에 영적 위로만이 아니라 실제적인 도움을 제공하는 일에 헌신했다. 결국 교회는 항상 가능한 대로 어떤 식으로건 가난한 사람들을 돕기 위한 자세가 되어 있었다. 단지 박해의 상황이 교회가 사회복지의 그런 정규 체제를 갖추는 것을 허락하지 않았다.
141 Ad. Stag., 3,13; PG 47,490; A. PUECH, Ibid., p.239.
142 In Illud, Si esurierit., 2; PG 51,173.
143 P. Rentinck, Ibid., p.311.
144 Ch. BAUR, Ibid., p.311. 403년에 열린 일명 '참나무 교회회의'라고 한다. 황제 아르카디우스(Arcadius, 395-408)의 칙령으로 칼케돈(Chalcedon) 교외의 한 고을에서 알렉산드리아의 테오필루스(Theophilus) 주교가 소집한 불법적 시노드로서, 목적은 요한 크리소스토무스 주교를 콘스탄티노플 주교좌에서 축출하려는 것이었다. 헤라클레아의 주교 파울루스(Paulus)가 의장이었고 36명 또는 45명의 주교들이 참석했다. 이들 대부분이 요한 크리소스토무스 주교의 반대자들이었다. 요한 크리소스토무스는 이 회의 결과로 비티니아(Bithynia)로 유배되었다. 죄목은 날조된 항목들이었는데, 특히 오리게네스(Origenes) 설에 찬동했다는 것과 성당에서 마름모꼴 면병(麵餠)을 사용했다는 것이었다. 그 후 콘스탄티노플 시내에서는 시민들이 격분해 폭동을 일으켰고 때마침 지진까지 일어났는데, 황후는 이에 충격을 받아 요한 크리소스토무스를 다시 복직시켰다.
145 Ch. BAUR, Ibid. 단어의 어원과 최근에 이르기까지의 관습을 살펴보자면, 병원(νοσοκομεῖον)은 병자와 순례자들 모두에게 치료와 숙박을 위해 제공된 공간이었고, 구호소(ξενοδοχεῖον)는 외국인(ξένος)을 위해 열린 집이었다. Cf. I. GIORDANI, Ibid., p.178.

146 PALLADIO, Dialog., 5; PG 47,20; Cf. Ch. BAUR, Ibid., 60; I. GIORDANI, Ibid., 180; O. PASQUATO, Ibid.; A. PUECH, Ibid., 230.

147 De Sac., 3,16; PG 48,655(라틴어 인용문 생략); Cf. Ch. BAUR, Ibid., 60; I. GIORDANI, Ibid., 180; O. PASQUATO, Ibid.; A. PUECH, Ibid., 230.

148 창세 18,1-18; 19,8; 판관 4,17-22; 욥 31,32; 지혜 19,13-17. 신약성경에서도 예수님이 강조하신 가르침이다. 마태 25,35 이하 등. 손님이나 나그네에 대한 극진한 접대(Hospitalitas)는 그리스도교의 큰 미덕으로서 그리스도교에서는 여관(Hotel)이나 병원(Hospital)도 바로 이러한 애덕의 정신에서 시작되었다. Cf. Hom. in Joh., 60,5; PG 59,334.

149 Hom. in Joh., 60,5; PG 59,334.

150 Hom. in Mat., 85,4; PG 58,762; O. PASQUATO, Ibid., p.38; A. PUECH, Ibid., p.236.

151 Eusebio, Vita Const., 4,28; PG 20,1175.1178; Sozomeno, He., 5,5; PG 67, 1227.

152 Eusebio, Ibid., 2,36; PG 20,1014; Ibid., 2,39; PG 20,1015.1018; V. MONACHINO, La carità cristiana in Roma, Bologna 1967, pp.73-74; P. Rentinck, Ibid., p.315.

153 Cod. Theo., IV, 15A, 2s; P. Rentinck, Ibid.

154 K.H. RENGSTORF, δοῦλος, in GKNT, II(1966), p.1417.

155 P. CHANTRAINE, Ibid., p.294b; G.W.H. LAMPE, Ibid., p.385a; H. STEPHANUS, III, p.1654.

156 K.H. RENGSTORF, Ibid.

157 Ibid.

158 매정한 종의 비유(마태 18,23-35); 충실한 종과 불충한 종에 대한 비유(마태 24,45-51; 루카 12,14-48).

159 Institutiones Justiniani, I,1,3.Pr.: "Summa itaque divisio de jure personarum haec est, quod omnes homines aut liberi sunt aut servi."

160 자유, 자유인, 노예 신분, 노예에 관한 유스티니아누스의 정의는 기원전 2세기 말 3세기 초경에 공포된 '플로렌티누스 규정'의 반복에 불과하다. 유스티니아누스의 정의와 플로렌티누스 규정의 비교: Digesto 1,5,4, Pr. 1-3(Florentinus, libro nono institutiorum. Institutiones Justiniani, I,1,3,1-3); Cf. R. BONINI, Corso di diritto romano-Il diritto delle persone nelle Istituzioni di Giustiniano I titoli

III-X, Rimini 1984, p.23.
161 Institutiones Justiniani, I,1,2,2.
162 F. LUBUKER, Lessico ragionato della antichità classica, Roma 1891, p.1112.
163 Ibid.; V. ARANGIO-RUIZ, Istituzioni di diritto romano, Napoli 1984(14), p.482.
164 P. ALLARD, Julian l'Apostat, I, Paris 1900, p.240s.
165 Digesto IV,5,3,1: "Servile caput nullum jus habet(종들은 어떠한 권리도 가지지 않는다)"; I. GIORDANI, Ibid., p.192; ULPIANO, al Dig. II,7,5; Ibid., VI,1,15, §3: "servus vel animal aliud[종이나 동물]", P. ALLARD, Gli schiavi cristiani, trd. ital., Firenze 1915, p.149.
166 Insti. Just., I,1,3,4; R. BONINI, Ibid., p.29; ULPIANO, al Dig., 32,3,68; P. ALLARD, Ibid., pp.157-160.
167 콘스탄티누스 대제가 노예들의 가족 공동체를 분리시켜 매매하는 것을 금지하였음에도 이러한 일들이 종종 일어났다. Cod. Theod., I1, 25: "Quis enim ferat liberos a parentibus, a fratribus sorores, a viris conjuges segregari"; I. GIORDANI, Ibid., 202; P. ALLARD, Ibid., p.1535, p.487s; In Ep. ad Philem., 1,2; PG 62,706; V. MONACHINO, S. Ambrogio e la cura pastorale a Milano nel IV secolo, Milano 1973, p.194.
168 앞의 주 167 참조.
169 P. ALLARD, Ibid., p.19.
170 테오도시우스 황제도 주인이 노예의 아들을 노예로 거래하는 것을 금지하였다. Cod. Theod., III, 3,1; A.A. de CARRILLO, San Juan Crisostomo y su influencia social en el Imperio Bizantino del siglo IV, Madrid 1934, p.70; Ch. BAUR, Ibid., p.317; PG 47,489; In Ep. Hebr. 28,4; PG 63,197; O. PASQUATO, Gli Spetacoli in S. Giovanni Crisostomo, Roma 1976, p.35; P. ALLARD, Ibid., p.7.
171 P. ALLARD, Julian l'Apostat, I, Paris 1900, p.240s.
172 Id., Gli schiavi cristiani, trad. ital., Firenze 1915, p.9s.
173 Ibid., 125; SENECA, De breve vitae, 12,6: "Ne illos quidem inter otiosos numeraveris qui sella se et lectica huc et illuc ferunt er ad gestationum suarum, quasi deserere illas non liceat, horas occurrunt, quos quando lavri debeant, quando natare, quando cenare alius admonet: (et) usque eo nimio delicati animi languore solvuntur, ut per se scire non possint an esuriant."

174 P. ALLARD, Julian l'Apostat, I, p.232.

175 Ibid., p.238; Id. Gli schiavi cristiani, pp.113.174-184.

176 Ibid., p.173.

177 Digesto,1,5,5,1(Marciano, libro primo delle Istituzioni). 노예들의 이런 비참한 상태는 그들의 주인이 그들을 해방시키지 않는다면 그들의 세대를 넘어 계속되었다. 왜냐하면 아들은 출산 당시 어머니가 가졌던 신분 상태를 따랐기 때문이다. 반면 유스티니아누스 법은 출산 10개월 이내 노예 상태의 여성에게서 태어난 아들만이 노예로 간주되었다. Cf. V. ARANGIO-RUIZ, Istituzioni di diritto romano, Napoli 1984(14).

178 P. ALLARD, Ibid., p.114.

179 S. AMBROGIO, De Officiis, 3,98; PL 16,182; I. GIORDANI, Ibid., p.191.

180 P. ALLARD, Julian l'Apostat, 1, p.242.

181 GREGORIO DI NISSA, In Ecclesiasten, Hom., 4; PG 44,663.666.

182 R.M. GRANT, Early Christianity and Society, London 1978, pp.89-95.

183 J. GAUDEMET, Le Concile d'Elvire, in DHGE, 15,317-319s.337s. 아직도 엘비라 교회회의 개최 연도에 대해서는 학자들마다 여러 가능성을 제시하고 있으나, 의견들을 종합하면 306년부터 314년 사이에 열린 것으로 추정할 수 있다. 하여간 이 교회회의가 교회의 규정을 결의한 교회회의로서는 서방에서 가장 오래된 교회회의로 인정되고 있다. Cf. P. de LUIS, Elvira, in DPAC, I(1983), p.1144s; I. GIORDANI, Ibid., p.199.

184 PALLADIO, Hist. Lausiaca, p.119; PG 34,1230; P. ALLARD, Julian l'Apostat, I, pp.245-248.

185 400년에 열렸던 톨레도(Toledo) 공의회에서 결정된 교회법 17조: "여성 그리스도인과 결혼한 남성 그리스도인이 첩을 둔다면 성찬 예식에 참례할 수 없다"; 아우구스티누스에게 첩은 또한 창녀와 같다. S. AGOSTINO, Sermo, 224,3; PL 38,1095: "Velis nollis, illa, quae praeter uxorem tecum dormit, meretrix est"; I. GIORDANI, Ibid., p.197 nota 5.198; V. MONACHINO, Ibid., p.196s; H. TOWNSEND, Ibid., pp.55.113.

186 초기 그리스도교인들이 사용하였던 지하 공동묘지였던 카타콤바(Catacomba)에서는 부유한 외교인과 노예들의 무덤을 쉽게 구별할 수 있는 반면에 그리스도인들의 가족 무덤들 가운데서는 저명한 순교자들 무덤 이외에는 노예와 주인 관계를 구별하기가 쉽지 않았다. 고고학자 로시(Rossi)에 의하면 그리스도인들의 새로운 사회에서는 자유인 남성들과 노예들이 모두 형제였으며 함께 같은 하느님을 섬겼다. 이러한 메시

지는 무덤이라는 공간에서 침묵의 웅변으로 전해지고 있다. 묘비명으로는 자유인인지 노예인지 구별되지 않았다. Cf. P. ALLARD, Gli schiavi cristiani, pp.238-241; V. MONACHINO(cura), La carità cristiana in Roma, Cappelli 1968, p.61s.

187 예를 들면, 칼리스투스 1세 교황(Callistus, 재위 217-222)은 한동안, 카르포포루스라고 불리는 로마의 한 그리스도인의 노예였다. L. DUCHESNE, Liber Pontificalis, I, Paris 1886, p.141; G. BARDY, Calliste I, in DHGE, 11, p.421s; B. STUDER, Callisto I, in DPAC, I(1983), p.571s; P. ALLARD, Ibid., p.227s.

188 J. GAUDEMET, Ibid., p.322(Concilio d'Elvira can.80); Ibid., Concilio di Toledo(400) can.10: "온전히 자유롭게 되지 않은 노예를 주인의 동의 없이 성직자로 서품하지 말아야 한다."; M. MEIGNE, Concile ou collection d'Elvire, in RHE, 70(1975), p.372.

189 이러한 일로 인해 교회는 이미 부정적인 경험을 한 바 있었다. 한 노예가 대 바실리우스와 나지안주스의 그레고리우스에 의해 주교직에 올랐지만 노예의 여주인이 그를 다시 노예로 데려가고자 하여 두 주교와 모든 신자들이 재고하도록 요청했지만 순조롭게 해결되지 않아 혼란이 일어난 적이 있었다. Cf. I. GIORDANI, Il messaggio sociale di Gesù, IV, Milano 1938-1947, p.200 각주 4).

190 313년 콘스탄티누스 대제와 리키니우스 황제 사이에 그리스도인들에게도 신앙의 자유를 승인하여 발표한 합의서. 383년 7월 25일 칙령, 383년 12월 23일 칙령, 384년 1월 23일에 공포된 칙령을 기억하면 이해에 도움이 되겠다. 383년 7월 25일 공포된 테오도시우스 법전 XVI-5-11에서는 아리아니즘이나 마니케이즘 등 이단들을 몰아내도록 명령하였다.

191 T. FRANK, Aspects of social Behavior in Ancient Rome, New York 1969, p.41.84s; M. ROSTOVZEV, Storia economica e sociale dell'Impero romano, trd. ital., Firenze 1980, pp.312-314.402s.

192 H. TOWNSEND, Society and the Gospel, Wisconsin 1976, p.54.

193 I. GIORDANI, Ibid., p.195; A.A. de CARRILLO, San Juan Crisostomo y su influencia social en el Imperio Bizantino del siglo IV, Madrid 1934, p.65.

194 I. GIORDANI, Ibid., p.191; H. TOWNSEND, Ibid.

195 I. GIORDANI, Ibid., p.199.201; H. TOWNSEND, Ibid.

196 P. ALLARD., Gli schiavi cristiani, p.187.

197 De Mut. Nom., 2,1; PG 51,124.

198 창세 1,26; 1티모 16,2; PG 62,590.

199 A. PUECH, S. Giovanni Crisostomo, Roma 1905, p.81.

200 In Ep. ad Eph. 22,2; PG 62,157; In Ep. 1 ad Tim., 16,2; PG 62,599; De Lazzaro Concio 6,8; PG 48,1039; P. ALLARD, Julian l'Apostat, I, p.243s.

201 In Ep. ad Eph.; P. ALLARD, Ibid., p.244; A.A. de CARRILLO, Ibid., p.67; A. PUECH, Ibid., p.80s.

202 Hom. in Pascha 3; PG 52,769.

203 In Gen. Sermo., 6,2; PG 54,607; A.A. de CARRILLO, Ibid., p.87; I. GIORDANI, Ibid., p.201.

204 In Ep. ad Tit., 4,3; PG 62,685.

205 In Ep. 1 ad Cor., 12,6; PG 61,105; P. ALLARD, Ibid., p.320; I. GIORDANI, Ibid., p.196.

206 In Ep. ad Tit., 4,3; PG 62,685.

207 Ibid.

208 A.A. de CARRILLO, Ibid., pp.75-79; Hom. ad.Ant., 14,1; PG 49,145; In Ep. ad Eph., 15,3; PG 62,109s.

209 I. GIORDANI, Ibid., p.197; A. PUECH, Ibid., p.82.

210 In Ep. 2 ad Thess., 5,5; PG 62,499.

211 I. GIORDANI, p.197.

212 In Ep. 2 ad Eph., 20,6; PG 62,143; In Gen. Serm., 6,2; PG 54,607.

213 In Ep. 2 ad Thess., 5,5; PG 62,499.

214 Ibid.; P. ALLARD, Ibid., p.318.

215 In Gen. Sermo., 6,2; PG 54,607.

216 P. ALLARD, Ibid., p.320.

217 Ibid., p.321; In Ep. ad Eph., 15,4; PG 62,110.

218 In Kalendas 4; PG 48,959.

219 Filip., 2,7; A.A. de CARRILLO, Ibid., p.90.

220 Hom. in Act., 10,5; PG 60,92-94; Ibid., 14,4; PG 60,117.

221 Hom. in Mat., 13,5; PG 57,213.

222 In Ep. 1 ad Cor., 40,5; PG 61,354; P. ALLARD, Julian l'Apostat. I, p.245; Id., Gli schiavi cristiani, p.343; A. PUECH, Ibid., p.80s.

223 루카 4,18-19; 이사 61,1 이하. 비록 주님이 이사야서를 인용하셨을지라도 두 출처

사이에는 큰 차이가 있다. 이사야 예언자는 곧 바빌론 유배로부터의 해방을 선포받게 되는 유배자들에 대한 자비와 선함을 하느님의 이름으로 선포하였다. 이와는 다르게 예수님은 죄의 종살이로부터의 해방이라는 더욱 참되고 중요한 또 다른 해방의 사명을 당신 자신에게 적용하셨다.

224 H. SCHLIER, ἐλεύθερος, in GLNT, III(1967), p.448.
225 J. MARSH, Liberty, in The Interpreter's Dictionary of the Bible, III, direct. by G.A. BUTTRICK, New York, 1962, p.122a.
226 요한 8,33-35; L. ROY, Libération/Liberté, in Vocabulaire de théologie biblique, direct. X. Léon-Dufour, Paris 1974, p.658.
227 J. MARSH, Ibid.
228 In Ep. ad Eph., 22,1; PG 62,155.
229 In Ep. 1 ad Cor., 19,5; PG 61,157s; A. PUECH, Ibid., p.81. 요한 크리소스토무스는 부자와 어떠한 형태의 가난한 사람과의 사이에서의 협력적인 관계에 대해서도 말하였다.
230 Dan. 3,27; In Gen. Sermo., 5,1; PG 54,600; P. ALLARD, Ibid., 212s; I. GIORDANI, Ibid., p.195.
231 Celsus: 2세기 중엽의 그리스 철학자로서 그리스도교에 대해 적대적 공격을 자주 하였다.
232 ORIGENE, Contra Celsum, 1,28; PG 11,714.
233 De Com., 1,6; PG 47,403; L. DALOZ, Le travail chez les Pères antiochiens, Paris 1959, p.31.
234 L. DALOZ, Ibid.
235 In Ep. 1 ad Cor., 5,6; PG 61,47.
236 In Illud, Salutate Prisc., 1,5; PG 51,193.
237 In Ep. 1 ad Cor., 5,6; PG 61,47.
238 A.A. de CARRILLO, Ibid., p.100.
239 In Ep. 1 ad Cor., 5,6; PG 61,47.
240 In Ep. 1 ad Cor., 19,4; PG 61,156; P. ALLARD, Ibid., 220; A.A. de CARRILLO, Ibid., p.84.
241 In Ep. ad Philem. Argumentu, m; PG 62,704.
242 Hom. in Gen., 61,5; PG 54,532; P. ALLARD, Gli schiavi cristiani, p.307.

243 P. ALLARD, Ibid., p.314.

244 In Ep. ad Eph.15,4; PG 62,110.

245 In Ep. ad Ehp.19,5; PG 62,134.

• 제3부

1 P. CHANTRAINE, κτήματα, in Ibid., 590a; G.W.H. LAMPE, κτήματα, in Ibid., p.781; H.S. LIDDELL-H.S. JONES, κτήματα, in Ibid., 2004b; H. STEPHANUS, κτήματα, in Ibid., V, 254a.

2 H. STEPHANUS, Ibid., p.254b.

3 P. CHANTRAINE, Ibid.

4 H.G. LIDDELL-H.S. JONES, Ibid.

5 PLATONE, Phaedon., 62d.

6 PLATONE, Le Leggi, V, 726a.

7 P. CHANTRAINE, Ibid., 590b.

8 F. HAUCK-W. KASCH, πλούσιος, in GLNT, X(1975), p.731.

9 Ibid.; H. STEPHANUS, πλούσιος, in Ibid., 1245a.

10 P. CHANTRAINE, πλούτος, in Ibid., 918b; M. GUARDUCCI, Plutone, Enciclopedia Italiana, XXVII(1935), p.561.

11 Kore라는 이름은 부유함을 주는 저승의 신 플루토의 아내 프로세르피나의 처녀 때 이름이다.

12 P. CHANTRAINE, Ibid.; M. GUARDUCCI, Ibid.; C. GIANNest I. Demetra(Δημήτηρ) in Enciclopedia Italiana, XII(1931), pp.580b-581a; Questa divinita della Grecia antica, strettamente unita, nel culto nel mito, alla figlia, Kore o Persefone. Demetra, secondo l'etimologia più comunemente accettata (Δῆμήτερ=Γῆμήτηρ), è la Madre terra, la dea, cioè, della terra produtrice. Penso che anche la concezione della ricchezza fondamentale è quella terra; Cf. PLATONE, Le Leggi, V, 736a-737d.

13 Id., Illiad., XXIV, 546; F. HAUCK-W. KASCH, Ibid.

14 Id., Illiad., IX, 483; XXIV, 398; F. HAUCK-W. KASCH, Ibid. 오늘날에도 '행운' 혹은 '운 좋은'이라는 말은 자신의 인간적인 노력이나 개인적인 계획에서 이루어지는 것이 아니라 하느님의 호의 혹은 '우연성'의 의미를 암시하고 있다.

15 OMERO, Ibid., XVI, 596: "ὄλβος τε πλοντω"; Cf. F. HAUCK-W. KASCH, Ibid.;

H.G. LIDDELL-H.S. JONES, Ibid.

16 OMERO, Illiad., XXIV, pp.525-533.

17 Id. Odisseo, 11,4; F. HAUCK, πένης, in Ibid., IX, 1456.

18 G. BERTRAM, ἔργον, in GLNT, III(1967), p.830.

19 DEMOCRITO, fragmente n.283. In H. DIELS, Die Fragmente der Vorsokratiker, II, Weidmannsche Verlagsbuchhandlung(Berlin West)1952, p.204.

20 ARISTOTELE, Politica, II, 1269a.

21 Id., Le Leggi, XI, 918c.d.

22 F. HAUCK-W. KASCH, Ibid., p.741.

23 Ibid.(=F. HAUCK-W. KASCH, Ibid., p.741)

24 Ibid., p.742.

25 ARISTOTELE, Politica, I, 1256b.

26 F. HAUCK-W. KASCH, Ibid., p.741.

27 PLATONE, Le Leggi, V, 742e.

28 Id., La Repubblica, 1, 33lb.

29 Id., Le Leggi, XI, 919b.c.

30 ARISTOTELE, La Politica, IV, 1295b: "모든 국가에 있어서 시민들을 세 가지 부분 혹은 세 가지 계급 즉, 매우 부유한 계층, 매우 가난한 계층, 그리고 그 중간을 형성하는 중산계급으로 구분할 수 있다. 일반적인 원칙으로서 절제와 중용이 항상 가장 좋다는 것은 이미 인정되었다. 우리는 따라서 모든 재산의 소유에 있어서 중간 상태가 최선이라고 결론지을 수 있다. 이러한 상태에 있는 사람들은 가장 이성을 잘 따른다. 어느 양극단에 속하는 사람들은 지나치게 아름다운 사람이나, 지나치게 튼튼한 사람이나, 지나치게 가문이 좋은 사람이나, 지나치게 부유한 사람이나, 혹은 다른 극단으로 가서 지나치게 약한 사람이나, 지나치게 비천한 사람들은 이성을 따르기가 어렵다. 첫 번째 부류에 속하는 사람들은 폭력이나 중대한 범죄를 저지르는 경향이 더 있으며, 두 번째 부류의 사람들은 작은 범죄와 건달 짓을 할 경향이 있다. 그리고 대부분의 나쁜 짓은 폭력이나 건달 짓에서 나온다. 중산계급의 또 하나의 장점은 그들은 가장 야망이 적다는 것인데 이 야망이란 군사적으로나 또는 시민사회의 영역에 있어서 모두 국가에 위험한 것이다"(Cf. E-Book, 아리스토텔레스, 『정치학』 라종일 역).

31 Ibid.

32 Id. Etica Nicomachea, 1, 1094a. 필자는 그 부가 경제의 최우선적인 목적이 아니라 2차 혹은 3차 목표가 될 것으로 생각한다. 그리고 궁극적 선을 달성하는 데 필요한 방

법일 뿐이라고 생각한다. 부의 가치는 취득, 분배, 소비의 순간에 있어서 최종 목적, 곧 최고선(最高善)이라는 궁극적인 목적과 일치할 때 확인되어야 한다.

33 Ibid., IV, 1120a.
34 PLATONE, Le Leggi, V, 728e.
35 Ibid., V, 737c.
36 Ibid., V, 736e.
37 M. FLICK, Amicizia con Dio e successo terrestre, in La Civiltà Cattolica(105). 1954=III, p.235.
38 In Ep. 1 ad Cor., 34,5; PG 61,292.
39 이 어휘는 고전 저술에서 여러 가지 의미를 가지고 있었다. 농사를 위한 도구나 공구, 어떤 사물을 이용하는 데 필요한 도구, 돈, 행운, 소유권, 부, 상품 등. Cf. P. CHANTRAINE, Ibid., 1275; H.G. LIDDELL-H.S. JONES, Ibid., 2004s; H. STEPHANUS, Ibid., IX, 1650-1654.
40 In Ep. 1 ad Tim., 11,3; PG 62,556. 본래 뜻은 종에 대한 주인의 권한을 의미한다.
41 Ibid., 11, 2; PG 62,556.
42 A. SODANO, I beni terreni nella vita dei giusti secondo S. Giovanni Crisostomo, Brescia, 1955, p.5s.
43 판관 3,7-15; 4,1-3; 6,1-10.
44 Hom. in Mat., 53,4; PG 58,531.
45 In Ep. 1 ad Cor., 34,6; PG 61,294.
46 Exp. in Ps., 7,9; PG 55,94.
47 Daemones., 1,7; PG 49,254.
48 De Lazzaro., 3; PG 48,997; Hom. in Mat., 13,5; PG 57,216.
49 De Capto Eutr., 3; PG 52,399.
50 Cum Saturn. et Aurel., 3.4; PG 52,417; Hom. in Mat., 53,3; PG 58,530.
51 De cruce et latrone., 2,5; PG 49,417.
52 A. SODANO, Ibid., p.15.
53 Mt.13,24-30; Hom. in Mat., 46,1-2; PG 58,475-479.
54 Ibid.
55 예를 들어, 쿠쿠수스의 사막 유배지에서, 그는 악의 승리와 교회의 박해에 의해 충격을 받은 콘스탄티노플 사람들을 위해 위에 언급된 문제들에 대한 그의 영성적 증언

중 하나를 썼다. Cf. PG 52,479-528.
56 A. SODANO, Ibid., p.49.
57 창세 1,3-25; 2테살 2,4; PG 62,479.
58 창세 1,26; J. de FRAINE, Genesis, 1-11, in Die Neue Echter Bibel, Würzburg, 1983, pp.45a-b; Gerhard von RAD, Genesis, in Antico Testamento, 2/4, trad. Ital., Paideia 1978, p.70s.
59 In Ep. 1 ad Cor., 34,6; PG 61,293 참조.
60 Ibid.
61 S. ZINCONE, Ricchezza e povertà nelle omelie di S. Giovanni Crisostomo, L'Aquila 1973, p.84.
62 In Ep. 1 ad Tim., 12,3; PG 62,562; Cf. In Ep. 1 ad Cor., 34,6; PG 61,293.
63 In Ep. 1 ad Tim., 12,3-4; PG 62,562-564. 요한 크리소스토무스에 의하면 부유한 상속인 역시 자신의 상속 재산을 선한 용도로 활용하지 않는다면, 그 역시 약탈자처럼 범죄자이니 그는 재산을 가난한 사람들을 위한 공용(共用)으로 제공하는 것이 바람직하다. Cf. A. PUECH, St. Jean Chrysostome et les moeurs de son temps, Paris 1891, p.68.
64 이 책 제1부 2.5. 경제생활 참조.
65 JULIANUS, Misopogon., 350.362c.370d; M. ROSTOVZEV, Ibid., 312s nota 19; E.S. BOUCHIER, A Short History of Antioch, Oxford 1921, p.152s; S. MAZZARINO, Aspetti sociali del quarto secolo, Roma 1951, pp.179-185.
66 M. ROSTOVZEV, Ibid., p.313.
67 요한 크리소스토무스 시대에 많은 실업자들이 있어서 이 성인은 부자들에게 이러한 가난한 사람들을 자선하는 마음으로 고용인으로 받아들일 것을 권고하였다. Hom. in Mat., 35,4-5; PG 57,409-412. 또한 일꾼들은 넓은 농경지를 소유한 주인들로부터 동물처럼 취급받았다. Cf. Hom. in Mat., 61,3; PG 58,591-592.
68 S. ZINCONE, Ibid., p.8.
69 In Ep. 1 ad Tim., 12,3; PG 62,562.
70 In Ep. 1 ad Cor., 34,6; PG 61,293.
71 Hom. in Mat., 75,4; PG 58,692; I. GIORDANI, Ibid., p.113.
72 In Ep. 1 ad Tim., 12,4; PG 62,563.
73 De Lazzaro., 2,4; PG 48,987-988.

74 "··· 온갖 것을 제 종류대로 만드셨다. 하느님께서 보시니 좋았다"(창세 1,25). 사람을 창조하신 이후에는 "하느님께서 보시니 손수 만드신 모든 것이 참 좋았다"(창세 1,31)라고 말씀하셨다.

75 창세 3,17; Gerhard von Rad, Genesis, in Antico Testamento, 2/4, Paideia 1978, p.116.

76 Hom. in Mat., 90,4; PG 58,792: "Si aurum possidere bonum esset, id discipulis dedisset Christus, qui ineffabilia illa bona dedit ipsis. At non modo non dedit, sed etiam habere prohibit."

77 In Ep. ad Hebr., 33,5; PG 63,232: "Neque enim divitiae per se sunt bonum: solum Deo placere est bonum."

78 Hom. in Mat., 63,2; PG 58,605: "non pecunias vituperans, sed eos qui detinentur ab ipsis."

79 A. PUECH, Ibid., p.66.

80 In Ep. 1 ad Tim., 12,4; PG 62,563.

81 Ne timureris., 2; PG 55,503s.

82 De capto Eutr., 3; PG 52,399.

83 Hom. in Mat., 63,2; PG 58,605.

84 Hom. in Mat., 90,3; PG 58,791.

85 In Ep. a Philip., 6,5-6; PG 62,225-227.

86 In Ep. ad Eph., 18,2; PG 62,123.

87 Hom. in Mat., 52,5; PG 58,524-526.

88 In Ep. 1 ad Cor., 34,7; PG 61,295-296.

89 S. ZINCONE, Ibid., p.73; Hom. in Act., 11,3; PG 60,97.

90 Hom. in Mat., 75,4; PG 58,692.

91 J. DUPONT, Le Beatitudine, II, Ed. Paolini 1977, p.307.

92 Hom. in Act., 7,1; PG 60,64.

93 평소 예수님은 제자들을 시켜 가난한 사람들에게 자선하신 것으로 짐작할 수 있겠다. 요한 13,29; In Ep. 1 ad Cor., 35,4; PG 61,301-302.

94 Hom. in Mat., 64,1; PG 58,609.

95 In Ep. 1 ad Cor., 34,6; PG 61,295.

96 Hom. in Mat., 63,2; PG 58,605.

97 Hom. in Mat., 63,3; PG 58,606.
98 W.H. WUELLNER, Fisherman, in The Interpreter's Dictionary of the Bible, Supplementary vol., ed. by K. Crim, Nashville 1976, 338b-339a.
99 M.G. MARA, Ricchezza e povertà nel Cristianesimo primitivo, Città Nuova, 1980, p.75.
100 Hom. in Mat., 64,1; PG 58,609.
101 A. ULEYN, La doctrine morale de Saint Jean Chrysostome dans le commentaire sur saint Matthieu et ses affinités avec la diatribe, Universitas Lovaniensis 1970, p.101-103.
102 P. CHANTRAINE, Ibid., p.881a; F. HAUCK, πένης, in Ibid., IX(1974), p.1353-1355; H. STEPHANUS, πένης, in Ibid., VII, p.722; H.G. LIDDELL-H.S. JONES, Ibid., p.1360a.
103 P. CHANTRAINE, Ibid.; H. HAUCK, Ibid., p.1454; H. STEPHANUS, Ibid., p.720; Cf. PLATONE, Repubblica, 8,553c; ARISTOTELE, Politica, 6,1.
104 J. DUPONT, Le Beatitudini, I, trad. Ital., Ed. Paoline 1979, p.524; F. HAUCK, Ibid., p.1455.
105 F. HAUCK, Ibid.
106 Ibid.; P. CHANTRAINE, Ibid., p.949a.
107 J. DUPONT, Ibid., p.515; F. HAUCK, Ibid., p.714.
108 Ibid.
109 F. HAUCK, Ibid., p.1458s.
110 ebjon이 29차례는 πένης, 12차례는 πτωχός로 번역되었고, ani가 12차례는 πένης, 38차례는 πτωχός로, dal이 9차례는 πένης, 21차례는 πτωχός로 번역되었다. Cf. J. DUPONT, Ibid., p.528. 그러나 위에 언급된 용어의 통계자료에 의하면 70인역은 프토코스(πτωχός)를 가장 가난하고 억눌린 자들을 표현하기 위하여 ani와 dal이라는 용어를 선호한 것으로 드러나고 있다. 예를 들면, πένης: ebjon(58%), ani(24%), dal(18%). 그러므로 ani와 dal을 합하여 42%인 반면에 ebjon은 58%를 차지하고 있다. 이와는 반대로 πτωχός: ebjon 12차례(16.9%), ani 38차례(53.52%), dal 21차례(29.57%)로 번역되고 있다. 그러므로 πτωχός-ebjon은 다만 16.9%이지만, πτωχός-ani와 dal은 83.09%의 빈도로 압도적이다. 또 번역 빈도의 통계를 감안하더라도 πένης와 πτωχός 모두 합하여 121번 가운데, πτωχός는 66.11%, πένης는 33.88%이다.
111 Hom. in Mat., 35,5; PG 57,411s.

112 이 책 제1부 2.5. 경제생활 참조; Hom. in Mat., 68,2; PG 58,630. 요한 크리소스토무스는 'πένης'라는 용어를 10%의 극빈자들을 가리키기도 하였다.
113 In Ep. ad Rom., 15,6; PG 60,548.
114 이 책 제3부 2.2.1.2. 부의 불의한 기원 참조.
115 S. ZINCONE, Ibid., p.98.
116 In Ep. 1. ad Cor., 34,6; PG 61,293.
117 In Ep. 1. ad Cor., 34,6; PG 61,294.
118 M.G. MARA, Ibid., p.78; In Ep. ad Hebr., 8,2; PG 63,136s.
119 Hom. in Mat., 90,3; PG 58,791.
120 Hom. in Mat., 90,4; PG 58,791; Ibid., 47,4; PG 58,486; Cf. I. GIORDANI, Ibid., p.151.
121 Hom. in Mat., 90,3; PG 58,791.
122 Hom. in Mat., 34,3; PG 57,401.
123 M.G. MARA, Ibid., p.78.
124 In Ep. ad Hebr., 18,2; PG 63,137.
125 In Ep. ad Hebr., 18,3; PG 63,138.
126 Hom. in Mat., 63,2; PG 58,605.
127 In Ep. 1 ad Thess., 11,3; PG 62,446.
128 Ibid.
129 Mt. 19,21; Hom. in Mat., 64,1; PG 58,609.
130 S. ZINCONE, Ibid., pp.89-92; In Ep. Rom., 15,6; PG 60,547.
131 Hom. in Mat., 90,3; PG 58,790.
132 A. PUECH, St. Jean Chrysostome et les moeurs de son temps, Paris 1891, p.70.
133 요한 크리소스토무스는 모든 교회 저자들 가운데서 가장 순수하고 훌륭한 그리스어를 표현했다 한다. 그래서 남동부 아테네 주변인 아티카(Attica) 지역에서 유행하였던 좀 더 우아하고 세련된 화술이나 문체인 소위 아티카식 표현술에 능통한 교부로 평가되고 있다. Cf. Ch. BAUR, John Chrysostom and His Time, I, London 1959, p.305; A. PUECH, St. Jean Chrysostome et les moeurs de son temps, Paris 1891, p.70.
134 A. PUECH, Ibid., p.71.
135 M. PELLEGRINO, Ibid., p.19.

136 Ibid., p.21.

137 사실, 옛날에는 모든 사람이 자급자족할 수 있었다. 곧, 부자나 가난한 사람이 따로 없었다. 그래서 모든 사람이 평등했다. 그러므로 하느님은 이 부자나 가난한 사람을 구별하여 창조하지 않으셨다. 물론, 그 옛날에는 경제 환경이 매우 단순했다. 오늘의 사회는 이제 매우 복합적이지만, 요한 크리소스토무스는 우리를 창조 때와 같은 정신으로 살도록 초대한다. 그러므로 부자와 가난한 자 간의 협력은 상호 간의 필요성에 의해서뿐만 아니라 무엇보다도 하느님의 뜻에 따른다는 것을 가르치고 있다.

138 In Ep. 1 ad Cor., 34,5; PG 61,292.

139 M. PELLEGRINO, Ibid., p.41.

140 In Ep. ad Heb., 33,4; PG 63,232.

141 Hom. in Joh., 63,1; PG 59,349.

142 In Ep. 1 ad Tim., 12,4; PG 62,563.

143 S. ZINCONE, Ibid., p.50.

144 In Ep. 1 ad Tim., 12,4; PG 62,563.

145 I. GIORDANI, Ibid., IV, p.114.

146 Exp. in Ps., 2,4; PG 55,517; Hom. in Joh., 15,3; PG 59,101; In Ep. 1 ad Tim., 12,1; PG 62,559; In Gen. Serm., 1,4; PG 54,25.

147 Exp. in Ps., Ibid.; Hom. in Joh., Ibid.

148 Hom. in Act., 7,2; PG 60,65; Cf. Act 2,46.

149 S. ZINCONE, Ibid., p.113.

150 Hom. in Act., 11,3; PG 60,7.

151 Ibid.

152 요한 크리소스토무스는 400년경 콘스탄티노플에 약 10만 명의 그리스도인들이 있었다고 확인해 준다. 그는 이 도시에서 이렇게 많은 사람들을 대상으로 강론하였다. 이 책 제1부 3.3. 콘스탄티노플 시민의 특징 참조: QUASTEN, Patrologia, II, trad. Ital., Marietti 1969, p.443; S. ZINCONE, Ibid., p.8(191), p.117.

153 S. ZINCONE, Ibid., p.117.

154 Hom. in Act., Ibid.; PG 60,97.

155 Ibid.

156 I. GIORDANI, Ibid., p.116; In Dictu Pauli, Nolo vos., 2; PG 51,255.

157 A. ULEYN, La doctrine morale de saint Jean Chrysostome dans le commentaire

sur saint Matthieu et ses affinités avec la diatribe, Universitas Lovaniensis 1957, p. 29.

158 Hom. in Act., 11,3; PG 60,8.

159 Ibid.

160 In Ep. 1 ad Cor., 10,3; PG 61,85.

161 Hom. ad Ant., 2,6-7; PG 49,43.

162 Ch. AVILA, Ownership: Early Christian Teaching, New York 1983, p.96; S. ZINCONE, Ibid., p.50.

163 고대 히브리의 건량(乾量) 단위로서, 1/10 에바로이며, 약 4리터에 해당한다: '성경 도량형', 『주석성경(신약)』 한국천주교주교회의, 2010년 12월 25일 발행, p.1045 참조.

164 '이것이 무엇이냐'라는 히브리어는 '만후'(man-hu)로서 '만나'(manna)라는 용어는 바로 이 단어에 기원을 두고 있다. 곧, '무엇이냐'(what?)라는 뜻의 히브리어 '만'(man)을 그리스어로 '만나'라고 번역한 데서 그 명칭이 유래되었다고 한다. 성경에서 말하는 만나에 대하여 주변의 베두인 사람들은 '하늘로부터의 만나'(만 에스 사마)라고 부른다. 이것은 고대 이집트어로서 식량을 의미하는 '만누'(mannu)또는 같은 의미의 아랍어 '만'(mann)에서 온 것인지는 알 수 없다. 『주석성경(구약)』 탈출 16,15 각주 7, 한국천주교주교회의, p.222 참조.

165 La Bibbia, I, red. da E. Ricaldone, Marietti 1980, p.169 note 16-20.

166 In Ep. ad Hebr., 11,3; PG 63,93s; Ch. AVILA, Ibid., p.99.

167 Ch. AVILA, Ibid., p.4s.

168 In Ep. ad Tim., 12,4; PG 62,564. 일반적으로 원시시대 사람들은 필수 불가결한 것들이나 가족들을 가리키기 위해 '나의 아버지, 나의 마을'이라는 표현보다는 '우리 아버지, 우리 마을', 즉 '우리'라는 표현을 선호했다. 또한 예수님은 주님의 기도에서 하늘에 계신 '우리 아버지'라고 가르치셨다. 이와 같은 방식에서, 또한 공동의 '우리 아버지'라는 표현을 사용하는 가족 공동체에서, 그리고 정당이나 종족 등 각종 집단에서도 '우리'라는 개념이 개인주의적이고 이기주의적인 사고방식을 제거한다. Cf. Ch. AVILA, Ibid.; G.A. BUTTRICK, Text, Exegesis, and Exposition, in The Interpreter's Bible, VII, Avingdon Press(New York) 1951, pp.309a-311a.

169 In Ep. 1 ad Cor., 10,3; PG 61,851; In Ep., 1 ad Tim., 12,4; PG 62,564; Cf. Ch. AVILA, Ibid., p.87; S. ZINCONE, Ibid., 47,51.

170 In Dictum Pauli, Opertet., 2; PG 51,255; Cf. Ch. AVILA, Ibid., p.86.

171 Cf. Ch. BAUR, Ibid., I, p.384; M. PELLEGRINO, Ibid., p.34.

172 Hom. ad Ant., 2,7; PG 49,43.
173 Ibid.
174 Ibid.; In Ep. 1 ad Tim., 12,4; PG 62,562s; Ch. AVILA, Ibid., p.86.94.
175 M. ROSTOVZEV, Ibid., p.313.
176 당시 목욕탕이 딸린 집은 호화 주택에 속하였다.
177 Ibid.; Hom. in Mat., 63,4; PG 58,508; Ibid., 66,3; PG 58,629.
178 Hom. in Joh., 19,3; PG 59,123. 어떤 이들은 요한 크리소스토무스와 초세기의 대표적인 그리스도인들은 소유권을 자연적이고 합법적인 것으로 인정하였다고 주장한다. 그러나 그러한 소유권은 사회적인 기능의 긍정적인 측면에서만 인정되어야 하였다. Cf. M. PELLEGRINO, Ibid., p.32s; W.H. WALSH, S.J.-I.P. LANGAN, S.J., Patristic Social Consciousness: The Church and the Poor, in The Faith that does Justice, ed. by J.C. HAUGHEY, New York 1977, p.128.
179 De Lazzaro., 2,4; PG 48,988.
180 De Poen., 7,7; PG 49,336; Ch. AVILA, Ibid., p.93.
181 In Ep. 1 ad Tim., 12,4; PG 62,563s; Ch. AVILA, Ibid., p.97.
182 Ch. AVILA, Ibid., p.95; T. FRANK, Aspects of Social Behavior in Ancient Rome, New York 1969, p.131s; R.M. GRANT, Early Christianity and Society, Collins 1978, p.112; SOCRATE, HE., 6,3; PG 67,666.
183 Hom. ad Ant., 2,6; PG 49,42.
184 In Ep. 1 ad Cor., 10,3; PG 61,85.
185 De Virginitate., 68; PG 48,584s; Ch. AVILA, Ibid., p.86.
186 Mt. 25,45-51; Hom. in Mat., 77,4; PG 58,707; W.H. WALSH, S.J.-I.P. LANGAN, Ibid., p.128.
187 R.M. GRANT, Ibid., p.115s; S. ZINCONE, Ibid., p.52s; Cf. Ch. BAUR, John Chrysostom and His Time, I, London 1959, p.384. 그러나 공산주의의 원조를 구태여 고대사회와 연관하여 찾고자 한다면 오히려 로마의 정치가이며 사회개혁가요 웅변가였던 그라쿠스(Gaius Sempronius Gracchus, 기원전 153-121년), 혹은 트라키아 출신이며 검투사로서 노예 반란을 일으키며 노예 해방을 외쳤던 스파르타쿠스(Spartacus, ?-기원전 71년 사망), 그리고 기원전 63년 부채를 탕감하겠다는 공약을 내걸며 빈곤층의 지지를 받았던 카틸리나(Lucius Sergius Catilina, 기원전 108?-62년) 등의 사상가나 정치가들을 탐색해 볼 수 있겠지만 교부들과 직접적인 관계를 찾기란 어렵다. Cf. Ch. BAUR, Ibid., 1, p.384.

188 비록 많은 저자들이 공산주의 기원과 요한 크리소스토무스의 사회교리의 연관성을 거부할지라도, 어떤 저자들은 요한 크리소스토무스나 초기 교회 공동체에 대해서도 "진정한 공산주의, 사랑의 공산주의, 자발적 공산주의, 실천적 공산주의"라는 말을 사용하고 있다. 어느 공산주의 국가의 간부들이 수녀원에서 며칠 숙박한 후 떠나면서, "공산주의 이상을 수녀 동무들이 제대로 실현하고 있다"라는 평을 남겼다는 점을 되새겨 볼 만하다. Cf. Ibid.; L. Wm. COUNTRYMAN, The Rich Christian in the Church of the Early Empire, New York 1980, p.78; O. PASQUATO, Ibid., p.37; M. PELLEGRINO, Ibid., p.31s; H. TOWNSEND, S.J., Society and the Gospel, Wisconsin 1976, p.38.40.

189 우리 모두는 하느님의 같은 모상으로 창조된 똑같은 한 형제라는 의미에서 "단일우애주의"(單一友愛主義)라는 용어와, 우리 모두가 세속 재물을 공유하는 정신에서 하느님 나라를 향하는 순례자들로서 함께 형제적 삶을 걸어가고 있다는 의미에서 "동료우애주의"라는 용어 사용을 시도해 보았다. 이탈리아어에서는 현재 이 용어가 사용되지 않음을 밝혀 둔다.

190 Mc.10,21.25; Lc.12,33; 6,20.24; R.M. GRANT, Ibid.; H. TOWNSEND, Ibid., p.38. R.M. GRANT는 요한 크리소스토무스를 가장 유명한 경제학자 교부라고 부른다. 그러나 이러한 칭호는 이 성인의 강론 의도를 전체적으로 살핀다면 적당하지 않다고 생각한다. 왜냐하면 그는 어떠한 경제적인 제도나 체제를 개혁하려는 의도를 갖지 않았기 때문이다. Cf. Ibid., p.114.

191 C. CURCIO, Comunismo, in Enciclopedia filosofica, I, Sansoni 1967², p.1532.

192 루카 12,48; 19,11-27; Hom. in Mat., 77,4; PG 58,707.

• 결론

1 Exp. Ps.,118,8.22; CSEL 62,163; V.R. VASEY, The social Works of St. Ambrose, Roma 1982, p.158s.

2 암브로시우스 성인도 가난한 사람과 억눌린 사람과 그리스도를 동일시하는 것을 확인하며 강조하였다. Cf. Exp. Ps., 61,21; CSEL 64,391,20-392,2; S. Contra Aux., 33; PL 16,1017; V. MONACHINO, Ibid., p.268.

3 암브로시우스 성인은 이 노예제도가 인간적인 광기의 결과라고 말한다. Ep., 37,8-9; PL 16,1131-1132.

4 Cf. Exp. Ps., 61,21; CSEL 64,391,20-392,2; S. Contra Aux., 33; PL 16,1017; V. MONACHINO, Ibid., p.268.

5 Didache, 1,4,5.

6 Exp. Ps., 118,8,22; CSEL 62,163,23-25: "Dominus Deus hanc possessionem omnium hominum voluit esse communem et fructus omnium ministrare."
7 바오로6세 회칙 「민족들의 발전」 23.
8 De Nabuthe, c.12, n.53; PL 14,747; Cf. J.R. PALANQUE, Saint Ambroise e l'Impire romain, paris de Bossard 1933, pp.335 et ss.
9 Cardinalis a publicis Ecclesiae negotiis Epistula Brest celebrantes in libro, L'homme et la revolution urbaine, Lyon Chronique Sociale 1965, pp.8-9.
10 「비그리스도교와 교회의 관계에 대한 선언」 2 참조.
11 "또 하늘나라는 바다에 던져 온갖 종류의 고기를 모아들인 그물과 같다. 그물이 가득 차자 사람들이 그것을 물가로 끌어올려놓고 앉아서, 좋은 것들은 그릇에 담고 나쁜 것들은 밖으로 던져 버렸다"(마태 13,47 이하).
12 비록 주님의 비유적 표현 방식이 그 당시 라삐들의 방식에 바탕을 둔다고 할지라도 주제에 있어서나 방법론에서도 주님과 라삐들 사이에 큰 차이가 있다. 주제에 관해서 본다면 라삐들의 주된 관심은 율법의 해석에 있었지만, 주님께서 선포하시고 가르치신 내용은 종말론적인 의미를 강조하는 하느님 나라에 있었다. 특히 우리가 다루고 있는 주제에 대해서는 더욱 그렇다. 라삐들이 유다 전통에 초점을 맞추는 데 반하여 주님의 비유 말씀은 일상생활의 민중의 삶에 바탕을 두셨다는 것이다. Cf. D. de MAISONNEUVE, Paraboles rabbinique, in Cahiers evangile, n.50, Paris 1984, p.7.56: L. MOWRY, Parabole, in The Interpreter's Dictionary of the Bible, III, ed. G.A. BUTTRICK, New York 1962, p.653b.
13 Hom. in Mat., 45,2; PG 58,474: "Varios inducit virtutis modo. Nam misericors cum sit, non unam aperuit viam. Illud autem sic disposuit, ut facilior via ad salutem esset"; S. ZINCONE, Parabola, in DPAC, II, 1984, p.2674s.
14 XRYCOCTOMIKA, Studi e ricerche intorni San Giovanni Crisostomo, a cura del comitato per il XV°contenario della sua morte, Roma 1908, p.62.

| 참고문헌 |

•원전

S. AGOSTINO, De sermone Domini in Monte; PL 34,1229-1308.

S. AMBROGIO, De paradiso liber unus; PL 14,289-332.

――, De Joseph Patriarcha; PL 14,673-704.

――, De Officiis minstrorum; PL 16,153-194.

ARISTOTELE, Etica Nicomachea, in "Filosofi Antichi e Medievali", a cura di A. Plebe, Bari 1957.

――, Politica, in "Filosofi Antichi e Medievali", a cura di G. Gentile, Bari 1925^2.

CLEMENTE ROMANO, Epistola 1 ad Corinthios, 38; PL 1,199-328.

――, Chronicon Paschale; PG 92,70-1028.

DUCHESNE, L., Liber Pontificalis, I, Paris 1886.

EUSEBIO di CESAREA, Historia Ecclesiastica; PG 20,45-904.

GIOVANNI CRISOSTOMO, Opere complete, edite da B. De Montfaucon, 13 voll.(Paris 1834-1840) e riprodotte in Migne, PG 47-64.

GIULIANO IMPERATORE, Misopogon, L'Empereur Julien, Oeuvres

complètes, ed. "Les Belles Lettres", II/2, Paris 1964, 156-199, a cura di Ch. LACOMBRADE.

GIUSTINIANO IMPERATORE, Institutiones Justiniani, in R. BONINI, Corso di diritto romano. Il diritto delle persone nelle Istituzioni di Giustiniano i titoli III-X, Rimini 1984.

GREGORIO NAZIANZO, Carmina; PG 37,398-1599.

GREGORIO NISSANO, In Ecclesiasten; PG 44,615-754.

LATTANZIO, Divinarum Institutionum; PL 6,883-1092.

LIBANIO, Orationes, ed. R. FORSTER, 12 voll.(Leipzig 1903-1923): Antiochikos(Or. XI), vol.I, in A.J. FESTUGIERE, Antioche païenne et chrétienne(Paris 1959) 23-27 con commento archeologico di R. Martin, 38-61.

MALALAS, G., Chronographia, ed. L. DINDORF, Bonn 1831, Corpus Scriptorum Historiae Byzantinae, I.

OMERO, Odissea, Oeuvres complètes, ed. "Les Belles Lettres", vol.I(Paris 1967), vol.II(Paris 1959) a cura di V. BÉRARD.

——, Iliade, a cura di At. SIVIERI, Firenze ?.

ORIGINE, Contra Celsum; PG 11,641-1710.

PALLADIO, Historia Lausiaca; PG 34,1007-1260.

PLATONE, Le Leggi, in "Filosofi Antichi e Medievali", VII, Bari 1952.

——, Politica, Oeuvres complètes, ed. "Les Belles Lettres", IX/1, Paris 1950^2.

——, Phaedon, Oeuvres complètes, ed. "Les Belles Lettres", Paris 1952^2, a cura di L. ROBIN.

——, La Repubblica, in "Filosofi Antichi e Medievali", V, a cura di G. GENTILE, Bari 1927^2.

———, Symposium, Oeuvres complètes, ed. "Les Belles lettres", IV/2, Paris 1949.

ROUGÉ, J., Expositio totius mundi et gentium. Introduzione, testo critico, traduzione, note commentario. Sch. 124, Paris 1966.

SENECA, De breve vitae, Oeuvres complètes, ed. "Les Belles Lettres", Paris 1955, a cura di A. BOURGERY.

SOCRATE, Historia Ecclesiastica; PG 67,29-736.

SOZOMENO, Historia Ecclesiastica; PG 67,843-1630.

TEODOSIO IMPERATORE, Codex Theodosianus Libri XVI cum constitutionibus sirmondianis, ed. Th. MOMMSEN, Weidmann(Dublin/Zürich)1971.

TERTULLIANO, Ad Nationes; PL 1,629-680.

———, Adversus Marcionem; PL 2,263-558.

• 연구자료

ALLARD, P., Gli schiavi cristiani, Firenze 1915.

———, Julian l'Apostat, I, Paris 1900.

ARANGIO-RUIZ, A., Istituzioni di diritto romano, Napoli 1984(14).

ARNDT, W.F., GINGRICH, F.W., A Greek-English Lexicon of the New Testament and Other Early Christian Literature, Chicago 1957.

AVILA, Ch., Ownership Early Christian Teaching, New York 1983.

BARDY, G., Calliste I°, in DHGE, XI(Paris 1949), 421-424.

———, La question des langues dans l'Église ancienne, I, Paris 1948.

BAUR, Ch., John Chrysostom and His Time, I-II, London 1959.1960.

BELOCH, J., Die Bevölkerung der griechisch-römischen Welt, Leipzig

1886.

BERTRAN, G., ἔργον, in GLNI, III(1967), 827-881.

BOUCHIER, E.S., A Short History of Antioch, 300 B.C.-1268 A.D., Oxford 1962.

BRÉHIER, L., Constantin et la fondation de Constantinople, in Rev. Hist. 119/2(1915), 241-272.

─────, Les Institutions de l'Empire byzantin, Paris 1949.

BULTMANN, R., ἔλεος, in GLNI, III(1967), 399-420.

BUTTRICK, G.A., Matthew-Text, Exegesis, and Exposition, in The Interpreter's Bible, VII, New York 1951, 250-625.

CARDOZO, B.N., The Growth of the Law, New Heaven 1927.

CARRILLO, A. de A., San Juan Crisostomo y su influencia social en el Imperio Bizantino del siglo IV, Madrid 1934.

CHANTRAINE, P., Dictionnaire étymologique de la langue grecque, Paris 1968.

CORCORAN, G., Saint Augustine on Slavery, Roma 1985.

COUNTRYMAN, L. Wm., The Rich Christian in the Church of the Early Empire, New York 1980.

CURCIO, C., Comunismo, in Enciclopedia filosofica, I, Sansoni 1967^2, 1525-1534.

DALOZ, L., Le travail chez les Pères antiochiens (I° Partie: Saint Jean Chrysostome), Paris 1959.

DARGON, G., Naissance d'une capitale. Constantinople et ses institutions de 330 à 451, Paris 1975.

Dizionario di Erudizione Storico-Ecclesiatica, voll.103, compilato da C.G. MORONI, Venezia 1840-1861.

DONATUS, G., Justus, juste, justizia nel linguaggio dei giuristi classici, Roma 1921.

DONHUE, J.R., Biblical Perspective on Justice, in The Faith that does Justice, ed. by J.C. Haughey, New York 1977.

DOWNEY, G., A History of Antioch in Syria from seleucus to the Arab conquest, Princeton 1961.

——, Greek and Latin Inscriptions, Antioch on the Orontos, III, Princeton 1938.

DUJCEB, I., Costantinopoli, in DPAC, I, Marietti 1983, 806-812.

DUPONT, I., Le Beatitudini, voll.II, Ed. Paolini 1977.

DVORNIK, F., The Idea of Apostolicity in Byzantium and the Legend of the Apostle Andrew, Cambridge 1958.

FARGES, I., VILLER, M., La charité chez les Pères, in Dictionnaire de spiritualité, II, Paris 1953, 523-569.

FESTUGIERE, A.J., Antioche païenne et chrétienne, Libanius, Chrysostome et les moines de Syrie, Paris 1959.

FLICK, M., Amicizia con Dio e successo terrestre, in La Civiltà Cattolica 105(1954), III, 233-242.

FRAINE, J. de., Genesis, 1-11, in Die Neue Echter Bibel, Würzburg 1983.

FRANK, T., Aspects of Social Behavior in Ancient Rome, New York 1969.

GAUDEMET, J., Le Concile d'Elvire, in DHGE, 15(Paris 1963), 317-348.

GEFFCHEN, J., Der Ausgang des griechisch-römishen Heidentum, Heidelber 1929.

GIORDANI, I., Le attività sociali e caritative dei cristiani. La condotta privata e pubblica, in La Chiesa cattolica nella storia dell'umano, I, Fossano 1963, 339-376.

―――, Il messaggio sociale di Gesù, voll.IV, Milano 1938-1947.

GRANT, R.M., Early Christianity and Society, London 1978.

GROSVENOR, E.A., Constantinople, II, London 1895.

HADDAD, G., Aspects of Social Life in Antioch in the Hellenistice Roman Period, Chicago 1949.

HAUCK, F., KASCH, W., πλοῦτος, in GLNT, X(1975), 729-768.

HAUSHERR, Ir., Carità e vita cristiana, Roma 1970.

HILD, J.A., Justitia, θέμις, Δίκη, Δικαιοσύνη, in Dictionnaire des Antiquités grecques et romaines, III/1, Paris 1906, 77a-779b.

JAEGER, W., Early Christianity & Greek Paideia, Oxford 1977².

JALABERT, L., MOUTERDE, R., Inscriptions Grecques et Latines de la Syrie, Paris 1953.

JANIN, R., Constantinople, in DGHE, XIII(1956), 626-754.

JERPHANION, G. de., Le chalice d'Antioche, Rome 1926.

JUGIE, M., Costantinopoli, in EC, IV(1950), 732-745.

JUNGMANN, I.J., La liturgie des premiers siècles jusqu'à l'époque de Grégoire le Grand, Paris 1962.

KARALEVSKIJ, C., Antioche, in DGHE, III(1924), 563-703.

KRAELING, C.H., The Jewish Community at Antioch, in Journal of Biblical Literature, 51(1932), 130-160.

LAISTNER, M.L.W., Christianity and Pagan Culture in the Later Roman Empire, New York 1967.

LAMPE, G.W.H., A Patristic Greek Lexicon, Oxford 1961.

LENER, S., Sociale, Giustizia, in Enciclopedia filosofica, V, Sansoni 1967, 1444-1451.

LIDDELL, H.G.-JONES, H.S., A Greek-English Lexicon, Oxford 1951(9).

LOPEZ, R.S., Silk Industry in the Byzantine Empire, in Speculum 20 (1945), 1-42.

LUBUKER, F., Lessico ragionato della antichità classica, Roma 1891.

LUIS, P. de., Elvira, in DPAC, I(Marietti 1983), 1144-1145.

MANOJLOVIC, G., Le peuple de Constantinople de 400 à 800 après J.C., in Byz. 11(1936), 617-716.

MARA, M.G., Ricchezza e povertà nel Cristianesimo primitivo, Città Nuova 1980.

MARINAZZOLI, F., Parataxeis, le testimonianze storiche sul Cristianesimo, Firenze 1953.

MARROU, H.I., Histoire de l'éducation dans l'antiquité, Paris 1959.

MARSH, J., Liberty, in The Interpreter's Dictionary of the Bible, III, direct. by G.A. BUTTRICK, New York 1962, 122-123.

MAZZARINO, S., Aspetti sociali del quarto secolo, Roma 1951.

MEIGNE, M., Concile ou collection d'Elvire, in RHE, 70(1975).

MONACHINO, V., S. Ambrogio e la cura pastorale a Milano nel IV secolo, Milano 1973.

——, Il canone 28 di Calcedonia, L'Aquila 1979.

——, La carità cristiana in Roma, Cappelli 1968.

MOREY, C.R., Christian art, trad. coreana, Seoul 1981.

OBERHUMMER, E., Constantinopolis, in Realencyclopedie, ed. Paul-Wissowa, 4/1, 963-1013.

OSTROGORSKY, G., Histoire de l'État Byzantin, Paris 1956.

PASQUATO, O., Gli spettacoli S. Giovanni Crisostomo, Roma 1976.

PELLEGRINO, M., Giovanni Crisostomo-Ricchezza e povertà, Roma 1947^2.

PETIT, P., Libanius et la vie municipale à Antioch au IV siècle après S.J. Chrysostome, Paris 1965.

PRAT, F., Théologie de s. Paul, II, Paris 1929.

PUECH, A., S. Giovanni Crisostomo, Roma 1905.

———, St. Jean Chrysostome et les moeurs de son temps, Paris 1891.

QUASTEN, J., San Giovanni Crisostomo, in Patrologia, II, Marietti 1963, 427-485.

RAD Gerhard von, Genesis, in Antico Testamento, 2/4, Paideia 1978.

RENGSTORF, K.H., δοῦλος, in GLNT, II(1966), 1417-1562.

RENTINCK, P., La cura pastorale in Antiochia nel IV secolo, Roma 1970.

ROY, L., Libération/Liberté, in Vocabulaire de théologie biblique, direct. X. Léon-Dufour, Paris 1974³, 658-664.

RICALDONE, E., La Bibbia, Marietti 1980.

ROSTOVZEV, M., Storia economica e sociale dell'impero romano, Firenze 1980².

SCHLIER, H., ἐλεύθερος, in GLNT, III(1967), 423-468.

SCHRENK, G., Δικαιοσύνη, in GLNT, II(1966), 1022-1289.

SCHULTZE, V., Altchristiliche Stadte und Lanschaften: I-Konstantinopoli; III-Sntiocheia, Gutersloch 1930.

SODANO, A., I beni terreni nella vita dei giusti secondo S. Giovanni Crisostomo, Brescia 1955.

STAUFFER, E., ἀγαπάω, in GLNT, I(1965), 57-146.

STEPHANUS, H., Thesaurus Linguae Grecae, Voll.9, Graz 1954.

STUDER, B., Callisto I, in DPAC, I, Marietti 1983, 571-572.

TAPARELLI, L., Saggio teorico di diritto naturale appoggiato sul fatto,

Roma 1928(4).

TOWNSEND, H., Society and the Gospel, Wisconsin 1976.

ULEYN, A., La doctrine morale de saint Jean Chrysostome dans le commentaire sur saint Matthieu et ses affinités avec la diatribe, Universitas Lovaniensis 1957.

VAILHE, S., Les origines de l'Église de Constantinople, in Echos d'Orient, 10(1907), 287-295.

VASEY, V.F., The Social Ideas in the Works of st Ambrose: A Study on De Nabuthe, Roma 1982.

VAN GESTAL, C., La dottrina sociale della Chiesa, Città Nuova 1965.

VECCHIO, G. Del., La giustizia, Roma 1946.

——, Storia della filosofia del diritto, Milano 1950.

WALSH, W.H., LANGAN, J.P., Patristic Social Consciousness: The Church and the Poor, in The Faith that does Justice, ed. by J.C. HAUGHEY, New York 1977, 113-151.

WEISMANTEL, O., Die Erdberben des vorderen Kleinasien in geschichtlicher Zeit, Wiesbaden 1891.

WELLESZ, E., A History of Byzantine music and Hymnography, Oxford 1949.

WUELLNER, W.H., Fisherman, in The Interpreter's Dictionary of the Bible, Supplementary, Nashville 1976, 338b-339.

XPYCOCTOMIKA(Χρυσοστομικά), studi e ricerche intorno a S. Giovanni Crisostomo, Roma 1907.

ZINCONE, S., Ricchezza e povertà nelle omelie di S. Giovanni Crisostomo, L'Aquila 1973.

| 약어 |

DESE   Dizionario di Erudizione Storico-Ecclesiastico, Venezia.
DHGE   Dictionnaire d'Histoire et de Géographie Ecclésiasticues, Paris.
DPAC   Dizionario Patristico e di Antichità Cristiane, Marietti.
EC   Enciclopedia Cattolica, Città del Vaticano.
GLNT   Grande Lessico del Nuovo Testamento, ed. G. KITTEL-G. FRIEDRICH, Theologisches Wörterbuch zum Neuen Testament, ed. italiana cura di F. Montagnini-G. Scarpat-O. Soffritti, Paideia 1965.
HE   Historia Ecclesiastica.
RH   Revue Historique zum cura.
RHE   Revue d'Histoire Ecclesiastique, Louvain.

• 요한 크리소스토무스가 인용한 작품의 약어

Ad Stag.   Ad Stagirium I-III; PG 47,423-494.
Cum Saturn. et Aurel.   In Homiliam cum Saturninus et Aurelianus, etc;

PG 52,413-420.

De Anna Sermo Sermones V de Anna; PG 54,631-676.

De Bab. contra Jul. De Santo Babyla, contra Julianum et gentiles; PG 50,533-572.

De Bapt. Chri. De Baptismo Christi; PG 49,363-372.

De Capto Eutr. Homiliae II de Capto Eutropio; PG 52,391-414.

De Comp. De Compunctione I-II; PG 47,393-422.

De Cruce et Latrone Homiliae II de Cruce et Latrone; PG 49,399-418.

De Eleem. De Eleemosyna Sermo; PG 51,261-272.

De Inc. Dei Nat. De Incomprehensibili Dei Natura I-V; PG 48,701-748.

De Lazaro. De Lazaro Concio VII; PG 48,963-1054.

De Mut. Nom. Homiliae IV de Mutatione Nominum; PG 51,113-156.

De Pent. Homiliae II de Sancta Pentecoste; PG 50,453-470.

De Perf. Car. De Perfecta Caritate; PG 56,279-288.

De Poen. Homiliae VI de Poenitentia; PG 49,277-324.

De Sac. De Sacerdotio; PG 48,623-692.

De Virginitate De Virginitate liber unus; PG 48,533-596.

Exp. in Ps. Espositiones in Psalmos; PG 55.

Hom. ad Ant. Homiliae XXI de Statuis ad Populum Antiochenum; PG 49,15-222.

Hom. in Act. Homiliae LV in Acta Apostolorum; PG 60,13-384.

Hom. in Gen. Homiliae LXVII in Genesim; PG 53,21-54,580.

Hom. in Joh. Homiliae LXXXVIII in Joannem; PH 59.

Hom. in Mat. Homiliae XC in Mattheum; PG 57-58.

In Dictum Pauli, Nolo vos In Dictum Pauli, Nolo vos ignorare; PG 51,241-252.

In Dictum Pauli, Oportet In Dictum Pauli, Oportet haereses esse; PG 51,251-260.

In Ep. 1 ad Cor. Homiliae XLIV in Epistulam Primam ad Corinthios; PG 61,9-382.

In Ep. 2 ad Cor. Homiliae XXX in Epistulam Secundam ad Corinthios; PG 61,381-610.

In Ep. ad Eph. Homiliae XXIV in Epistulam ad Ephesios; PG 62,9-176.

In Ep. ad Gal. Commentarius in Epistulam ad Galatas; PG 61,611-682.

In Ep. ad Hebr. Homiliae XXXIV in Epistulam ad Hebraeos; PG 63, 9-236.

In Ep. ad Philip. Homiliae XV in Epistulam ad Philippenses; PG 62,177-298.

In Ep. ad Philemon Homiliae III in Epistulam ad Philemon; PG 62,701-720.

In Ep. ad Rom. Homiliae XXXII in Epistulam ad Romanos; PG 60,391-682.

In Ep. 1 ad Thess. Homiliae XI in Epistulam Primam ad Thessalonicenses; PG 62,391-468.

In Ep. 2 ad Thess. Homiliae V in Epistulam Secundam ad Thessalonicenses; PG 62,467-500.

In Ep. 1 ad Tim. Homiliae XVIII in Epistulam Primam ad Timotheum; PG 62,501-600.

In Ep. 2 ad Tim. Homiliae X in Epistulam Secundam ad Timotheum; PG 62,501-600.

In Ep. ad Tit. Homiliae VI in Epistulam ad Titum; PG 62,663-700.

In Gen, Sermo In Genesim Sermones IX; PG 54,581-630.

In Illud, Salutate Prisc. In Illud, Salutate Priscillam et Aquilam; PG 51,187-208.

In Illud, Si esurierit In Illud, Si esurierit inimicus, etc.; PG 51,171-186.

In Kal. In Kalendas; PG 48,953-962.

Ne Timueris Ne Timueris cum Dives factus fuerit homo; PG 55,503.